高等教育"十三五"规划教材·经济管理系列

现代人力资源管理

主　编　奚秀岩　温　婧

北京交通大学出版社
·北京·

内 容 简 介

本书共分为 9 章，分别为人力资源管理概述；人力资源战略规划；工作分析与工作设计；员工招聘；员工筛选与录用；员工培训与开发；职业生涯管理；绩效管理；薪酬管理。通过学习本书，旨在使学生了解和掌握现代企业人力资源管理的发展现状，学习和了解现代人力资源管理的基本原理和概念、现代人力资源管理的现状及未来趋势，系统掌握现代人力资源管理各个方面的工作内容，并初步具备分析和解决现代人力资源管理实际问题的能力，从而为学生毕业后从事人力资源管理相关工作奠定良好的学科基础。

本书可作为高等院校经济管理类相关专业的基础课教材，也可作为理工科相关专业的公共课教材，从而可以让不同学科背景的学生全面了解现代人力资源管理的基本理论与方法。

图书在版编目（CIP）数据

现代人力资源管理／奚秀岩，温婧主编. —北京：北京交通大学出版社，2019.4
ISBN 978 - 7 - 5121 - 3893 - 3

Ⅰ. ①现… Ⅱ. ①奚… ②温… Ⅲ. ①人力资源管理 Ⅳ. ①F243

中国版本图书馆 CIP 数据核字（2019）第 078367 号

现代人力资源管理
XIANDAI RENLI ZIYUAN GUANLI

责任编辑：许啸东
出版发行：北京交通大学出版社　　电话：010 - 51686414　　http：//www. bjtup. com. cn
地　　址：北京市海淀区高梁桥斜街 44 号　　邮编：100044
印　刷　者：三河市华骏印务包装有限公司
经　　销：全国新华书店
开　　本：185 mm×260 mm　　印张：13　　字数：325 千字
版　　次：2019 年 4 月第 1 版　　2019 年 4 月第 1 次印刷
书　　号：ISBN 978 - 7 - 5121 - 3893 - 3／F·1866
印　　数：1~2 000 册　　定价：42. 00 元

本书如有质量问题，请向北京交通大学出版社质监组反映。对您的意见和批评，我们表示欢迎和感谢。
投诉电话：010 - 51686043，51686008；传真：010 - 62225406；E-mail：press@ bjtu. edu. cn。

人力资源管理是工商管理类各专业的必修专业基础课，以及相关专业的选修课。该课程是系统研究现代人力资源管理的基本特征、运作规律、管理方法的一门学科，同时也是横跨自然科学和社会科学的综合性学科。

本书共分为9章，分别为人力资源管理概述、人力资源战略规划、工作分析与工作设计、员工招聘、员工筛选与录用、员工培训与开发、职业生涯管理、绩效管理、薪酬管理。本书中每章以"教学目标""教学要求""引导案例"引导学生进行系统学习，激发学习兴趣。同时，各个重要知识点配以最新典型案例，有效地将理论知识与案例材料、管理流程进行相互渗透、相互佐证，实现理论与实践的有机结合。最后，每章辅以"本章小结""关键术语""复习思考题"，以利于学生进行全面的知识整理与提炼。通过学习本书，旨在使学生了解和掌握现代企业人力资源管理的发展现状，学习和了解现代人力资源管理的基本原理和概念、现代人力资源管理的现状及未来趋势，系统掌握现代人力资源管理各个方面的工作内容，并初步具备分析和解决现代人力资源管理实际问题的能力，从而为学生毕业后从事人力资源管理相关工作奠定良好的学科基础。

本书主要有以下突出的特点。

（1）知识丰富，内容详略得当，重点突出。本书内容涵盖现代人力资源管理过程的主要方面。根据人力资源管理过程的主线，重点突出了人力资源规划、员工招聘、员工培训、绩效管理及薪酬管理等内容。努力在庞大的人力资源管理理论体系中提炼出精华，以利于初学者全面而系统地掌握相关人力资源管理理论及技能，构建一个内容简明的理论体系，具备系统的人力资源管理理念。

（2）理论结合实际，博采众家之长。本书力图反映国内外人力资源管理的最新研究成果和发展前沿理论，充分吸收国内外人力资源管理实践的有用经验，同时紧密结合我国人力资源管理的实践。在每一章节以多个经典案例贯穿前后，提高学生运用所学知识开展人力资源实际管理工作的能力。

（3）本书始终以全国教育工作会议和教育部关于教材改革与教材建设的最新精神为指

导，以培养学生获得系统的专业知识、专业技能为主线，通过图表、案例、补充阅读等多种形式，力争在有限的篇幅内提供最丰富的信息。

本书可作为高等院校经济管理类相关专业的基础课教材，也可作为理工科相关专业的公共课教材，从而可以让不同学科背景的学生全面了解现代人力资源管理的基本理论与方法。本书在编写过程中，借鉴、吸纳了众多国内外知名教材和相关著作的精华之处，并得到了北京交通大学出版社的大力支持，在此一并表示感谢。

由于编者水平有限，书中错误或者疏漏之处在所难免，恳请同行和读者批评指正。

目　录

第 1 章

人力资源管理概述

教学目标 ///

通过学习本章内容，了解人力资源的概念和特征，掌握人力资源开发和管理的内容、人力资源管理的基本原理；了解人力资源管理的重要性、人力资源管理的产生和发展历史；掌握人力资源管理与人事管理的区别。

教学要求 ///

主要内容	知识要点	重点、难点
人力资源的定义和内容	（1）人力资源的定义 （2）与人力资源相关的其他概念 （3）人力资源与相关概念之间的关系 （4）人力资源包含的内容	（1）与人力资源相关的其他概念 （2）人力资源与相关概念之间的关系 （3）人力资源包含的内容
人力资源的开发和管理	（1）人力资源开发和管理的意义和内容 （2）人力资源管理的基本原理 （3）人力资源管理的硬功能和软功能 （4）传统的人事管理和现代人力资源管理的区别与联系	（1）人力资源管理的基本原理 （2）人力资源管理的硬功能和软功能
人力资源管理的职能与运作	（1）人力资源管理的职能 （2）人力资源管理的运作	人力资源管理的职能

食人族在 IBM 公司

两个食人族的人应聘进了 IBM 公司。

公司人事主管知道这两个家伙每天都要吃人，于是警告他们："如果你们胆敢在公司里吃一个人，你们就会立即被炒掉！"两个食人族唯唯诺诺地答应绝不会在公司里吃人。

两个月过去了。公司里平安无事。

突然有一天，公司人事主管发现负责打扫公司卫生的清洁工不见了。于是人事主管非常气愤，找来两个食人族怒斥，并当场炒掉了他们。

出了公司大门，一个食人族的人马上对另一个抱怨起来："我一直警告你不要吃干活的人，你就是不听！我们两个月来每天吃一个经理，没人发现。你看现在吃了清洁工，他们马上就发现了！你真是个猪！"

1.1 人力资源的定义和内容

1.1.1 人力资源的定义

经济学上的资源是指为了创造物质财富而投入于生产活动中的一切要素。它分为自然资源（用于生产活动中的一切未经人们加工的自然物，如土地、山川、森林、矿藏），资本资源（用于生产活动中的一切经人们加工的自然物，如资金、机器、厂房、设备），信息资源（指对生产活动及与其有关的一切活动的事物描述的符号集合），人力资源。

人力资源是指能够推动社会和经济发展的，能为社会创造物质财富和精神财富的体力劳动者和脑力劳动者的总称。人力资源包含了数量和质量两个概念，它不仅要求具有劳动能力，同时还要求具有健康的、创造性的劳动，必须能推动社会的发展、人类的进步，因此，它也必须包含质量的指标。

人力资源是活的资源，这里定义的人力资源排除了不能推动社会发展，不能为社会创造财富的那一部分人。人力资源的丰富与否不能等同于人口资源和劳动力资源。

1.1.2 与人力资源相关的其他概念

1.1.2.1 人口资源

人口资源是一个国家或地区具有的人口数量的总称。人口资源主要表明的是数量概念，它是一个最基本的底数，犹如一个高大建筑的底层，一切人才皆产生于这个最基本的资源中。

1.1.2.2 劳动力资源

劳动力资源是一个国家或地区具有的劳动力人口的总称。劳动力资源包含于人口资源中，是人口资源中拥有劳动能力的那一部分人群，通常是指 18—60 周岁的人口群体，这一人口群体必须具备从事体力劳动或脑力劳动的能力，它偏重的是数量概念。

1.1.2.3　人才资源

人才资源是指一个国家或地区具有较强的战略能力、管理能力、研究能力、创造能力和专门技术能力的人们的总称，他们应能组织、影响、帮助他人共同创造物质财富和精神财富，应能在其所组织的团队和所研究的工作中产生辐射效应。

人才资源主要突出了质量的概念，它必须是人力资源中较杰出、较优秀的那一部分，它能影响和帮助其他人群共同创造财富，它表明的是一个国家或地区所拥有的人才质量，应能较客观地反映一个民族的素质和这一民族所可能拥有的前途。这一部分人是各国最重视的人群。

1.1.2.4　天才资源

天才资源是指在某一个领域具有异于他人的特殊的开拓能力、发明创造能力、攀登某一领域高峰的特殊人群。

天才资源通常不是指某一类通才，而是指在某一领域具有特殊才华的人，他们在这一领域具有十分独特的创造发明能力，通常能在这一领域起领先作用，并具有攀登顶峰的能力。如果他们有崇高的目标指引，会为人类做出划时代的贡献，天才资源不可多得，但必须具备健康的心理和崇高的目标，否则，也可能做出对人类生存和发展不利的影响，甚至对人类生存做出毁灭性的打击。

1.1.3　人力资源与其他相关概念之间的关系

1.1.3.1　包含关系

1. 健康的社会和健康人群间的包含关系

健康的社会和健康人群间的包含关系是每一小环中的人群都具有比前一大环中的人群更好的体力、智力和努力，这种包含关系奠定了健康的良性比例关系的基础，如图 1-1 所示。

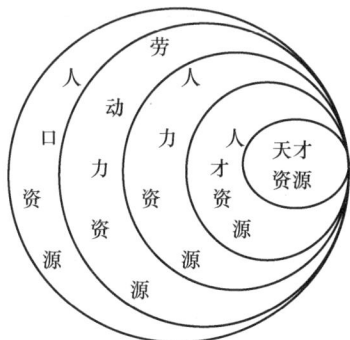

图 1-1　健康的包含关系

2. 不健康的社会和不健康人群间的非完全包含关系

不健康的包含关系是指某些智力、能力优异的人群由于本身心理的障碍或由于目标的扭曲，做出了反人类进步的行为，阻碍社会的发展，他们的思想和行为由于他们的能力杰出而对人类构成了更大的伤害和危害，如"'9·11'恐怖袭击事件"，许多类似的反人类进步的行为均会造成可怕的后果，如图1-2所示。

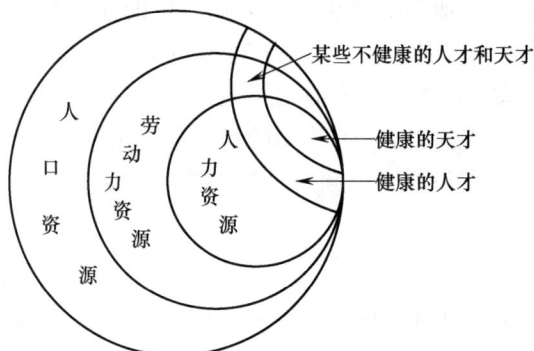

图1-2 不健康的包含关系

1.1.3.2 比例关系

1. 正常状态下的比例关系

正常状态下的五种资源的比例关系接近于正三角形，底角通常为60°左右，这种比例关系是开放的和可变的，一个国家和地区的经济发展水平对比例关系有重要的影响，如图1-3所示。

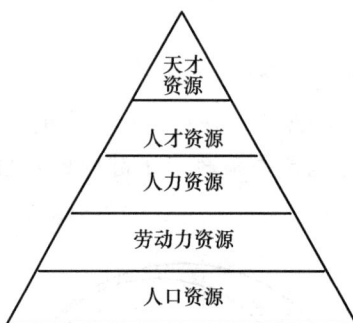

图1-3 正常比例关系

2. 极端状态下的比例关系——白色状态与黑色状态

白色状态是指人力资源和人才资源占人口总数的比例是很高的，即一种十分高比例的成才率。拥有白色状态的国家和地区一般经济发达，成才率高，这些国家和地区的人们能为本国家和本地区创造更多的财富，人们团结一心，共同推动社会的发展和进步。如图1-4左侧所示。

黑色状态是指人力资源和人才资源占人口总数的比例是很低的，即一种很低比例的成才率。拥有黑色状态的国家和地区一般经济落后，成才率低，这些国家和地区处于缺少发展希望的状态，如图1-4右侧所示。

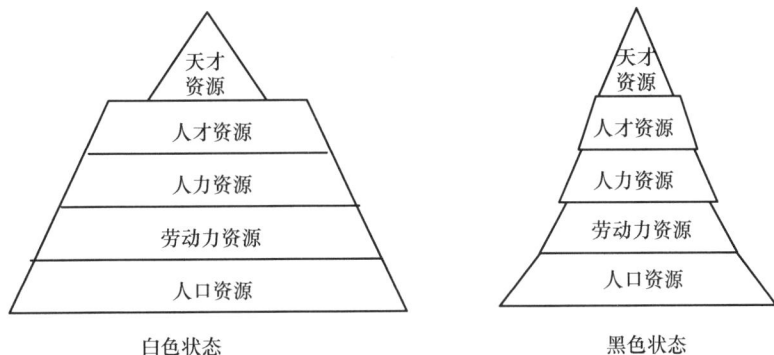

图 1 - 4　极端状态下的比例关系——白色状态和黑色状态

3. 中间状态下的比例关系——灰色状态

中间状态是指介于白色状态和黑色状态之间的灰色状态，灰色状态有深灰、浅灰、淡灰、铁灰等多种灰色，图 1 - 5 的两个图形表示不同的中间状态，处于这种状态的国家和地区人才成才比例存在着各种不同的问题，有的是从经济落后向经济发达过渡，有的则靠近黑色状态，经济落后，人才资源少。

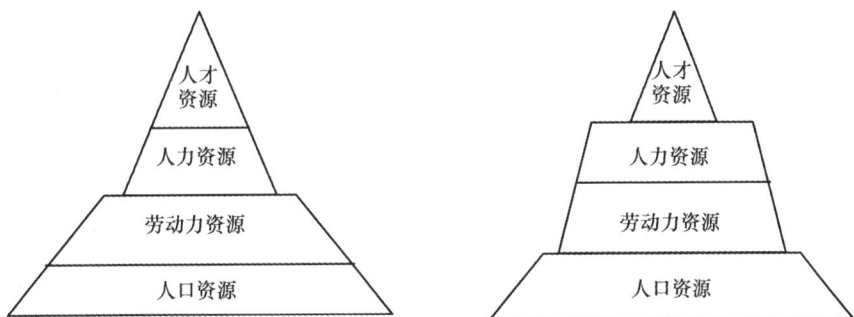

图 1 - 5　中间状态下的比例关系

1.1.4　人力资源的主要构成

1.1.4.1　体质

衡量体质主要有 6 个指标，即身体素质、忍耐力、适应力、抗病力、体能、健美度。

（1）身体素质：主要指身体内外各部分健康的程度和营养的程度。

（2）忍耐力：指身体抵御艰苦环境的能力。忍耐力直接与一个人的意志力相关联，意志力包含了身体的忍耐力和精神的忍耐力，身体的忍耐力是坚强意志的基础。

（3）适应力：指适应落差较大的自然环境、居住环境、工作环境、生活环境的能力。身体的适应力与人的意志力也有关联，一个人的身体如不能"随遇而安"，必然会给工作带来困扰，从而严重地挑战人的意志力。适应力是坚强意志力必备的条件，同时又是应变能力的基础。

（4）抗病力：指抵抗各种疾病的能力，疾病是人类的大敌，对疾病的抵抗能力能使人保持健康的身体以完成各种工作。

（5）体能：指体力所能承受的强度。体能既包含了诸多指标，又是一个独立的指标，表明体力的强度。体能训练自20世纪50年代在日本就十分流行，目前国内企业也已注意到对骨干队伍和员工的体能训练，国内已有若干家培训公司专门对体能进行训练。

（6）健美度：指健康的素质和匀称美丽外表的统一。随着社会的发展，我们应该科学地、有目标地真正做到优生、优育。男性应该高大、强壮，表现出力度和刚度；女性应该身材匀称、美丽，表现出美丽和风度。健美度在我国是一个比较被忽略的指标，今后应引起我们极大的关注。

古人曾说过"天将降大任于斯人也，必先苦其心志，劳其筋骨，饿其体肤，空乏其身"。这说明自古以来，人们对体质的要求就赋予了比健康无疾病更多的内容，包括身体上的耐力和精神上的耐力，身体的适应力和精神的应变力。

因此，高大、健壮、匀称、乐观、坚强、活泼、有耐心和耐力，这些应该都是良好的体质所要求的。相反，孱弱、萎缩、胆怯、弱不禁风，经不起任何变动和压力，即使没有疾病，也不属于良好的体质。

1.1.4.2　智质

智质与智商的概念是不相同的。智商是智力年龄与实际年龄的比值×100，智力年龄是通过专门的测量表测出来的。智商大于100的人属于高智商人群。

$$智商 = \frac{智力年龄}{实际年龄} \times 100$$

人到达一定的年龄之后，智力年龄就停留在相对稳定的水平，因此智商主要是针对青少年儿童测定的。

智质虽然与智商有关，但却是两个不同的概念，智质通常表现为学习的速度和速率。智质主要表现为三个方面：理解能力、判断能力、推理能力。

美国哈佛大学心理学教授加德纳（Howard Gardener）在1983年出版的《精神状态》（亦译《心境》）一书中提出，我们每个人至少有7种不同的智力：语言符号智力、数理逻辑智力、视觉空间智力、身体运动智力、音乐节奏智力、人际关系智力和自我认识智力。

我国对智质提出了8种能力的要求，即记忆力、理解力、思维能力、应变能力、接受能力、感知能力、幽默感、条理性。这8种能力是宽口径的，包含了各行各业的能力，但不包含某些特殊领域的能力。

健全的思维，正确理解环境的变化，富有同情心，能爱人和被人爱，这就属于良好的智质。相反，感知迟钝，不近情理，无法应变周围的环境，就不属于良好的智质了。

1.1.4.3　心理素质

健康的心理素质包含情绪的稳定性、平常心、正确把握角色定位、较强的心理应变能力和适应能力、爱他人和被人爱等特点。

1. 情绪的稳定性

情绪的稳定性是指在任何情况和环境中，均能处变不乱、处乱不惊、不急不躁，保持稳定的情绪去面对各种可能的变化，稳定的情绪能感染他人，使他人的情绪也得以稳定，从而妥善处理好人与人的关系、人与事的关系。

2. 平常心

中国有句古话：富贵不能淫，贫贱不能移，威武不能屈。这里指的既是一种人格、品德，同时也是一种心理素质。保持平常心的人对于富、贵、贫、贱、成功、失败均能很好把握。胜不骄、败不馁，无论处于人生的任何状态，均有一颗平常的心去对待不平常的事、不平常的人，从而使自己成功时依然得人心，失败时依然得助力。

3. 正确把握角色定位

正确把握角色定位是一件很难的事情，尤其当你角色变化时，能否及时转变，准确在变化了的角色上定位。例如，当你从原单位第一把手的位置被调任到其他单位第二把手的位置，你能否做到"到位而不逾位"，你能否全力协助第一把手完成工作；当你得到上司的特别信任时，你是否会偏离自己的角色而擅用职权；当你受到上司的特别排斥时，你是否会自暴自弃而放弃自己的职责和权利。正确把握角色定位是一个人心理素质中相当困难的那一部分，也是相当重要的一部分。

4. 较强的心理应变能力和适应能力

身体的忍耐力和适应力与心理的应变力和适应力是一个人具备应变能力的两个方面。心理的应变力主要表现在对突如其来的环境变化、社会地位落差变化、职务变化、家庭变故、身体恶疾、情感变化等多种始料未及的变化的应变力和适应力，它被赋予的概念更多的是心理上承受变故和挫折的能力。

5. 爱他人和被人爱

古人云："仁者爱人"。这里的"爱"是一个广义的概念，爱家人、爱朋友、爱同事、爱所有值得爱的人，是一个人健康心理的重要标志。关心他人，了解他们的需要，理解他们的各种特别的行为和语言。古人亦云："己所不欲，勿施于人"。不要对他人恶语相向，善待他人就是善待自己。要有健康的心理去接受他人的爱，凡是爱你的人，大都是由于欣赏你、喜欢你、关心你，应该接受他们的关心、帮助、爱护，谢谢他们为你所做的每一件事，珍惜他们为你所付出的每一份爱心。

小资料

即将到手的一份工作，却因一个极简单的问题与其失之交臂，参加了昨日的招聘会后，徐军为此叫苦不已，"其他问题我都回答得挺好，就因为答不出父母生日，被用人单位拒绝了"。

徐军是湖北师范学院大四中文系学生，为了找到一份合适的工作，他过完春节就返校开始做准备。昨日来到武汉科技会展中心，看到如此多的招聘单位，他感觉自己机会来了。连投了几份简历后，他来到一家文化传播公司，看到他的简历，招聘人员非常感兴趣，连续问了多个与岗位相关的问题，他都对答如流。

但接下来招聘人员的问题让他傻了眼，"你爸爸的生日是哪天？"招聘人员问。徐军被这一问题问住了，没能答出来，接着招聘人员又问他母亲的生日，他也答不出来。招聘人员很遗憾地说："我们很认可你的专业知识，但连自己父母的生日都不知道，我们公司不会用一个连自己父母都不关心的员工。"

徐军来自江西一个偏远农村，他说："在家对生日没概念，20多年都没过一次生日，我当然关心父母，但还真不知道生日。"遭拒绝后，他现场给父母打电话，询问了生日等相关信息。

企业为何把求职者父母的生日当考题？该公司一李姓负责人说："我们不是作秀，我们始终认为，一个连父母生日都不知道的人，在公司很难用心做事。"

1.1.4.4 道德品质

中国古代把一个人良好的品德表现为五个字：仁、义、礼、智、信。一个人的道德品质对于人力资源的质量评估是占第一位的。忠信为本，道德为先，是中国古代所有圣人遵循的用人之道。表1-1为作者调查统计的不同人群对能力与品德的权重分布的不同看法。

表1-1 不同人群对能力与品德的权重分布的不同看法　　　　　　单位：人

人群类别 ＼ 能力与品德的权重	能力占50% 品德占50%	能力占60% 品德占40%	能力占40% 品德占60%	极端强调能力的，如能力占60%以上	极端强调品德的，如品德占60%以上
在校研究生（基本上未走上社会）	30	70	0	0	0
研究生课程班（已在社会工作多年）	20	20	60	0	0
福建泉州、厦门地区的民营企业家	20	0	60	0	20
国有企业的中、高层管理人员	60	20	20	0	0

注：采用样本数均为100人。

从表1-1可以看出，在福建泉州、厦门一带的民营企业家非常重视人的品德，因为这一地区崇尚以"义"为先，他们赞成以忠诚可靠为选人第一标准。国有企业的中高层管理人员在用人上习惯于由上级任命，因此多采用较为折中、平和的态度。在校研究生因为接受更多西方的"能力主义"用人原则，所以通常认为以能力为先是最重要的用人原则。

一个人良好的道德品质应能包含以下几个方面。

（1）热爱祖国和人民，热爱历史悠久的中华民族和中国文化。

（2）有事业心，有崇高的事业追求和敬业精神。

（3）有责任心，对工作、对家人、对朋友均有很高的责任心和信誉度。

（4）有友爱之心，善于团结、信任、理解和帮助他人。

（5）心胸坦荡、热情、忠诚、正直，有容人之雅量，有纳谏之胸怀。

1.1.4.5 能力和素养

能力和素养是一个人"四历"的结晶，这"四历"为学历、经历、阅历、心历（心路历程）。

学历是一个客观的学习历程，它包含了小学、初中、高中、大学专科、大学本科、硕士研究生、博士研究生的学习历程。这个学习历程到达本科之后还应该有相应的学位给予：学士、硕士和博士。学历表达了一个人受教育的程度，是一个人知识总量和理论功底的重要标志。

经历是一个人从出生、上学、从业后的全部经过历程。它除了包含学历之外，更多的是从业的过程。学历更多体现于学习的积累，经历则更多体现在经验的积累。经历更多的事，就能积累更多做事的经验。

阅历是一个比经历包含更广的概念，阅历未必全部是自己亲身的经历，阅历包含了他身边的人、他了解的人、他见到的人的经历和经验。"阅尽人间春色"的"阅"字就用得很贴切，人未必能亲身经历人间所有的"春色"，但可以"阅尽"人间的"春色"，阅历包含了对身边的人与事的关心，包含了对中国历史和外国历史的阅读，包含了对世界发生的各类事情的认识和了解。

心历是表达一个人内心的历程，内心的波澜起伏，外人是看不见的。一个人也许经历过、阅历过，但如果不往心里去，在心灵的深处作一番思考，经历心灵的震撼和荡涤，经历内心的痛苦和煎熬，思考那些深邃的人生哲理和人间沧桑，他依然难以获得足够的智慧、经验和各种能力。

因此，能力和素养是学历、经历、阅历和心历的结晶，它可以概括提炼为以下要素：战略能力、知识总量、规划能力、理解能力、决策能力、研究能力、组织能力、判断能力、创新能力、人际沟通能力、推理能力、感知能力、分析能力、工作条理性、应变能力、文字写作能力、演讲能力、再学习能力。

1.1.4.6　情商

情感商数（emotional quotient，EQ）这一概念是美国耶鲁大学心理学家彼得·沙洛维和新罕什尔大学的约翰·迈耶于 1990 年首次提出。许多学者认为，IQ 是被用来预测一个人的学业成就的指数，而 EQ 是被用来预测人生成功和职业成功的指数。

EQ 是与三个要素紧密联结在一起的，即自身、环境、他人，如图 1-6 所示。

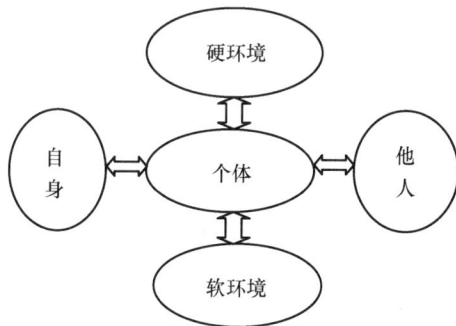

图 1-6　EQ 与三个要素的关系

（1）个体与自身的关系。

① 认识自身情绪的能力。

② 妥善管理自身情绪的能力。

③ 自我激励的能力。

（2）个体与他人的关系。

① 认识他人情绪的能力。

② 妥善处理与他人关系的能力。

（3）个体与环境的关系。

① 认识环境的能力。

② 妥善处理个人与环境关系的能力。

由此可知，高情商人才是在自己的身上安装了"发动机"的人，这种人不需要他人的催化、鼓动、激励，就能永远自我激励，勇敢向上，奋斗不已；这种人能够激励他人，善于与人相处并影响他人向前奋斗；这种人是能够在任何环境下善于保护自我，获得生存和发展的人。

人力资源的主要构成见表 1 - 2。

表 1 - 2   人力资源的主要构成

构成	内容
体　质	身体素质、忍耐力、适应力、抗病力、体能、健美度
智　质	学习速率、理解能力、判断能力、推理能力
心理素质	情绪的稳定性、平常心、准确把握角色定位、较强的心理应变能力和适应能力、爱他人和被人爱
道德品质	爱祖国、事业心、责任心、信任帮助他人、心胸坦荡
能力和素养	学历、经历、阅历、心历的结晶
情　商	认识、管理、激励自己，认识和处理好自己与他人的关系，认识和处理好自己与环境的关系

古人说："泰山崩于前而色不变，麋鹿兴于左而目不瞬。"这指的是超过常人的应变能力，沉着、冷静的大将风度，这些既与受教育程度有关，又不仅仅是学历和知识所能真正决定的。破万卷书，行万里路，优良的文化素养和超乎常人的能力是个人学历、经历、阅历、心历的结晶，是个人长期努力、刻苦修养和自我完善的结果。

1.2　人力资源的开发和管理

1.2.1　人力资源开发和管理的主要内容

1.2.1.1　人力资源开发和管理的定义

人力资源开发是一个较广泛的概念。一个人的一生都与"开发"紧密相连，人力资源开发主要指国家（或地区）、企业、家庭、个人通过正规国民教育、在职学历教育、职业技能培训及各类的培训、启智等服务，从而达到培养各类人才、开发人的潜能、提升个人素质的目的，为国家和社会提供源源不断的各类合格人才。

人力资源开发要求全社会的参与。人的一生应接受四种教育，即家庭教育、学校教育、社会教育和自我教育。家庭教育对人影响最大的是从出生到 10 岁左右，学校教育对人影响最大的是从 10~22 岁，社会教育和自我教育则贯穿人的一生。人力资源开发需要人力资源投资，人力资源投资产生人力资本，这些人力资本投入运行就会创造社会的物质财富和精神财富。

人力资源管理是指对全社会的各阶层、各类型从业人员的招募、录取、培训、使用、升迁、调动直至退休的全过程的管理。研究他们工作的全过程，如何合理调配，充分发挥其作用，并推动社会的更好发展。

1.2.1.2　人力资源开发和管理的关系

图 1-7 把人的一生分为三大阶段：输入阶段、输出阶段、淡出阶段。

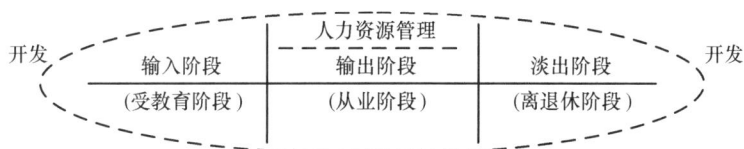

图 1-7　人力资源开发与管理的关系

第一阶段为输入阶段，在这一阶段中，输入大量的知识、经验和信息。人在这一阶段中，以受教育输入为主。这一阶段的时间从学龄的 6 岁开始，受教育的时间长度分别为 12 年（高中毕业或中专毕业）、15 年（大专毕业）、16 年（本科毕业）、19 年（硕士毕业）、22 年（博士毕业），加上学龄前的家庭教育和社会教育的 6 年，他们的从业年龄一般为 18~28 岁。输入阶段也是人力资本投资最为集中的阶段。

第二阶段为输出阶段，也是从业阶段，人在这一阶段输出其知识、智慧、信息、劳动和服务。虽然人们以输出劳动和服务为主，但随着时代的变迁和知识的更新，他们也需要一些补充输入，即继续教育和再教育。

第三阶段是淡出阶段，这一阶段是社会和企业对个人曾经输出的劳动和服务的回报。这种回报使他们获得了更加自由的时间和空间，人们可以继续发挥自己所长，把在输出阶段由于时间和工作限制所无法展现的才华和无法实现的某些理想在这一阶段实现，如绘画、写作、音乐、登山、旅游等爱好。

人力资源管理的对象主要是指正在从事体力劳动和脑力劳动的人群。它主要是对国家部门或企业的微观管理，它包括对具备了劳动能力的人们，从人力资源规划、招募开始，到退休为止的全过程的管理，在这段过程中，也包括了在职培训、开发智力、合理调配使用等重要方式。可以这样比方，人力资源开发如同对一块田地的开垦和播种，人力资源管理则是对这块田地上庄稼的精耕细作、施肥浇水的具体管理过程。两者之间既具有有机的联系，但侧重点又有所不同。

1.2.2　人力资源管理的基本原理

1.2.2.1　系统优化原理

系统优化原理是指人力资源系统经过组织、协调、运行、控制，使其整体功能获得最优绩效的过程。系统优化原理包含下述几方面的内容。

（1）系统的整体功能不等于部分功能的代数和。

（2）系统的整体功能必须大于部分功能的代数和。

系统论的创始人贝塔朗菲最早提出了系统观点，其核心就是整体大于部分之和。人力资源系统通常会遇到三种情况：①$1+1>2$；②$1+1=2$；③$1+1<2$。第一种情况符合系统优化原理，整体功能大于部分功能之和。第二种情况属于整体功能与部分功能之和相等的情况。第三种情况为整体功能小于部分功能之和，这种情况主要是由于内部人才的内耗、摩擦，使彼此的能力相互抵消，严重的情况还会出现整体功能小于零的负效应，即可能出现企业亏损，甚至倒闭的风险。所以系统优化原理要求系统内各部分相互协调，使整体功能大于部分功能之和。

（3）系统的整体功能必须在大于部分功能之和的各值中取最优值。

（4）系统的内部消耗应为最小。

（5）系统内部的人员必须身心健康、奋发向上，充满和谐欢乐。

（6）系统整体的竞争能力、转向能力应为最强。

系统优化原理就是指人的群体功效达到最优，它是人力资源管理最重要的原理。人力资源系统面对的系统要素是人，而人具有复杂性、可变性和社会性的特点。因此，要达到人的群体功效最优，必须注意协调、提倡理解、反对内耗。

1.2.2.2　激励强化原理

激励强化原理是指企业的高层管理者根据企业的发展目标，确定企业人员的行为准则，并对遵守这些行为准则和对企业做出贡献的员工给予奖励和激励，使他们能保持旺盛的精力，继续遵守企业的行为准则并努力为企业做出更大的贡献。

此外，现在很多企业根据不同层次、不同性格员工的不同需求，采用多样化、个性化的激励方式，以达到激励员工完成组织目标的目的。

员工的需求主要包含以下几个方面：一份能够胜任的工作；合理的薪酬；职业的安全性；企业的知名度；有发展空间；能获得企业及领导的信任和认可；公正且有能力的领导；融洽的同事关系等。

1.2.2.3　反馈控制原理

1. 正反馈环和负反馈环

假设系统中有 A 和 B 两个元素，若 A 是原因，B 是结果，用一个从 A 到 B 的箭头线来表示 A、B 间的因果关系，该箭头线被称为因果关系键。如果在因果关系键中，A 增长或减少，B 也因此而增长或减少，就称 A、B 间有正因果关系，并用"＋"号标于因果关系键上，称正键，如图 1-8（a）所示；如果 A 增长或减少，B 反而减少或增加，就称 A、B 间有负因果关系，并用"－"号标于因果关系键上，称负键，如图 1-8（b）所示。

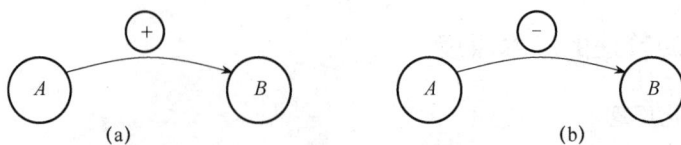

图 1-8　正键和负键

（1）反馈环：两个或两个以上的因果关系键首尾相连形成环形，称为因果关系反馈环，如图1-9（a）所示。

（2）正反馈环：如果一个反馈环中任意一个变量的变化最终会使该变量原变化趋势加强，这种具有自我强化效果的因果关系反馈环，称为正反馈环，如图1-9（b）所示。

（3）负反馈环：如果一个反馈环中任意一个变量的变化最终会使该变量原变化趋势减弱，这种通过自我调节行为能使原变化趋势受到控制而渐趋于稳定的因果关系反馈环，称为负反馈环，如图1-9（c）所示。

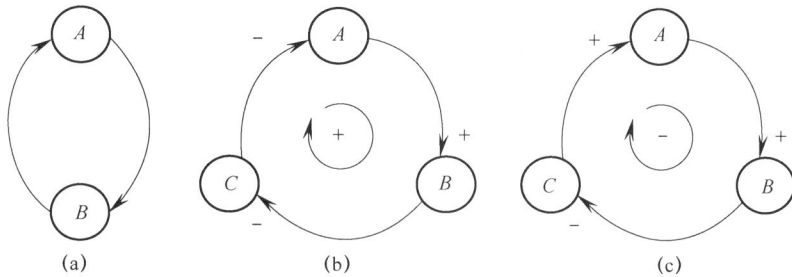

图1-9　反馈环

2. 反馈控制原理的定义

反馈控制原理是根据企业对人力资源的不同需求而确定的，通过正反馈环或负反馈环的运行，使企业对某些人力资源的需求向正向强化，或者对某些人力资源的需求向负向转化，从而得到合理控制。反馈控制原理是创造性地将系统动力学中的反馈环原理在人力资源管理中的具体应用。

1.2.2.4　弹性冗余原理

弹性冗余原理是指人力资源在聘任、使用、解雇、辞退、晋升等过程中要留有充分的余地，应使人力资源在整体运行过程中保持弹性，当某一决策发生偏差时，留有纠偏和重新决策的可能。

（1）确定人员编制时，应留有一定的余地，虚位以得贤才，使企业有吸纳贤才的空间和能力。

（2）人才使用要适度且弹性。这里包括企业对员工的劳动强度、劳动时间、工作定额等都要适度，使员工能保持旺盛的精力为企业工作。

（3）企业目标的确定要有弹性，经过长期努力无法达到的目标会使员工丧失信心。

（4）解雇或辞退员工时，一定要事先做好充分的调查，要核实所有的细节，留有充分的余地，既要使被辞退的员工心服口服，又要对其余的员工起到教育和警戒的作用。

（5）员工晋升要有弹性，晋升应坚持公开、公平、公正的原则，要通过岗位竞聘、全面考核、留有余地的方式作为晋升的策略。

1.2.2.5　互补增值原理

1. 互补增值原理的定义

互补增值原理是指通过团队成员的气质、性格、知识、专业、能力、性别、年龄等各因素之间的长处相互补充，从而扬长避短，使整个团队的战斗力更强，达到互补增值效果。互补增值原理要求在建立任何一支团队时均要注意各成员的能力、知识、专业等各方面的结构和配置。

2. 互补增值原理必须注意的问题

互补增值原理与其他原理不同，如果选择不准确，不但不能达到互补的作用，反而会引起能力、精力的内耗，使整体工作受到很大的影响。因此必须注意以下几个问题。

（1）选择互补的成员必须有共同的理想、事业和追求。子曰："道不同，不相为谋。"如果彼此的追求背道而驰，那任何的互补都无济于事。

（2）在注意合作者知识、能力、气质、技能等互补时，尤其要注意其道德品质、品行和修养。每个人的性格、气质可以各异且互补，但如果其道德品质不好，要阴谋、放暗箭，则互补增值原理无法成立。

（3）互补增值原理最重要的是"增值"，因此要求合作者诚意待人，对其他的合作者必须能理解、包容，彼此互相沟通，劲往一处使。若消极怠工、冷眼旁观、等着看别人的笑话，则无法达到增值效果。

（4）互补增值原理要追求动态的平衡，要允许人才的流动、人才的相互选择和人才的重新组合，允许人才的更新和职位的变换。因为互补是一种理想组合的追求状态，应在动态中去寻求平衡与完美。如果一组人才组合永远固定不变，则达不到理想的互补增值效果。

1.2.2.6 利益相容原理

1. 利益冲突的定义

利益冲突通常是在一个系统内的两个群体或若干个个体间所产生的。当系统内一方（群体或个体）的利益影响另一方（群体或个体）的利益时，双方就产生了利益冲突。利益冲突通常有以下几种情况：系统中一方的利益影响了另一方的物质利益；系统中一方的利益影响了另一方的安全和健康；系统中一方的利益影响了另一方的发展；系统中一方的利益影响了另一方的权利。

2. 利益相容原理的内容

利益相容原理是指当双方利益发生冲突时，寻求一种解决方案，该方案在原来的基础上，经过适当的修改、让步、补充或者提出新的方案，使双方均能接受，从而获得相容。

利益相容原理揭示了矛盾统一规律的内容：某种方案可能导致人们之间的互相冲突，彼此对立，但经过修改和让步后，又可能彼此理解，相容于一个统一体中。

（1）利益冲突的各方，可能因处理不好矛盾而导致对抗性难以调和，也可能因矛盾处理得当而获得相容。

（2）利益相容必须有一方或多方的让步、谅解和宽容。

（3）利益相容必须是矛盾的各方都到场进行协商以求得解决。如在一方未到场的情况下其余各方获得妥协，则由于未到场一方的意见就可能重新导致冲突。

（4）利益相容原理要求原则性和灵活性的统一。如果没有原则性，则相容就毫无意义。如果没有灵活性，则原则性就难以获得坚持。

1.2.3　人力资源管理的硬功能和软功能

1. 人力资源管理的硬功能

人力资源管理的硬功能是指人力资源管理在企业运作过程中刚性的管理内容和管理方式，硬功能管理弹性小、强度大，多数沿用了传统人事管理的内容。

人力资源管理的硬功能管理主要包含：人事编制、人事档案、招聘、引导上岗、培训、考核、薪酬、转岗、奖惩、纪律、辞退、劳动保护等。

2. 人力资源管理的软功能

人力资源管理的软功能是指人力资源管理在企业运作过程中柔性的管理内容和管理方式，软功能管理弹性大，重视民主化、个性化管理，代表了现代人力资源管理的发展趋势。

人力资源管理的软功能管理主要包含：协调、沟通、对矛盾和不满的管理、激励、职业规划与指导、培训与指导、弹性工作时间、企业文化、团队建设、轮岗、个性化管理、失业辅导、心理咨询与辅导、退休生活指导、家庭关怀、社会保险与指导、法律咨询与指导等。

3. 人力资源管理的硬功能与软功能之间的相互交叉与促进

人力资源管理的硬功能和软功能之间有许多内容是相互交叉、相互渗透并相互促进的，例如，培训的硬功能是指上岗引导和技能培训，培训的软功能是指心理适应性培训和未来发展指导等。又如薪酬与激励的硬功能是指薪酬体制、薪酬等级和薪酬确定；薪酬与激励的软功能是指激发员工内在潜能的各种方式，个性化激励和管理，对建议和做出贡献员工的激励等。人力资源管理的硬功能与软功能及其之间的相互交叉如图 1 – 10 所示。

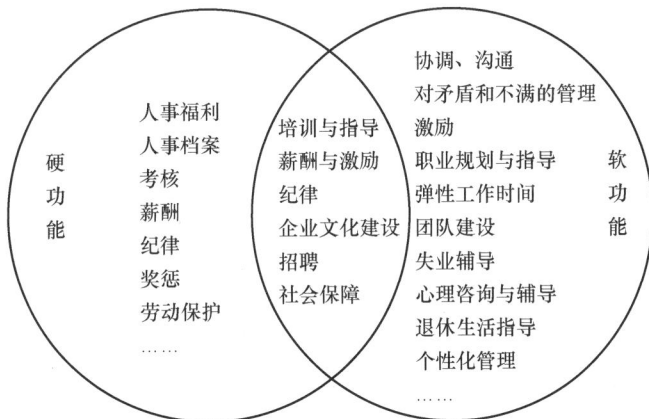

图 1 – 10　人力资源管理的硬功能、软功能及其交叉

1.2.4　传统的人事管理和现代人力资源管理的区别与联系

人事管理是组织活动中最早发展起来的管理职能之一，主要指组织获取所需要的人员，并对已有的组织成员进行合理调配、安排的活动。人事管理的任务是要协调人与人的关系、组织成员与组织目标的关系，创造有益于组织也有益于组织成员的环境，使管理系统的目标与组织成员个人的目标结合起来，充分调动起全体组织成员的积极性。

人力资源是指一个管理系统能够拥有和已经拥有的具有一定的体质、智力、知识和技能的人员，是一个管理系统中人的因素的总和，包括管理者和被管理者。人力资源管理的主要目的在于科学、合理地使用人才，充分发挥人的作用，推动社会和组织的快速发展。

1. 人事管理和人力资源管理的相同点

（1）研究对象相同：人。

（2）研究的某些内容相同：薪酬、编制、调配、劳动安全等。

（3）研究的某些方法相同：制度、纪律、奖惩、培训等。

2. 人事管理与人力资源管理的不同点

虽然现代人力资源管理与传统人事管理在渊源上有一定的联系，但毕竟两者的发展环境不同，所体现出来的特点也不同，如表 1 – 3 所示。

表 1 – 3　传统的人事管理与现代人力资源管理的不同点

传统的人事管理	现代人力资源管理
重在管理	重在开发
以事为主	以人为本
人是管理对象	人是开发的主体
重视硬管理	重视软管理
为组织创造财富	为组织创造财富的同时发展个体
服务于战略管理	是战略管理的伙伴
采用单一、规范的管理	重视个性化管理
报酬与资历、级别相关度大	报酬与业绩、能力相关度大
软报酬主要表现为表扬和精神鼓励	软报酬包含发展空间、自我实现、和谐融洽的人际关系
缓慢的提升、重资历	竞争上岗，能者上
职业发展方向是纵向的	职业发展的全方位和多元化
重视服从命令，听指挥	重视沟通、协调、理解
培训主要是为了组织的需要	培训是对员工的关心，是员工的一种福利，是为了提升员工的人力资本价值
金字塔式管理模式	网络化、扁平化管理模式

1.3　人力资源管理的职能与意义

1.3.1　人力资源管理的职能

人力资源管理的各项职能以工作分析和工作评价为基础，彼此之间相互联系、相互影响，共同形成了一个有机的系统。

（1）帮助组织实现目标。

组织中的任何目标都需要有人的参与，人力资源管理部门应主动配合组织的各种需要，帮助组织实现目标。

（2）招聘人员为企业补充"新鲜血液"。

为了开辟新的生产线、扩大企业规模、兼并其他企业，企业会提出大量的人力资源需求，因此人力资源管理部门必须帮助企业获得所需要的各类适合的人力资源。此外，企业即使不进行规模扩张，其内部人员也会"自然磨损"，如退休、辞退、辞职、死亡等，这种自然磨损也需要由新的人员来补充。

（3）培训员工以提高其工作技能。

首先，人力资源管理部门通过培训各类工作岗位上的普通员工可以提高其工作技能，使其更好地满足工作岗位的需要。其次，通过培训可以提高基层和中层管理人员的管理能力，使其更好地行使管理职能。最后，通过培训也可以整合全体员工的力量，使其转化为生产力，为股东、消费者及员工本人创造更多福利。

（4）激发员工协作精神以建设优秀团队。

人力资源管理部门要正确地激励员工，使其保持积极向上的高昂士气；要培训员工的协作精神，学会接纳和理解合作伙伴；要培训他们对组织目标的执着和对领导的信任，从而帮助领导建设一支有战斗力的优秀团队。

（5）为员工规划职业使其获得更大发展。

人力资源管理部门通过开展职业规划、职业发展和职业管理等工作，帮助员工找准自身工作方位和发展方向，通过测试他们的性向、专业能力及专业兴趣，制定适合他们的职业规划，并提供他们更大的发展空间。

（6）提高员工的工作、生活质量以达到更高满意度。

满意的工作、生活质量包括领导者的管理风格、管理风度、员工参与决策和管理、安全而稳定的职业发展、合理而满意的工作报酬、满意的工作条件、良好的企业形象等，人力资源管理部门应提高上述这些工作环境以使员工达到更高满意度。

1.3.2 人力资源管理的意义

人力资源管理的意义主要体现在三个层面，即国家层面、企业层面及个人层面。目前，"科教兴国""全面提高劳动者的素质"等国家的方针政策，强调的是一个国家、一个民族的人力资源管理。只有人力资源得到了充分的开发和有效的管理，一个国家才能繁荣，一个民族才能振兴。企业只有获得有用人才、合理使用人才、科学管理人才、有效开发人才，才能实现企业目标和个人价值。针对个人而言，将面临潜能开发、技能提高、适应社会、融入组织、创造价值、奉献社会等问题，这都有赖于高效率的人力资源管理。

人力资源管理对于一个企业的价值和意义而言，主要体现在以下几个方面。

（1）企业决策层。

人、财、物、信息等因素是企业管理关注的重要方面，其中"人"又是最为重要的第一资源，只有管理好了"人"这一资源，才能抓住管理的关键。

（2）人力资源管理部门。

"人"不仅是被管理的"客体"，同时也是具有思想、感情、主观能动性的"主体"，如何制定科学、合理、有效的人力资源管理政策和制度，并为企业的科学决策提供有效信息，这将是人力资源管理部门面临的重要课题。

（3）一般管理者。

任何管理者都不是万能的，他们更应该发挥"决策、引导、协调"下属员工工作的作用。他们不仅仅需要有效地完成业务工作，更需要培训下属成员，建立良好的工作团队。

（4）普通员工。

任何人都想掌握自己的命运，但自己适合做什么，企业的目标、价值观念是什么，自己的岗位职责是什么，自己如何有效地融入企业中，如何结合企业目标开发自己的潜能、发挥自己的能力，如何设计自己的职业生涯等，这是每个员工都十分关心而又深感困惑的问题。人力资源管理会为每位员工提供有效的帮助。

本章小结

本章介绍了人力资源的概念，并对与人力资源相关的四种资源即人口资源、劳动力资源、人力资源和天才资源进行了阐述，此外还对人才资源和天才资源中的心理或其他方面不健康的人群做了简要的分析。本章还详细研究了人力资源管理的6大基本原理，即系统优化原理、激励强化原理、反馈控制原理、弹性冗余原理、互补增值原理、利益相容原理，并解释了人力资源管理的硬功能和软功能。

本章还概括了人力资源管理的六项职能，强调了人力资源管理必须围绕企业目标展开工作，并有效地运用人力资源管理的硬功能和软功能达成企业的目标。另外，针对企业决策层、人力资源管理部门、一般管理者、普通员工四个层面，阐述了人力资源管理对于一个企业的价值和意义。

关键术语

人力资源　人口资源　劳动力资源　人才资源　天才资源　包含关系　比例关系　人事管理　人力资源管理　人力资源开发　硬功能　软功能

复习思考题

1. 请你分析一下从人口资源到劳动力资源，从劳动力资源到人力资源，从人力资源到人才资源每次被减去的是哪一些人群，这些人群具有什么特点。

2. 请你从人力资源管理的基本原理中挑出一个给你印象最深的原理，并结合实际谈谈你的体会。

3. 请你给人力资源管理软功能的"菜单"中再加几道"菜"。

4. 你认为要达成企业的目标，人力资源部门有哪些事是现在必须做的，哪些事是今后必须做的。

第 2 章

人力资源战略规划

教学目标

通过学习本章内容，了解人力资源战略规划的含义、内容、类型、作用；掌握人力资源战略规划的基本程序；理解人力资源需求、供给预测的含义、特点、方法；掌握人力资源的综合平衡；了解人力资源战略规划的编制与执行。

教学要求

主要内容	知识要点	重点、难点
人力资源战略规划	（1）人力资源战略规划的含义 （2）人力资源战略规划的内容 （3）人力资源战略规划的类型 （4）人力资源战略规划的作用	（1）人力资源战略规划的内容 （2）人力资源战略规划的类型
人力资源战略规划程序	（1）调查和分析企业人力资源规划信息 （2）企业人力资源需求和供给情况预测 （3）企业人力资源战略规划的制定 （4）企业人力资源战略规划的实施与执行 （5）企业人力资源战略规划的监控和评估	（1）企业人力资源需求和供给情况预测 （2）企业人力资源战略规划的制定
人力资源需求预测	（1）人力资源需求预测的含义及特点 （2）人力资源需求的影响因素 （3）人力资源需求预测的内容 （4）人力资源需求预测的方法	（1）人力资源需求的影响因素 （2）人力资源需求预测的方法

续表

主要内容	知识要点	重点、难点
人力资源供给预测	(1) 人力资源供给预测的含义和内容 (2) 人力资源供给的影响因素 (3) 人力资源供给预测的过程 (4) 人力资源供给预测的方法	(1) 人力资源供给的影响因素 (2) 人力资源供给预测的方法
人力资源的综合平衡	(1) 人力资源供需平衡的现实性 (2) 人力资源供需失衡的表现及解决措施 (3) 确定人力资源净需求	人力资源供需失衡的表现及解决措施
人力资源战略规划的编制与执行	(1) 编制人力资源战略规划的原则 (2) 人力资源战略规划的编制 (3) 人力资源战略规划的执行 (4) 人力资源战略规划的控制与反馈	(1) 人力资源战略规划的执行 (2) 人力资源战略规划的控制与反馈

引导案例

五金制品公司的人力资源规划

李智先生几天前才调到人力资源部门当助理，就接受了一项紧迫的任务，要求他在10天内提交一份公司的人力资源规划，为公司全年各项人力资源管理活动的执行打下基础。

虽然他进这家公司已经有3年了，但面对桌上那一大堆文件、报表，一筹莫展。经过几天的资料整理和思考，他觉得要编制好这个计划，必须考虑下列各项关键因素：首先是公司现状。公司共有生产与维修工人825人，行政和文秘性白领职员143人，基层与中层管理干部79人，工程技术人员38人，销售人员23人。其次，据统计，近5年来员工的平均离职率为4%，没理由会有什么改变。不过，不同类别的员工的离职率并不一样，生产工人离职率高达8%，而技术人员和管理干部则只有3%。最后，按照既定的扩产计划，白领职员和销售人员要新增10%～15%，工程技术人员要增加5%～6%，中、基层干部不增也不减，而生产与维修的蓝领工人要增加5%。

有一点特殊情况要考虑：最近本地政府颁发了一项政策，要求当地企业招收新员工时，要优先照顾女性和下岗职工。公司一直未曾有意地排斥女性或下岗职工，只要他们来申请，就会按照同一种标准进行选拔，并无歧视，但也未特殊照顾。如今的事实却是，只有一位女销售员，中、基层管理干部除两人是女性外，其余也都是男性，工程师里只有三位是女性，蓝领工人中约有11%是女性或下岗职工，而且都集中在最底层的劳动岗位上。

李智还有5天就得交出计划，其中包括各类干部和职工的人数、从外界招收的各类人员的人数，以及如何贯彻市政府关于照顾女性与下岗人员政策的计划。

此外，五金制品公司刚开发出几种有吸引力的新产品，所以预计公司销售额5年内会翻一番，李智还得提出一项应变计划以备应付这种快速增长。

资料来源：张佩云. 人力资源管理. 北京：清华大学出版社，2004.

2.1　人力资源战略规划概述

人力资源管理内容包括为了达到人力资源管理目的所需掌握的各种概念和技术，如通过工作分析确定每一位雇员所承担工作的性质、制订人力需求计划并开展人员招聘工作、对求职者进行甄选，为组织确定和选聘有能力的员工；引导并培训新雇员，使招聘的新员工了解企业的宗旨与价值观，建立与加强他们对组织的认同与责任感，并对员工实施培训，以获得适应组织和不断更新技能与知识的员工；通过科学的绩效评估、公平的奖酬及各种激励措施激发员工的工作积极性，指导他们明确自己今后的发展方向和道路，以获得能长期保持高绩效水平的能干、杰出的员工等。

2.1.1　人力资源战略规划的含义

所谓规划，就是指从战略的高度上对事物未来发展的总体构想和规定，是比较全面的长远设想或蓝图。战略规划是指由组织高层管理者制定的对路线、方针、政策等重大问题的计划。它带有明显的全局性、整体目标性和长期性特征。

广义的人力资源战略规划是指根据组织的发展战略、组织目标及组织内外部环境的变化，预测未来组织的任务和环境对组织的要求，为完成这些任务和满足这些要求而提供人力资源的过程。狭义的人力资源战略规划是指对组织可能出现的人员需求、供给情况做出预测，并据此储备或增减相应的人力资源的过程。

总之，人力资源战略规划是一个系统工程，它建立在企业战略规划的基础上，紧紧围绕战略目标的实现，要求企业在人力资源方面做出一系列相应的准备工作。因此，人力资源战略规划必须具有预见性和前瞻性。

2.1.2　人力资源战略规划的内容

战略具有总体性、系统性、长远性、指导性、竞争性、现实性等特点，因而人力资源战略规划比人力资源规划更全面、更系统、更长远。人力资源战略规划工作包括选择方向，明确目标，拟订实现目标的途径、方法、程序、政策等内容。从整体上看，人力资源战略规划主要包含人力资源战略规划的制定和人力资源战略规划的实施两部分。从具体工作上看，人力资源战略规划包括人力资源总体规划及人力资源业务规划两部分内容。

1. 人力资源总体规划

人力资源总体规划是指对计划期内人力资源规划结果的总体描述，包括预测的需求和供给分别是多少，做出这些预测的依据是什么，供给和需求的比较结果是什么，组织平衡供需的指导原则和总体政策是什么等。

在人力资源总体规划中，最主要的内容就是对人力资源需求与供给的结果进行比较，即人力资源供需预测分析，进行人力资源规划的目的就是得出这一分析结果，从而指导有关人力资源管理的各项工作。

2. 人力资源业务规划

人力资源业务规划是人力资源总体规划的分解和具体内容，它包括人员补充规划、人员配置规划、人员接替和提升规划、培训开发规划、工资激励规划、劳动关系规划和退休解聘规划等内容。每一项业务规划都应当设定出具体的目标、任务和实施步骤，它们的有效实施是总体规划得以实现的重要保证。人力资源业务规划的内容见表2-1。

表2-1 人力资源业务规划的内容

规划名称	目标	政策	预算
人员补充规划	从类型、数量、层次等方面改善人员素质结构	人员的资格标准、人员的来源范围、人员的起点待遇	招聘选拔费用
人员配置规划	部门编制及人力资源结构优化、职位匹配及轮换	任职条件、职位轮换的范围和时间	按使用规模、类型和人员状况决定薪酬预算
人员接替和提升规划	后备人员数量的保持、人员结构的改善	选拔标准、提升比例、未提升人员的安置	职位变动引起的工资变动
培训开发规划	培训数量和类型、提供内部的供给、提高工作效率	培训计划的安排、培训时间和效果的保证	培训开发的总成本
工资激励规划	劳动供给增加、士气提高、绩效改善	工资政策、激励政策、激励方式	增加工资金额
劳动关系规划	工作效率提高、员工关系改善、离职率降低	民主管理、加强沟通	法律诉讼费用
退休解聘规划	劳动力成本降低、生产率提高	退休政策及解聘程序	安置费用

2.1.3 人力资源战略规划的类型

不同类型的人力资源有不同的特点和作用。人力资源战略规划的种类也有很多，按照不同的标准，可以将人力资源战略规划分为以下不同的类型。

1. 长期规划、中期规划和短期规划

按照人力资源战略规划的期限划分，可以分为长期规划、中期规划和短期规划。长期规划编制的时间一般在五年以上，主要是确立组织的人力资源战略。中期规划的期限一般是一年以上、五年以内，主要是根据战略规划来制定人力资源的战术规划。短期规划的期限较短，一般是在一年以内，主要是制定人力资源作业性的行动方案。需要指出的是，规划期限的长短，可能会因组织自身的发展需要和所属领域的特点不同而有所不同。

2. 战略性规划、战术性规划和行动方案

按照人力资源战略规划的层次划分，可分为战略性规划、战术性规划和行动方案，这种分类方法将人力资源战略规划与不同层次的企业规划联系起来。

（1）战略性规划。

人力资源的战略性规划主要是研究企业的发展目标和各种内外部环境因素对企业的影响，预测企业未来对人力资源的总体需求。人力资源战略性规划的重点是分析问题，而不在于具体的预测，它决定了在未来相当长的时间内企业人力资源的运行方向，并在较长时间内发挥其指导作用。

（2）战术性规划。

人力资源战术性规划的主要任务是对企业未来面临的人力资源供需形势做出详细的预测，包括企业未来员工的需求量、企业内外部人力资源的供给状况等，它确保了企业人力资源的获取和有效的运用，描述了如何实现人力资源战略性规划的整体目标。

（3）行动方案。

人力资源行动方案是根据预测结果而制定的具体措施和步骤，包括招聘、辞退、晋升、培训和发展、工作调动和工资福利政策等。

3. 总体规划和业务规划

按照人力资源战略规划的不同职能，可以分为总体规划和业务规划。

（1）总体规划。

人力资源总体规划属于企业人力资源管理的战略规划，它以企业的战略目标为依据，对计划期限内人力资源管理的目标、方针和政策，以及实施步骤、时间安排、费用预算做出总体的安排。

（2）业务规划。

人力资源业务规划是人力资源总体规划的展开和具体化。人力资源战术规划和人力资源行动方案都属于人力资源业务规划。人力资源业务规划包括人员补充规划、人员使用规划、人员晋升规划、培训开发规划、劳动关系规划、薪酬激励规划、员工职业生涯规划和退休与解聘规划等，每一项业务规划都包括了目标、任务、政策、步骤及预算等要素。

2.1.4　人力资源战略规划的作用

在人力资源管理的各项职能中，人力资源战略规划最具战略性和主动性，它是各项人力资源管理活动的起点和重要依据。由于组织内外部环境的复杂性和多变性，竞争也日趋激烈，对于人力资源需求与供给的预测不仅越来越困难，而且也越来越紧迫。人力资源管理部门必须对组织未来的人力资源需求和供给做出科学的预测，保证组织在需要的时间及时获取所需要的各种人员，进而保证组织实现其战略目标。因此，人力资源战略规划在各项管理职能中处于桥梁和纽带的地位，发挥着统一和协调的作用。

1. 增强组织对内外部环境变化的适应性

影响组织生存和发展的外部环境因素总是处于不断的变化之中，因而要求组织在战略、生产技术、市场营销等策略方面不断地做出相应的变化，这样就会直接或间接地影响组织内部人员队伍的构成。同时，外部环境的变化也要求组织内部进行各种变革，也必然导致组织对人员结构和需求的相应变化。为了克服环境变化可能对组织带来的消极影响，人力资源战略规划必须前瞻性地考虑招聘、培训和员工的发展政策。因此，科学的人力资源规划有助于减少未来的不确定性，增强组织对内外部环境的适应性。

2. 确保组织在未来生存发展过程中对人力资源的需求

人力资源战略规划通过考察组织外部、组织自身和内部员工三方面因素来确定组织人力资源管理的状态。在明确组织目标的基础上，衡量目标和人力资源管理现状之间的差距，并且为缩小现状和目标之间的差距而制定必要的人力资源的获取、利用、保持和开发策略，从而确保组织在生存和发展过程中对人力资源的需求。

3. 有助于组织人力资源结构和人力资源配置的优化

组织现有的人力资源结构（包括年龄结构、性别结构、技能结构和专业结构等）随着环境的变化，会暴露出许多不完善的方面，需要及时地、有计划地进行调整；组织现有的人员配备也需要根据培训、考核等活动的开展而进行不断的开发和选配，以使组织内部的人员配备不断地达到动态的优化组合。人力资源战略规划有助于组织人力资源结构的优化和人力资源配置的优化，使人力资源能够适应组织的发展需要。

4. 有助于组织降低人工成本的开支

人力资源在组织创造价值的同时也带来了一定的成本开支。人力资源成本中最大的支出是工资，而工资总额在很大程度上取决于组织中的人员分布状况。在一个组织成长、发展过程中，人员的职务等级水平会相应地上升，工资的成本也就会随之增加。如果再考虑物价上涨等因素，人力资源成本的支出可能会逐渐超出组织所能承担的能力。而理性的组织是不可能让其拥有的人力资源超出自身的需求范围与承受能力，否则不仅会造成人力资源的浪费，而且还会增加人工成本的开支。通过人力资源规划，组织就可以将员工的数量和质量控制在合理的范围内，从而节省人工成本的支出。

2.2　人力资源战略规划程序

人力资源战略规划是人力资源管理的一项重要职能，起着统一和协调的作用。在制定人力资源战略规划时，需要确定完成企业目标所需要的人员数量和类型，因而需要收集和分析各种信息并且预测人力资源的有效供给和需求。在确定所需人员类型和数量以后，人力资源管理部门就可以着手制定战略规划和采取各种措施以获得所需要的人力资源。具体来说，人力资源战略规划制定过程主要包括以下五个步骤。

1. 调查和分析企业人力资源战略规划信息

在调查分析阶段，要认清企业总体发展战略目标方向和内外部环境的变化趋势。首先，要调查企业人力资源相关的基本信息，如企业组织结构的设置状况、职位的设置及必要性；企业现有员工的工作情况、劳动定额及劳动负荷情况；企业未来的发展目标及任务计划，生产因素的可能变动情况等。其次，需要特别注意对企业内部人力资源的调查分析。这一部分通常包括：企业现有员工的基本状况、员工具有的知识与经验、员工具备的能力与潜力开发、员工的普遍兴趣与爱好、员工的个人目标与发展需求、员工的绩效与成果、企业人力资源流动情况、企业人力资源结构与现行的人力资源政策等。最后，对企业外部人力资源相关调查分析，如劳动力市场供给与需求的现状，教育培训政策与教育工作，劳动力择业心理与整个外在劳动力市场的有关因素与影响因素均需做深入的调查研究。这些信息都是企业人力资源规划制定的基础。

2. 企业人力资源需求和供给情况预测

企业的人力资源需求预测主要是基于企业的发展实力和发展战略目标所做出的系统规划。人力资源部门必须了解企业的战略目标分几步走，每一步需要什么样的人才和人力资源做支撑，需求数量是多少，何时引进比较合适，人力资源成本分析等内容，然后才能够做出较为准确的需求预测。

企业人力资源供给预测分为内部人力资源供给预测和外部人力资源供给预测。

（1）在进行内部人力资源供给预测时，要仔细地评估企业内部现有人员的流动状况，即离职率、调动率和升迁率，以及预测企业内部现有人员的状态，即人员年龄、级别、素质、资历、经历和技能等方面的表现，必须收集和储存有关人员发展潜力、可晋升性、职业目标及采用的培训项目等方面的信息。其中建立技能档案是预测人员供给的有效工具，它包含每个人员在技能、能力、知识和经验方面的信息，这些信息的来源有工作分析、绩效评估、教育和培训记录等。

（2）外部人力资源供给预测包括：本地区人力资源与人口总量的比例、本地区人力资源总体构成、本地区的经济发展水平、本地区的教育水平、本地区同一行业劳动力的平均价格水平与竞争力、本地区劳动力的择业心态与模式、本地区劳动力的工作价值观、本地区的地理位置对外地人口的吸引力、外来劳动力的数量与质量、本地区同行业对劳动力的需求等。

3. 企业人力资源战略规划的制定

企业人力资源战略规划的制定是基于以上获得的信息来开展的，是与企业的发展战略相匹配的人力资源总体规划，是企业人力资源管理体系形成的基础和保证。企业的人力资源体系能否合理建立起来，取决于企业的人力资源战略规划制定的基本内容是否全面和水平的高低。人力资源战略规划的制定主要涉及的内容包括：与企业的总体战略规划有关的人力资源规划目标、任务的详细说明；企业有关人力资源管理的各项政策及有关说明；企业内外部人力资源的供给与需求预测的结果分析；企业人力资源净需求状况分析；企业业务发展的人力资源计划；企业员工招聘计划、升迁计划；企业人员退休、解聘、裁减计划；员工培训和职业发展计划；企业管理与组织发展计划；企业人力资源保留计划；企业生产率提高计划等相关内容。一份完整的人力资源战略规划是企业人力资源管理的基础和核心，企业的人力资源其他管理工作都会时刻围绕它不断展开。

4. 企业人力资源战略规划的实施与执行

人力资源战略规划的实施与执行实际就是构建或者规范企业的整个人力资源管理体系，即按照企业的人力资源战略规划来逐步建立或者完善企业现有的人力资源管理体系，把企业的发展战略和人力资源战略规划中的目标和计划进行分解和落实，主要包括企业组织机构的设计与优化、企业职务分析和评价、企业的人员招聘和管理、企业的绩效考核体系设计、员工工作表现评估和核心胜任能力模型塑造、企业薪酬激励和福利体系设计、员工培训管理体系、员工职业生涯发展体系等内容。

5. 企业人力资源战略规划的监控和评估

在企业人力资源战略规划的实施执行过程中，需要不断监控人力资源战略规划的具体落实情况，不断收集人力资源管理方面的资料和信息，查看人力资源战略规划是否与企业的发展战略相匹配，是否与企业人力资源体系模块的设计相匹配，评价人力资源管理各体系模块建立的合理性和可操作性，同时在企业人力资源管理体系实施和执行的一个相对周期内对人力资源战略规划实施情况进行必要的分析和评估，并根据企业内外部环境的变化来调整人力资源战略规划的内容，以适应企业整个发展战略的变化。

总之，人力资源战略规划的目的是通过制定规划来保证企业人力资源战略符合企业战略和不断发展的需要。要管理好企业的人力资源，就必须制定相应的人力资源战略规划，并且要按照科学的程序来制定和实施，最终将人力资源战略规划的内容变成真实的行动，从而不断提升企业的人力资源管理水平和企业的整体管理水平，达到实现企业发展战略目标、提高企业经营绩效的目的。

2.3 人力资源需求预测

人力资源需求包括总量需求和个量需求，也包括质量、数量和结构方面的需求。总量需求是指一个国家在某一个阶段或时间范围内对人力资源的需求量，可以按照数量、质量和结构来分析和划分。个量需求是指某一具体组织在某一阶段对人力资源的需求量，同样也可以按照数量、质量和结构来分析和划分。组织人力资源需求的确定主要考虑组织现有人力资源的投入量，并要按照组织未来的发展来确定人力资源的需求，充分考虑人力资源需求与人力资源供给的平衡。

2.3.1 人力资源需求预测的含义及特点

人力资源需求预测是指以组织的战略目标、工作任务为出发点，综合考虑各种因素的影响，对组织未来人力资源的数量、质量和时间等进行预估的活动。

人力资源需求预测具有以下特点[①]。

（1）科学性。

人力资源需求预测通常是根据以往的资料，按照一定的科学程序，运用一定的科学方法及逻辑推理等手段，对人力资源未来的发展趋势做出的分析。预测所获取的有关未来人力资源的各种可能性现象、结果和水平等信息，反映了人力资源与诸相关因素联系和制约的关系，它基本上是人力资源发展规律性的反映。

（2）近似性。

由于事件的发展并不是简单的重复，总要受到各方面不断变化因素的影响，这使得人力资源需求预测的结果总会与将来发生的实际结果存在一定偏差，预测的数值仅仅是一个近似值。因此，人力资源需求预测具有近似性。

（3）局限性。

人力资源需求预测对象的许多因素往往受到外部各种因素变化的影响，带有一定的不确定性，并常常有随机性，这就使得人力资源需求预测具有局限性。不仅如此，由于建立人力资源需求预测模型受到时间等因素的制约，致使预测结果往往不能反映事物发展的全貌。因此，人力资源需求预测结果对事物性质的表达方面会产生一定的局限性。

2.3.2 人力资源需求预测的影响因素

人力资源需求预测受多种因素的影响，主要包括社会性因素、企业内部因素和人力资源自身因素。

---

① 夏兆敢. 人力资源管理［M］. 上海：上海财经大学出版社，2006.

（1）社会性因素。

社会性因素主要包括以下三个方面。

① 产业结构。产业结构和行业结构的变化会影响企业现有的员工队伍结构，进而影响对人力资源需求的预测。

② 技术水平。一方面，新技术的发明和应用可以推动新产品的开发和应用，从而扩大企业对人力资源的需求；另一方面，新技术对劳动生产率的提高，又将减少企业对人力资源的需求。这些都会对人力资源需求预测造成重要影响。

③ 国家政策。国家对某一产业和领域的发展政策、对新技术的开发和推广、对中小企业的扶持等，都会对人力资源的需求产生影响，进而直接或者间接地影响对人力资源需求的预测。

（2）企业内部因素。

企业内部因素将直接影响对人力资源需求的预测。这些因素概括起来有以下四个方面。

① 财务资源。企业对人力资源的需求受到企业财务资源的约束，企业可以根据未来人力资源总成本来推算人力资源需求的最大量。

② 企业发展。企业的发展规划和未来的生产经营任务对人力资源的数量、质量和结构提出了要求，根据这些生产因素可能的变动可以预测人力资源的需求。

③ 员工的工作情况、定额和工作负荷等。

④ 扩大经营领域、生产规模或经营地域的决策。

（3）人力资源自身因素。

企业对人员需求的变化也可能是由于人力资源自身流动因素造成的，如退休、辞职、解聘等都会造成工作岗位的空缺，需要招聘正式或临时的员工来补充。这些变动因素也会影响对人力资源需求的预测。

2.3.3　人力资源需求预测的内容

人力资源需求预测分为现实人力资源需求预测、未来人力资源需求预测、未来流失人力资源需求预测及企业整体人力资源需求预测四部分。

（1）现实人力资源需求预测。

对于现实人力资源需求的预测包括以下几个步骤：确定职位编制和人员配置；统计缺编、超编人员数量；分析现职人员任职资格和条件；审查和修正统计结果，最终确定现实的人力资源需求。

（2）未来人力资源需求预测。

对于未来人力资源需求的预测包括以下几个步骤：预测各部门的工作量；根据工作量的增长情况，确定各部门需要增加的职位数量和任职人数并进行统计汇总，从而得出未来的人力资源需求。

（3）未来流失人力资源需求预测。

对于未来流失人力资源需求的预测包括以下几个步骤：对于预期内的退休人员进行统计；根据历史数据，对于未来可能发生的离职率进行预测；将统计和预测结果进行汇总，从而得出未来流失的人力资源需求。

（4）企业整体人力资源需求预测。

将现实人力资源需求、未来人力资源需求和未来流失人力资源需求的结论进行汇总，即得出企业整体人力资源需求预测。

2.3.4 人力资源需求预测的方法

人力资源需求预测是以与人员需求有关的组织因素为基础，来预估未来某个时期组织对人员的需求。在预测之前，先要确定工作将来是否确实有必要，该工作的定员数量是否合理，现有工作人员是否具备该工作所要求的条件，未来的生产任务、生产能力是否可能发生变化等问题。

具体来说，人力资源需求预测的方法分为两大类，即定性预测方法和定量预测方法。定性预测方法主要是依靠人们的经验、智力、判断力对未来的需求做出预测；而定量预测方法是通过收集历史数据，用数学方法得出变化趋势进行预测的方法。这两类方法各有优劣，必要的时候需要配合使用，表2－2对常用的定性和定量两类方法做出详细比较。

表2－2 定性与定量预测方法的比较

预测类型	预测方法	1~5年	5~10年	10年以上	所需数据	预测成本
定性预测	经验预测法	良	中	中	较少	低
	现状分析法	良	良/中	差	较少	中
	专家意见法	中	良/中	良/中	较少	中
定量预测	工作负荷法	良	中	差	适中	低
	回归预测法	优/良	中	中	较多	中

1. 定性预测方法

1）经验预测法

最简单的预测人员需求的方法是经验预测法，即人力资源管理部门根据经验对目前的业务情况进行分析，确定各部门的人员需求情况。在实际操作中，一般先由各个部门的负责人根据本部门未来一定时期内工作量的情况，预测本部门的人力资源需求，然后再汇总到组织最高领导层进行平衡，以确定组织最终的人员需求。

经验预测法主要是凭借经验来进行的，因此它主要用于短期的预测，并且适用于那些规模较小或者经营环境稳定、人员流动不大的组织。同时，在使用这种方法时，还要求管理人员必须具有丰富的经验，这样预测的结果才会比较准确。

2）现状分析法

这种预测方法假设一个组织目前各种人员的分配比例和人员的总数将完全能够适应预测规划期内的人力资源的需要。人力资源规划人员所要做的事情就是测算出规划期内有哪些人员将晋升、降职、退休或调出本组织的情况，再准备调动人员去替补。当然组织内现任人员也可能会出现突然的伤病甚至死亡，需要调动人员去加以替补。一般组织内部的连续性替补都采用这种方法。例如，一个工厂的某生产车间主任即将退休，通过现状分析法可以从车间副主任、工段长中将表现出色的人员选补上去。在此同时，一个岗位上的人员调离或缺失可能会连续引起几个或多个岗位的人员的顶替。相对而言，这种方法并不复杂，是一种较易操作的、适用于短期的人力资源需求预测的方法。

3）专家意见法

专家意见法又称德尔菲法，主要依靠专家的知识经验和分析判断能力，对人力资源的未来需求做出预测。

德尔菲法的特点包括：第一，它吸取和综合了众多专家的意见，避免了个人预测的片面性；第二，它不采用集体讨论方式，而是匿名进行投票，从而避免了从众的行为；第三，它采取多轮预测的方式，经过几轮的反复预测，专家们的意见趋于一致，具有较高的准确性。

2. 定量预测方法

在人力资源需求定量预测方法中，最常用的有工作负荷法和回归预测法。

1）工作负荷法

对组织人力资源需求数量的长短期分析可以采用工作负荷法。工作负荷法是按照历史数据，先算出对某一特定工作每单位时间内的每人工作负荷（人均单位负荷），再根据未来的生产量目标计算出要完成的总工作量，然后根据前一标准测算出所需要的人力资源数量。计算公式为：

$$所需人力资源数量 = 生产目标/人均单位负荷$$

例 2 - 1：东方公司新设一个车间，其中包括四类工作，请根据计划产量来预测未来三年所需的员工数量。

（1）根据工作分析，这四类工作的工时定额分别为 0.5，1，1，0.5 h/件。

（2）预计未来三年每一类工作的计划产量，如表 2 - 3 所示。

表 2 - 3　计划产量（合格品数量）

年度 类别	第一年/件	第二年/件	第三年/件	工时定额/(h/件)
1	10 000	15 000	20 000	0.5
2	30 000	40 000	45 000	1.0
3	30 000	30 000	35 000	1.0
4	40 000	45 000	50 000	0.5

（3）完成这四类工作的计划产量所需时间见表 2 - 4。

表 2 - 4　所需时间

年度 类别	第一年/h	第二年/h	第三年/h
1	5 000	7 500	10 000
2	30 000	40 000	45 000
3	30 000	30 000	35 000
4	20 000	22 500	25 000
合计	85 000	100 000	115 000

（4）按一年 365 天，其中包括 104 天休息日及 10 天法定假日。假定工人出勤率为 80%，产品合格率为 95%，实行 8 h 工作制。则每个员工每年工作的总时长为：

$$(365 - 104 - 10) \times 8 \times 80\% = 1\,606.4\,（h）$$

由此可得到未来三年所需人数分别为：

第一年：$(85\,000 \times 95\%)/1\,606.4 \approx 51$（人）

第二年：$(100\,000 \times 95\%)/1\,606.4 \approx 60$（人）

第三年：$(115\,000 \times 95\%)/1\,606.4 \approx 69$（人）

因此，未来三年中该企业将分别需要员工数量为 51，60，69 人。

2）回归预测法

回归预测法对人力资源需求预测有相当大的实用价值。回归模型指在一种或多种独立变量条件下，建立生产经营活动水平与人员需求量之间的数学关系，并用这种关系推测未来的趋势。下面介绍其中较为简单而常用的一种回归方法——单变量趋势外推法（一元回归分析法）。

当人力资源的历年数据呈现出较有规律的近似直线的趋势分布时，可用最小二乘法的方法求出直线回归方程。

例 2-2：某一企业 2007—2018 年间的销售额和人力资源需求量的数据如表 2-5 所示。试预测当 2019 年的销售量达到 35 000 台时该企业所需的人员数量。

表 2-5 某企业人力资源需求量趋势分析

年份\数量	2007	2008	2009	2010	2011	2012	2013	2014	2015	2016	2017	2018
销售量/台	11 000	12 000	14 000	14 000	17 000	16 000	19 000	21 000	20 000	24 000	28 000	31 000
人员数量/人	21	22	23	25	28	30	32	31	32	34	34	36

首先，建立直线回归方程：

$$Y = a + bX$$

式中：Y 为所需人员数量；X 为当年产品销售量；a 和 b 为根据过去资料推算出来的未知系数。

根据最小二乘法可得：

$$a = \overline{Y} - b\overline{X}$$

$$b = \left[\left(\sum x_i y_i \right) - \overline{X} \left(\sum y_i \right) \right] / \left[\sum x_i^2 - \overline{X} \left(\sum x_i \right) \right]$$

其中：$\overline{Y} = \sum y_i / n$；$\overline{X} = \sum x_i / n$；$i = 1, 2, 3, \cdots, n$。

根据上式可得各因子的统计结果如表 2-6 所示。

表 2-6　各因子统计结果

统计因子	$\sum x_i$	$\sum y_i$	$\overline{X}$	$\overline{Y}$	$\sum x_i y_i$	$\sum x_i^2$
统计结果	227 000	348	18 916.67	29	6 906 000	47 250 000 000

将相关统计结果代入系数 a 和 b 的公式中，得：

$$a = 14.81 \qquad b = 0.000\,75$$

则得出具体回归方程为：

$$Y = 14.81 + 0.000\,75X$$

因此可得出，当产品产量达到 35 000 台时，所需人员数量为 42 人。

2.4　人力资源供给预测

在进行了人力资源需求预测后，还应对人力资源供给进行预测，即对企业在未来一段时期内的可获得的人力资源的数量和类型的预测。[①] 在进行人力资源供给预测时，要仔细地评估企业内部现有人员的流动状况，即离职率、调动率和升迁率。

2.4.1　人力资源供给预测的含义

人力资源的供给预测就是指对在未来某一时期内能够提供给企业的人力资源的数量、质量及结构进行预估。由于超出企业获取能力的人力资源供给对企业来说是没有任何意义的，因此必须要对有效的人力资源供给进行预测。

一般来说，从人力资源供给来源看，人力资源的供给包括内部供给和外部供给两个来源，其中，内部供给是指从企业内部对未来所需的人力资源进行供给，而外部供给是指从外部劳动力市场为企业提供所需的人力资源[②]。

2.4.2　人力资源供给预测的影响因素

人力资源供给预测实质就是分析社会劳动力资源的供给状况，而社会劳动力供给状况受到人口数量与结构、经济与技术、社会文化教育等外界因素的影响，因而，当企业预测人力资源供给时，应主要考虑其所在地区的以下因素。

（1）人口因素。

① 本地区人口总量与人力资源率，它们决定了该地区可提供的人力资源总量，且这两个因素与人力资源总量成正比。

② 本地区人力资源的总体构成，它决定了在年龄、性别、教育、技能、经验等层次与类别上可提供的人力资源的数量与质量。

① 赵继新，郑强国. 人力资源管理：基本理论·操作实务·精选案例 [M]. 北京：北京交通大学出版社，2014：37.

② 何娟. 人力资源管理 [M]. 天津：天津大学出版社，2005：75.

（2）经济与教育因素。

① 本地区的经济发展水平决定了对外地劳动力的吸引能力，当地经济发展水平越高，对外地劳动力的吸引力就越强，因而对本地劳动力的供给也就越充分。

② 本地区的教育水平特别是政府与组织对培训和再教育的投入，直接影响劳动力供给的质量。

（3）劳动力市场状况。

① 本地劳动力平均价格与外地劳动力平均价格之比，若此比值大于1，则本地劳动力的供给更充足。

② 本地区劳动力的择业心态、工作价值观及择业模式。

③ 本地区地理位置对外地人口的吸引力，如沿海地区对外地人口吸引力相对较大。

④ 本地区外来劳动力的数量与质量。

（4）科技因素。

① 掌握高科技的员工的供给量增大。高科技的发展和在各行各业中的运用，使得对掌握高科技人员的需求量急剧上升，从而推动了教育界对高科技人才的培养，进而使劳动力市场中掌握高科技的劳动力增加。

② 由于办公自动化的普及使对中层管理者的需求量大规模削减，从而导致中层管理者的供给量相对缩减。

③ 科技发展大幅提高了工作效率，使人们从事生产的时间越来越短，闲暇时间越来越长，因而服务行业的劳动力需求增加，从而导致向该行业供给的劳动力增加，如我国下岗职工主要在服务性行业中再就业。

（5）相关的政策、法规。

本地政府从本地经济和保护本地劳动力就业机会的角度出发，都会在参考国家有关法令基础上颁布一些政策、法规，如防止外地劳动力盲目进入本地劳动力市场，制定员工安全保护法规等。

2.4.3 人力资源供给预测的过程

人力资源供给预测是一个复杂的过程，其基本步骤有以下几个。

（1）内部人力资源供给预测。

对于组织内部人力资源供给预测的步骤包括了解组织员工状况；分析组织的职位调整政策和员工调整的历史数据，统计出员工调整的比例；了解各部门可能出现的人事调整情况等。通过上述调查统计，得出组织内部的人力资源供给预测。

（2）外部人力资源供给预测。

对于组织外部人力资源供给预测的步骤包括分析影响外部人力资源供给的区域性因素和外部人力资源供给的全国性因素。通过这两方面的分析，可以得出其外部人力资源供给预测。

（3）预测组织人力资源的整体供给。

将组织内部人力资源供给预测和组织外部人力资源供给预测汇总，即可得出组织人力资源供给的整体预测。预测结果展示出组织现有人力资源状况及未来在流动、退休、淘汰、升职等其他相关方面的发展变化情况。

（4）确定人员"净需求"。

根据人力资源供给的结果，结合人力资源需求预测的情况，测算出组织规划期内各类人力资源的余缺情况，从而得到"净需求"的数据。其中应呈现需求的职务名称、人员数量、希望到岗时间等，最后形成一个标明有员工数量、招聘成本、技能要求、工作类别及为完成组织目标所需的管理人员数量和层次的分列表。

2.4.4　人力资源供给预测的方法

人力资源供给预测的方法即根据企业内部人员信息状态预测可供的人力资源以满足未来人事变动的需求。最常用的内部供给预测方法有两种：管理人员接替图和马尔可夫转移矩阵模型。

1. 管理人员接替图

管理人员接替图是对现有管理人员的状况进行调查，评价后，列出未来可能的管理者人选，又称为管理者继承计划。该方法被认为是把人力资源规划和企业战略结合起来的一种较有效的方法，在许多公司里的运用都取得了较好的结果。IBM 公司自 20 世纪 60 年代以来就实施了管理者继承计划。IBM 公司宣称实行该计划的目的是保证高层管理者的素质，为公司遍布世界的所有管理者职位做好人才准备，从公司分部经理到总经理都负有执行这次计划的责任，具体工作则由负有人事职责的专门人员来完成。通用汽车公司每年也会为公司的高层管理人员做一次鉴定，分析其今后五年内的升迁、接替问题。

管理人员接替图主要涉及的内容包括：主要管理人员的现有绩效和潜力；所有接替人员的现有绩效和潜力；其他关键职位上的现职人员的绩效、潜力及对其评定意见。图 2-1 为某公司典型的管理人员接替图。

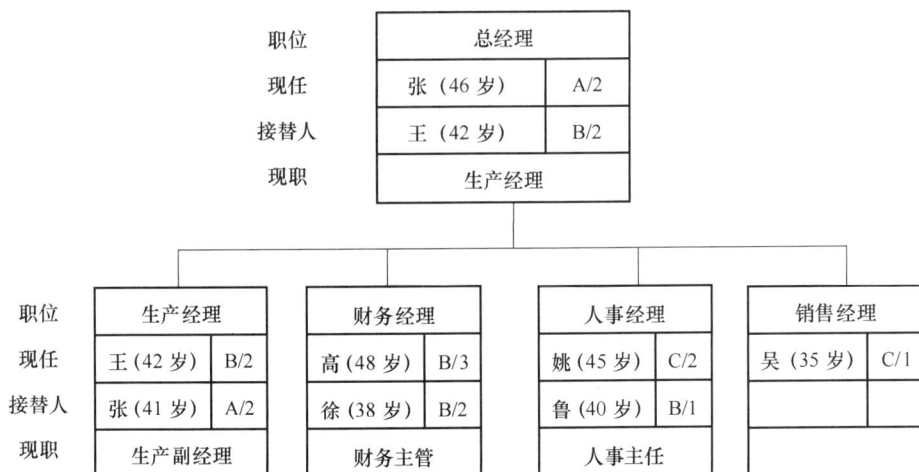

图 2-1　管理人员接替图

图 2-1 中，括号内数字表示该管理者的年龄，右侧的字母和数字是对其绩效和晋升可能性的评估。A 表示现在就可提拔，B 表示还需要一定的开发，C 表示与现有职位已不太合适。对其绩效的评估在此分为 4 个等级：1 表示绩效突出，2 表示绩效优秀，3 表示绩效一

般，4 表示绩效较差。通过这样一张图（还可延续下去），使得企业既对其内部管理人员的情况非常了解，又体现出企业对管理人员职业生涯发展的关注。如果出现人员不能适应现职或缺乏后备干部，则企业就可尽早地做好充分的准备。所以，有些企业认为管理人员接替图非常有用，甚至认为它是人力资源规划最重要的部分。

2. 马尔可夫转移矩阵模型

马尔可夫转移矩阵模型最早在荷兰军队里使用，后扩展应用于企业中，它用定量方法预测具有相等间隔时间点上各类人员的数量，其基本思想是找出过去人事变动的规律，以此推测未来的人员状况。马尔可夫转移矩阵模型可以和其他预测人力资源需求的方法一起运用，企业可根据最后得出的供求状况及时制定人力资源规划方案。

例 2 - 3：某企业有信息管理、技术研发、销售市场和生产制造四个部门（A、B、C、D），已知 2018 年年初四个部门人员分别为 40 人、80 人、100 人、150 人。结合各部门的人员转移率，得到各部门人员的转移矩阵，表 2 - 7 表示从 2018 年年初到 2018 年年末四个部门的人员流动情况。

表 2 - 7　人员转移矩阵表

部门	A	B	C	D	离职率
A	0.90				0.10
B	0.10	0.70			0.20
C		0.10	0.75	0.05	0.10
D			0.20	0.60	0.20

表 2 - 7 表明了企业内四个部门 A、B、C、D 中的人员流动状况，当然还与企业的某些规定有关，如 A 部门的人不能流向 C 部门，B 部门的人不能流向 D 部门等。假设有关各部门一定时期的人员转移率数据都是根据企业的实际情况统计得到的，则该人员转移矩阵表表示从 2018 年年初至 2018 年年末人员转移的百分比分配矩阵。

当然，企业中人员分配与流动情况不是一成不变，而是时刻处于动态变化的过程中，同时企业的相关规定和政策也是不断变化的。但从研究问题的角度考虑，必须以两个重要的假设作为前提，第一假设是，以上转移矩阵随时间推移（第 1 年后、第 2 年后……第 n 年后）的特征不变；第二个假设是，只要知道现在（如第 1 年）的状态，就不必关心过去是什么状态（如不必关心某人在前年是否到过生产技术部）。如果忽略了这两个重要的假设，马尔可夫转移矩阵将会失去它的实用性与科学性。

下面是具体分析过程。

第一步：建立未来人员流动预测矩阵。根据公式：

$$\boldsymbol{P}^{(t+1)} = \boldsymbol{P}^{(t)}\boldsymbol{P}\ (t = 1,2,3,\cdots,n)$$

其中，$\boldsymbol{P}$ 为人员转移矩阵，$\boldsymbol{P}^{(t)}$ 为第 t 年初人员分配情况，$\boldsymbol{P}^{(t+1)}$ 为第 t 年初人员分配情况，同时也是第 $t+1$ 年年初人员分配情况。

在本例中，$\boldsymbol{P}^{(t)} = (40,\ \ 80,\ \ 100,\ \ 150)$

$$P = \begin{pmatrix} 0.90 & 0 & 0 & 0 & 0.10 \\ 0.10 & 0.70 & 0 & 0 & 0.20 \\ 0 & 0.10 & 0.75 & 0.05 & 0.10 \\ 0 & 0 & 0.20 & 0.60 & 0.20 \end{pmatrix}$$

$$P^{(t+1)} = P^{(t)} P$$

$$= (40, \ 80, \ 100, \ 150) \begin{pmatrix} 0.90 & 0 & 0 & 0 & 0.10 \\ 0.10 & 0.70 & 0 & 0 & 0.20 \\ 0 & 0.10 & 0.75 & 0.05 & 0.10 \\ 0 & 0 & 0.20 & 0.60 & 0.20 \end{pmatrix}$$

$$= (44, \ 66, \ 105, \ 95, \ 60)$$

第二步：求得马尔可夫转移矩阵表，如表 2 - 8 所示。

表 2 - 8　马尔可夫转移矩阵表

部门	期初人数（第 t 年）	A	B	C	D	离职合计
A	40	36	0	0	0	4
B	80	8	56	0	0	16
C	100	0	10	75	5	10
D	150	0	0	30	90	30
期初人数（第 $t + 1$ 年）	—	44	66	105	95	60

表 2 - 8 中的相关数据表示在 2019 年，四个部门之间人员转移的情况。其中，A 部门原有的 40 人中有 36 人留任，4 人离职；B 部门原有的人中有 56 人留任，8 人转移到 A 部门，16 人离职；C 部门原有的 100 人中有 75 人留任，10 人转移到 B 部门，5 人转移到 D 部门，10 人离职；D 部门原有的 150 人中 90 人留任，30 人转移到 C 部门，30 人离职。有了各个部门人员原始人数和转移率，就可以预测出未来的人力资源供给情况。

同理，也可以用马尔可夫转移矩阵模型预测企业未来较长时间的人力资源供给情况。总之，应用稳态的马尔可夫转移矩阵模型来预测企业的人力资源供给情况，是有较好战略价值的。

2.5　人力资源的综合平衡

2.5.1　人力资源供需平衡的现实性

在企业的运营过程中，企业始终处于人力资源的供需失衡状态。在企业扩张时期，企业人力资源需求旺盛，人力资源供给不足，人力资源部门用大部分时间在进行人员的招聘和选拔；在企业稳定时期，企业人力资源在表面上可能会达到稳定，但企业局部仍然同时存在着退休、离职、晋升、降职、补充空缺、不胜任岗位、职务调整等情况，企业处于结构性失衡状态；在企业衰败时期，企业人力资源总量过剩，人力资源需求不足，人力资源部门需要制定裁员、下岗等政策。总之，在整个企业的发展过程中，企业的人力资源状况始终不可能自然地处于平衡状态。人力资源部门的重要工作之一就是不断地调整人力资源结构，使企业的人力资源始终处于供需平衡状态。这样才能有效地提高人力资源利用率，降低企业人力资源成本。

2.5.2　人力资源供需失衡的表现及解决措施

通过对企业人力资源供给和需求预测的比较，一般会有以下几种结果。

（1）总量平衡，结构失衡。

结构性失衡是企业人力资源供需中较为普遍的一种现象，在企业的稳定发展状态中表现得尤为突出。一般采取的措施包括：第一，进行人员内部的重新配置，包括晋升、调动、降职等，来弥补那些空缺的职位，满足这部分的人力资源需求；第二，对人员进行有针对性的专门培训，使他们能够从事空缺职位的工作；第三，进行人员的置换，释放那些企业不需要的人员，补充企业需要的人员，以调整人员的结构。

（2）供给大于需求。

当企业发展战略出现重大变化、企业经营处于萎缩时期、技术创新带来生产力冗余等因素均会在一定时期造成企业现有人力资源的供过于求，带来人力资源过剩的问题。一般采取的措施包括：第一，扩大经营规模或开拓新的业务增长点，以增加对人力资源的需求；第二，永久性的裁员或辞退员工，这种方法虽然比较直接，但是由于会给社会带来不安定因素，因此往往会受到政府的限制；第三，鼓励员工提前退休，给那些接近退休年龄的员工以优惠的政策，让他们提前离开企业；第四，冻结招聘，就是停止从外部招聘人员，通过自然减员来减少供给；第五，缩短员工的工作时间、实行工作分享或降低员工的工资，通过这种方式也可以减少人力资源的供给。

（3）供给小于需求。

人力资源的供给不足主要表现在企业的经营规模扩张和新的经营领域的开拓时期，因而企业需要增加新的人员进行补充。补充的途径有外部招聘、内部晋升、人员接任计划、技术培训计划等。同时企业人员净补充阶段也是企业人力资源结构调整的最好时机。企业在原有的经营规模和经营领域中也可能出现人力资源不足，如人员的大量流失，这是一种不正常的现象，表明企业的人力资源管理政策出现了重大问题。如果预测结果表明企业在未来某一时期内在某些岗位上人员短缺，即需求大于供给，应该采取的政策和措施有：第一，从外部雇用人员，包括返聘退休人员，这是最为直接的一种方法，可以雇用全职的人员或兼职的人员，要根据企业自身的情况来确定；第二，提高现有员工的工作效率，这也是增加供给的一种有效方法；第三，延长工作时间，让员工加班加点；第四，降低员工的离职率，减少员工的流失，同时进行内部人员调配，增加内部人员的流动来加大某些职位的供给。

2.5.3　确定人力资源净需求

在对员工未来的需求与供给预测数据的基础上，将本企业人力资源需求的预测数与在同期内企业本身可供给的人力资源预测数进行对比分析，从比较分析中可测算出各类人员的净需求量，这里所说的净需求既包括人员数量，又包括人员的质量、结构，即在确定"需要多少人"的同时，还要确定"需要什么人"，数量和质量要对应起来，这样就可以有针对性地进行招聘或培训，为企业制定有关人力资源的政策和措施提供了依据。

2.6　人力资源战略规划的编制与执行

根据企业战略目标及本企业员工的净需求量，编制人力资源战略规划，包括总体规划和各项业务计划。要注意总体规划和各项业务计划及各项业务计划之间的衔接和平衡，提出调整供给和需求的具体政策和措施。一个完整的人力资源战略规划应包括：规划的时间段、计划达到的目标、情景分析、具体内容、制定者和制定时间等内容。

2.6.1　编制人力资源战略规划的原则

（1）充分考虑内外部环境的变化。

人力资源战略规划只有充分地考虑了内外部环境的变化，才能适应需要，真正做到为企业的发展目标服务。内部变化主要指销售的变化、开发的变化、企业发展战略的变化，以及公司员工的流动变化等；外部变化指社会消费市场的变化、政府有关人力资源政策的变化、人才市场的变化等。为了更好地适应这些变化，在人力资源战略规划中应该对可能出现的情况和风险做出预测，最好能有面对风险的应对策略。

（2）强化企业的人力资源保障。

企业的人力资源保障问题是人力资源战略规划中应解决的核心问题。它包括人员的流入预测、流出预测、内部流动预测，社会人力资源供给状况分析，人员流动的损益分析等。只有有效地保证了对企业的人力资源供给，才可能去进行更深层次的人力资源管理与开发。

（3）兼顾企业和员工的长期利益。

人力资源战略规划不仅是面向企业的计划，也是面向员工的计划。企业的发展和员工的发展是互相依托、互相促进的关系。如果只考虑企业的发展需要而忽视了员工的发展，则会有损于企业发展目标的达成。优秀的人力资源战略规划一定是能够使企业中的员工达到长期利益的计划，一定是能够使企业和员工共同发展的计划。

（4）实现各部门人员及高层管理者的全员参与。

优质的人力资源战略规划是由企业内部相关人员共同完成的，而绝非人力资源部门单独制定的。因此，人力资源部门在进行人力资源战略规划时，一定要注意充分吸收各个部门及高层管理者的参与，这样人力资源战略规划才能够符合企业实际情况并落到实处。

2.6.2　人力资源战略规划的编制

企业在年度或季度结束时编制相应的人力资源战略规划，可以遵循以下几个关键步骤。

（1）把握企业人力资源整体情况。

根据企业的发展规划，结合企业各部门的人力资源需求报告进行盘点，确定人力资源需求的大致情况。结合企业现有人员情况，职务可能出现的变动情况，职务的空缺数量等，掌握企业整体的人员配置情况，编制相应的配置计划。

（2）编制职务计划。

企业发展过程中，除原有的职务外，还会逐渐有新的职务产生，因此在编制人力资源战略规划时，不能忽视职务计划。编制职务计划要充分做好职务分析，根据企业的发展规划，综合职务分析报告的内容，详细陈述企业的组织结构、职务设置、职位描述和职务资格要求等内容，为企业描述未来的组织职能和模式。

（3）合理预测各部门人员需求。

在人员配置和职务计划的基础上，合理预测各部门的人员需求状况。在进行人员需求预测时，应注意将预测中需求的职务名称、人员数量、希望到岗时间等内容详细列出，形成一个标明有员工数量、招聘成本、技能要求、工作类别及为完成企业目标所需的管理人员数量和层次的分列表，依据该表有目的地实施日后的人员补充计划。

（4）确定员工供给状况。

人员供给主要有两种方式，一是内部提升，二是外部招聘。如果采取第一种方式，人力资源部门要充分了解公司各部门优秀员工，了解符合提升条件的员工数量、整体质量等，也可与各部门经理联系，希望他们推荐。内部提升是一种比较好的人员供给方式，因为被提升的员工基本上已经接受了公司的文化，省去了适应公司文化的程序，并且通过内部提升的方式，更易激发员工工作的热情和积极性。

（5）制订人力资源管理政策调整计划。

在该计划中要明确阐述人力资源政策调整的原因、调整步骤和调整范围等。人力资源调整是一个牵涉面很广的内容，包括招聘政策调整、绩效考核制度调整、薪酬和福利调整、激励制度调整、员工管理制度调整等。人力资源管理政策调整计划是编制人力资源战略规划的先决条件，只有制订好相应的管理政策调整计划，才能更好地实施人力资源调整，实现调整的目的。

（6）编制人力资源费用预算。

人力资源费用预算包括招聘费用、员工培训费用、工资费用、劳保福利费用等。只有详细地进行费用预算，让公司决策层知道每一笔钱花在什么地方，才更容易得到相应的费用实现人力资源调整计划。

（7）编制培训计划。

对员工进行必要的培训，已成为企业发展必不可少的内容。培训的目的一方面是提升企业现有员工的素质，适应企业发展的需要，另一方面是培养员工认同公司的经营理念，认同公司的企业文化，培养员工爱岗敬业精神。培训计划要包括培训政策、培训需求、培训内容、培训形式、培训效果评估及培训考核等内容，每一项都要有详细的文档及时间进度和可操作性。

（8）注意防范风险。

在编制人力资源战略规划时，还要注意防范人力资源管理中可能会遇到的风险，如优秀员工被猎头公司相中、新的人力资源管理政策导致员工情绪不满、内部提升遇到阻力、外部招聘失败等。这些潜在的风险有些会影响到公司的正常运作，甚至造成致命的打击。规避这些风险是人力资源部门的一项重要职责，在编制人力资源战略规划时要结合公司实际，综合职务分析和员工情绪调查表，提出可能存在的各种风险及应对办法，尽可能减少风险带来的损失。

2.6.3　人力资源战略规划的执行

人力资源战略规划是企业职能战略的重要体现，人力资源战略规划是关系到企业发展战略能够顺利实现的保障。因此，编制合理的人力资源战略规划是企业所有领导者的共同责任，在成长型企业人力资源战略规划编制的过程中，最好由企业决策者总体负责，人力资源部门负责提供框架与方法的支持，业务部门领导者负责根据框架与方法填充内容，这是比较高效的方法之一。在人力资源战略规划过程中，人力资源部门负责与业务部门领导者对内容进行讨论，这能够保障人力资源战略规划既与企业的战略目标保持统一，也能够保证规划是在企业各部门或业务单元实际情况的基础上确定的。

人力资源战略规划的执行是一个动态的过程，人力资源部门必须根据当时的客观情况对战略规划的内容进行动态调整，而不是拘泥于原定计划。因此人力资源战略规划执行的过程是在信息反馈基础上建立动态适应机制的过程。人力资源部门必须注重各部门领导者所反映的信息，听取其意见，这样才能使人力资源战略规划顺利地执行并发挥其战略价值。

2.6.4　人力资源战略规划的控制与反馈

由于人力资源战略规划是基于对未来状况的预测，在规划方案制定和实施过程中可能会发生与预测不相符的情况。在这种情况下，最初制定的人力资源战略规划甚至可能是企业战略本身都可能无法达到预期的目标。因此，必须建立一套科学的评价和控制体系，通过对规划的监控来及时调整人力资源战略规划以适应环境的变化。如果环境的变化使企业战略无法按预期方向发展，应当根据环境予以调整，并基于新的企业战略进行人力资源战略规划，保证人力资源战略规划与企业战略的持续滚动发展。

对人力资源战略规划实施后的反馈与修正是人力资源战略规划过程中不可缺少的步骤。评估结果出来后，应进行及时的反馈，进而对原规划的内容进行适时的修正，使其更符合实际，更好地促进企业目标的实现。

本章小结

人力资源战略规划是指根据组织的发展战略、组织目标及组织内外部环境的变化，预测未来组织的任务和环境对组织的要求，为完成这些任务和满足这些要求而提供人力资源的过程，一般包括人力资源总体规划和人力资源业务规划两大方面。

具体的人力资源战略规划制定过程包括调查和分析企业人力资源战略规划信息、企业人力资源需求和供给情况预测、企业人力资源战略规划的制定、企业人力资源战略规划的实施与执行、企业人力资源战略规划的监控和评估五个步骤。

关键术语

人力资源战略规划 人力资源需求 人力资源供给 经验预测法 工作负荷法 现状分析法 专家意见法 回归预测法 管理人员接替图 马尔可夫转移矩阵模型 人力资源供需平衡

复习思考题

1. 人力资源规划与企业战略之间有什么关系？为什么要确立人力资源规划战略思想？
2. 人力资源规划的内容有哪些？核心是什么？
3. 人力资源战略规划制定的流程有哪些环节？其中哪些是关键环节？
4. 什么是人力资源需求预测？人力资源需求预测的常用方法有哪些？
5. 什么是人力资源供给预测？人力资源供给预测的常用方法有哪些？
6. 人力资源供需平衡的策略有哪些？试简述各种策略的优缺点。
7. 谈谈互联网的发展对企业人力资源管理信息系统的影响。

第 3 章

工作分析与工作设计

教学目标

通过学习本章内容，了解工作分析的目的及意义，熟悉工作分析的过程；掌握工作分析与工作设计的内容和方法；学会编制工作描述、工作规范及职务说明书；了解工作设计的概念及内容，能够运用本章知识解决实际问题。

教学要求

主要内容	知识要点	重点、难点
工作分析的目的和意义	(1) 工作分析的目的 (2) 工作分析的意义	
工作分析的内容和方法	(1) 工作分析的内容 (2) 工作分析的方法	(1) 工作分析的内容 (2) 工作分析的方法
工作分析的过程	(1) 工作分析的前期准备阶段 (2) 工作分析的实施阶段 (3) 工作分析的数据分析阶段	工作分析的数据分析阶段
工作分析的结果	(1) 工作描述 (2) 工作规范 (3) 职务说明书的编制 (4) 工作分析的应用反馈	(1) 职务说明书的编制 (2) 工作分析的应用反馈

主要内容	知识要点	重点、难点
工作分析的应用	（1）工作分析在人员招聘过程中的应用 （2）工作分析在人员培训过程中的应用	（1）工作分析在人员招聘过程中的应用 （2）工作分析在人员培训过程中的应用
工作设计	（1）工作设计的概述 （2）工作设计的内容 （3）影响工作设计结果的因素 （4）工作设计的方法 （5）工作分析和工作设计的联系	（1）影响工作设计结果的因素 （2）工作设计的方法

引导案例

洒在地上的液体谁来清扫①

一名机床操作工不小心将大量液体洒在他机床周围的地面上。车间主任叫操作工把洒下的液体清扫干净，操作工拒绝执行，理由是职务说明书里没有包括清扫的条文。车间主任顾不上去查看职务说明书上的原文，就找来一名服务工做清扫工作，但服务工同样拒绝，他的理由是职务说明书里也没有包括这一类工作，该工作应由勤杂工来完成，然而勤杂工此时还未上班。车间主任坚持让服务工完成打扫工作，服务工勉强同意，但是干完之后就立即向公司投诉。

有关人员看到了投诉，审阅了三类人员的职务说明书，即机床操作工、服务工和勤杂工。机床操作工的职务说明书规定，操作工有责任保持机床的清洁，使之处于可操作状态，但并未提及清扫地面。服务工的职务说明书规定，服务工有责任以各种方式协助操作工，如领取原材料和工具、随叫随到、及时服务，但也没有明确写明包括清扫工作。勤杂工的职务说明书确实包含了各种形式的清扫，但是他的工作时间是从正常工人下班以后开始的。

责任在谁呢？这一问题该如何解决，又该如何避免类似情况的发生？

3.1 工作分析的目的和意义

3.1.1 工作分析的目的

人力资源管理者在做出任何一项决策的时候，都需要掌握大量与决策相关的信息，而工作分析的目的就是为这些人力资源管理者提供相对全面而准确的信息，确保其更加高效地完成决策。工作分析的目的主要体现在以下几个方面②。

---

① 郑晓明，吴志明．工作分析实务手册 ［M］．2 版，北京：机械工业出版社，2006：2.
② 董临萍．工作分析与设计 ［M］．上海：华东理工大学出版社，2008：20.

（1）组织规划。

首先，决策者可以通过工作分析制定组织的中长期人力资源发展战略；其次，借助工作分析预测组织在未来一段时间内的人力资源需求，其中包括为了适应社会经济发展而产生的新需求及需求的变化；最后，能够根据工作分析调整组织的人力资源发展结构。

（2）工作评估。

工作分析提供的信息让我们了解了工作的环境、风险、任务、强度、复杂性，以及对任职人员的技能要求等，通过对以上信息的识别和分析，我们能够对该岗位在组织当中的相对贡献及绝对价值做出系统比较和评估。

（3）员工招聘。

工作分析对具体职位的任职者提出了任职资格等各方面的要求，这些要求可以作为员工招聘的具体标准。在招聘员工时，用人单位可以根据工作分析提出的要求灵活调整笔试、面试内容，以检验应聘者是否符合该职位的要求。

（4）程序建立。

工作分析包含组织当中每一项工作环节的具体资料，通过这些资料，能够找出错误或重复的工作程序，发现需要改进的地方。因此，工作分析也是纠正、简化和改善工作程序的主要依据。

（5）绩效评估。

工作分析能够对员工在工作中的表现，即绩效进行管理。通过工作分析，能够得到关键的绩效指标，以使绩效评估有据可依。

3.1.2 工作分析的意义

工作分析的意义具体表现在以下几个方面。

（1）工作分析为人力资源管理者提供详细的工作信息。以这些信息为依据，管理者将能够做出更合理、更准确的决策。例如，在工作分析的基础上制定出的绩效评估标准和薪酬管理办法将更加符合实际。

（2）工作分析有助于实行量化管理，推动整个管理体系走向标准化和科学化。工作人员可以快捷地开展工作，缩短工作时间，提高工作效率，取得更好的工作效果。

（3）通过对职位的分析，可以使得工作人员更加清楚地了解工作责任的大小、复杂程度、工作的自由度和权利范围。员工对工作的认识越清晰，了解程度越高，其适应并胜任工作的可能性也就越大。

（4）通过对工作人员的分析，人力资源管理者可以全面掌握其兴趣、性格、气质、能力等方面的信息，结合其自身特点，合理安排职位，进而有效地避免"大材小用，小材大用"等问题。

（5）通过对工作环境、工作设备的分析，可以协调人与环境、人与机器之间的关系，增强彼此之间的默契程度，以达到"人尽其职，物尽其用"的效果。

（6）通过对工作流程的分析，可以发现工作中可能引起事故的环节、行为和环境因素，通过改变工作流程、增加工作辅助工具或者改变工作环境，进而提高工作的安全性。

3.2　工作分析的内容和方法

3.2.1　工作分析的内容

总的来说，工作分析的具体内容就是从工作的名称、描述、环境及任职资格四个方面对其进行全面的分析，以此得到足够的信息来解答七个问题。这七个问题就是工作分析的"6W1H"。"6W1H"是英语单词的缩写组合，分别表示由谁做（who）、做什么（what）、在哪做（where）、何时做（when）、为何做（why）、为谁做（for whom）和怎样做（how）。如果"6W1H"所涉及的问题都能被解答，则说明工作分析的结果是全面且有效的。

（1）做什么（what）是指所从事的工作活动，主要包括以下几点。

① 任职者所要完成的工作活动是什么？

② 任职者的这些活动会产生什么样的结果或产品？

③ 任职者的工作结果要达到什么样的标准？

（2）为何做（why）表示任职者的工作目的，也就是这项工作在整个组织中的作用，主要包括以下几点。

① 做这项工作的目的是什么？

② 这项工作与组织中的其他工作有什么联系？

③ 这项工作对其他工作有什么影响？

（3）由谁做（who）是指对从事某项工作的人的要求，主要包括以下几点。

① 任职者应具备什么样的身体素质？

② 任职者必须具备哪些知识和技能？

③ 任职者至少应接受过哪些教育和培训？

④ 任职者至少应具备什么样的经验？

⑤ 任职者在个性特征上应具备哪些特点？

⑥ 任职者在其他方面应具备什么样的条件？

（4）何时做（when）表示在什么时间从事各项工作活动，主要包括以下几点。

① 这项工作中哪些活动是有固定时间的？应在什么时候做？

② 这项工作中哪些活动是每天必须做的？

③ 这项工作中哪些活动是每周必须做的？

④ 这项工作中哪些活动是每月必须做的？

（5）在哪做（where）表示从事工作活动的环境，主要包括以下几点。

① 工作的自然环境，包括地点、温度、光线、噪声、安全条件等。

② 工作的社会环境，包括工作所处的文化环境、工作群体中的人数、完成工作所要求的人际交往的数量和程度、环境的稳定性等。

（6）为谁做（for whom）是指在工作中与哪些人发生关系，发生什么样的关系，主要包括以下几点。

① 工作要向谁请示和汇报？

② 向谁提供信息或工作结果？

③ 可以指挥和监控何人？

④ 需要指导哪些人？

（7）如何做（how）是指任职者怎样从事工作活动以获得预期的结果，主要包括以下几点。

① 从事工作活动的一般程序是怎样的？

② 工作中要使用哪些工具？操作什么机器设备？

③ 工作中所涉及的文件和记录有哪些？

④ 工作中应重点控制的环节是哪些？

3.2.2　工作分析的方法

由于工作分析的目的不同，就会产生不同的工作分析内容，而不同的工作分析内容，则需要选取与之相适应的工作分析方法。本节重点介绍问卷调查法、观察分析法、访谈分析法在实践中的应用。

1. 问卷调查法

问卷调查法是指采用问卷的形式来获取所需的信息，最终实现工作分析目的的一种常用的工作分析方法。使用这种方法首先要设计并制作一套工作分析的问卷，问卷设计的科学与否会直接影响收集到的信息质量。其次，由该项工作的任职者填写问卷，也可以由了解这项工作的其他人员代填。最后，将问卷的结果归纳总结后做出分析，认真记录。在与任职者共同讨论和修改后，最终形成此项工作的工作描述。

（1）问卷调查法的优点。

① 调查费用较低，可以大规模使用，不必担心成本问题。

② 调查速度快，可以在工作之余填写，不影响正常工作。

③ 调查范围较广，可以用于多种目的、多种用途的工作分析。

④ 由于调查的样本数量较大，因此可以用于对众多工作者进行调查的情况。

⑤ 在整理问卷时，可以将资源数量化，使用计算机进行处理，方便快捷。

（2）问卷调查法的缺点。

① 设计并制作问卷的过程需要消耗大量的人力、物力、时间、费用等。

② 任职者在填写过程中，缺少交流沟通，可能会产生不认真、不积极的情绪，进而影响结果的准确性。

③ 不容易获得被调查者的心态、动机等深层次信息。

（3）调查问卷的内容。

① 基本信息，包括职位的名称、所属部门、工作地点、工作时间、职位等级等信息。

② 设立目的，包括职位在组织中的定位和工作成果。

③ 职责权限，包括职位的权利、义务、范围、工作内容、工作目标、工作独立性、复杂程度、工作时间分配、方法步骤、需要的机械设备等。

④ 任职资格，包括对任职者学历、学位、工作技能、技术等级、工作经历及其他相关特殊素质的要求等。

⑤ 绩效标准，包括对结果的数量、质量的要求，对时间的限制和对组织的影响等。

⑥ 环境条件，包括环境的温度、湿度、噪声、粉尘等和劳动条件、劳动强度、安全卫生、职业病患、事故发生及危害程度等。

⑦ 工作关系，包括与该职位有工作往来的部门和职位，以及具体的工作内容和目的等。

⑧ 晋升通道，包括职业生涯规划和岗位间的平级调转、职务升降路线等。如果选择问卷调查法进行工作分析，应根据侧重点的不同，调整调查问卷的类型和内容，如表 3 – 1 所示。

表 3 – 1　调查问卷示例：公关宣传部经理填写的调查问卷（部分）

工作分析调查问卷						
为了进一步深化公司（人事制度的）改革，特开展本项调查工作。调查只针对岗位，不针对具体人员，请不必顾虑，如实回答，谢谢!						
部门	集团办公室	职位	公关宣传部经理			
上级主管	集团办公室主任	下属	品牌管理专员、公共关系专员、企业宣传专员			
工作时间	1. 正常的工作时间每日自 8:30 开始至 17:30 结束 2. 每日午休时间为 1 h，50% 情况上可以保证 3. 每周平均加班时间为 5 h					
工作目标	主要目标： 1. 为公司业务发展创建良好的公共关系环境 2. 使公司的品牌得到推广，扩大知名度 3. 使企业文化渗透到员工之中					
工作概要	用简练的语言描述一下您所从事的工作：通过各种形式推广宣传企业的形象和品牌，建立广泛的公共关系，并在企业内外宣传企业文化					
工作职责	工作活动内容		占全部工作时间的百分比（%）	权限		
				全权	部分	协助
	举办各种宣传推广活动		30%	★		
	负责公司形象广告和产品广告		30%	★		
	创办对外宣传刊物《万家灯火》		15%	★		
	创办内部刊物《万家人》		10%		★	
	公关活动的组织接待		15%		★	
任职资格要求	1. 学历要求：初中、高中、职专、大专、大本、硕士、博士					
	2. 为顺利履行工作职责，应进行哪些方面的培训，需要多少时间					
	培训科目或培训内容		最低培训时间			
	广告学		1 个月			
	公共关系学		1 个月			
	市场营销		1 个月			
	大型活动策划		1 个月			
	3. 为了顺利履行您所从事的工作，需具备哪些方面的其他工作经历，约多少年? 公共关系、广告、宣传等方面的工作经历，3 年					

续表

劳动强度与劳动条件	程度				
工作环境 劳动强度	1	② 一点不消耗	3	4	5 消耗程度大
劳动条件	1	2 非常恶劣	3	④	5 非常舒适

2. 观察分析法

观察分析法就是通过分析人员对某种工作的直接观察来获取、记录工作内容、形式和方法并进行分析和总结的一种传统的工作分析方法。

（1）观察分析法的优点。

① 通过观察得到的是原始信息资料，基本上排除了任职者主观因素的影响，比较客观、真实、准确。

② 通过观察得到信息的种类比较广泛，不仅能得到工作内容、程序等相关信息，而且还可以直接了解可能影响工作态度及绩效的深层次因素。

③ 与其他方法相比，在使用观察分析法的过程中，观察者可以根据工作的进程随时对观察目的进行调整，有选择地收集所需要的信息。

（2）观察分析法的缺点。

① 被观察的对象往往具有局限性，对于主观性比较强的脑力工作、时间周期比较长的工作及临时确定的应急性工作而言，不适合采取此种方法。

② 被观察的工作人员可能因为感觉受到监视等心理压力，出现动作变形等状况，从而影响到采集信息的真实性。

③ 所能收集到的信息不全面，如很难通过此种方法收集到对任职者资格要求的信息。

④ 工作强度较大，成本较高。特别是在某些大型企业中，由于工作的内容繁多、程序复杂，采取此方法需要耗费大量的人力、财力。

（3）观察分析法的程序。

① 确定目标阶段。观察的目标主要有个人、部门和企业三个层面，要根据分析的目的来明确观察的目标。目标不同所要选取的观察方式和角度就会不同。因此确定目标阶段决定了此后分析的方向。

② 整理信息阶段。整理现有的一切关于目标工作的信息，检查文件资料，与主管人员或工作人员面谈，形成一个包含工作目标、工作职责、工作流程、工作关系等信息的总体概念，列出一个观察工作任务清单，作为日后观察工作的框架。

③ 制订计划阶段。制订计划就是要在观察之前使用科学的方法来列出观察的提纲，确定观察对象、观察内容、观察时间和观察位置等因素，其中每一项都要注意方法和重点。在设计提纲时，应该开发结构性表格，记录的问题结构要简单且能够反映相关内容，避免机械记录，观察提纲示例见表 3-2。

表 3 - 2　观察提纲示例

岗位名称：	所属部门：
同岗人数：	任务名称：
任务上序岗位：	任务下序岗位：
被观察者姓名：	观察者姓名：
日期：	观察时间：
任务描述（包括动作及部位，动作速度、持续时间、间歇及强度，所使用的工具，工作对象等方面）：	
观察内容：	
（1）上午工作时间＿＿＿＿＿＿	
（2）下午工作时间＿＿＿＿＿＿	
（3）上午休息次数、时间＿＿＿＿＿＿	
（4）上午完成产品个数＿＿＿＿＿＿	
（5）与上岗和下岗交谈的次数与时间＿＿＿＿＿＿	
（6）出了多少次品＿＿＿＿＿＿	
（7）工作环境（湿度、粉尘、噪声、温度等）＿＿＿＿＿＿	
（8）其他＿＿＿＿＿＿	

④ 观察实施阶段。观察实施阶段的第一项任务就是观察人员的选拔和培训，这也是观察分析法中最为重要的环节。观察人员必须是公正客观的；他应该具有较好的语言和文字表达能力及较强的理解能力。观察人员素质的高低会直接影响信息收集的公正性、客观性和准确性，决定工作分析的成败。确定了观察人员之后就可以到工作现场进行观察。观察分析法的最基本原则就是尽量不要影响被观察者的正常工作。观察人员应与被观察者保持适当距离，既不影响工作人员的工作，又便于观察到其工作的细节。

⑤ 分析数据阶段。最后一个阶段就是对通过观察得到的数据进行整理和分析。分析人员首先要检查观察之前所列的任务清单中的所有数据是否都已经被收集，避免遗漏。再将得到的信息分类整理，其中，结构化的数据录入电脑存档，非结构化的信息按照逻辑顺序排列，形成分析报告。将所有信息合并，形成一份综合性的工作描述，发给任职者及其主管人员，附上反馈意见表。另外，根据反馈回来的意见进一步进行补充、修改。

3. 访谈分析法

访谈分析法是指针对某一种工作，和工作人员或与这种工作相关的人进行面对面的访谈来获得相关的信息，从而达到对此种工作进行分析的目的。访谈的内容可以是标准化的，便于整理和后期的处理；也可以是非标准化的，只是按照一定的逻辑分类。这种方法没有太多的客观条件限制，因此是现实中应用最为广泛的工作分析方法。

（1）访谈分析法的优点。

① 通过访谈可以得到某些来自工作人员内心的信息，可以对受访者的工作态度和工作动机等情况有所了解。

② 访谈分析法可以广泛地应用，通过面谈的方式可以迅速获得大量的、多方面的工作信息。

③ 访谈的过程不仅是一个收集信息的过程，也可以及时发现提纲中的问题，并加以修改和补充。

④ 由于采取面对面的谈话方式，访谈者在第一时间得到信息的同时，如果有任何疑问可以当场提问受访者并加以解决，从而提高工作分析的效率。

⑤ 面对面谈话的方式可以增强同事之间的交流，受访者可以发表其对工作的不满和意见，这不仅有助于改善工作方法，而且还能缓解其工作压力。

（2）访谈分析法的缺点。

① 访谈分析法要求访谈者必须具备相当高的综合素质，在人际交往、沟通技巧等方面需要经过专业的训练。否则，访谈的效果将会大打折扣。

② 在进行访谈的时候，收集到的信息可能会掺杂某些受访者的主观想法，受这些主观因素的影响，真实的信息往往会被扭曲。

③ 访谈需要占据访谈者和受访者大量的时间，有时候甚至会影响到正常的工作。

④ 由于担心访谈的结果可能会影响到对自身工作绩效的考核，受访者可能会有意识地夸大对自己有利的工作职责，而弱化甚至隐瞒对自己无利或有害的工作职责。

（3）访谈分析法的程序。

① 制订计划阶段。这是访谈分析的准备阶段，要求工作人员编制提纲，确定访谈目的、访谈对象、访谈时间、访谈地点及访谈所需要使用的辅助设备等。如何选择访谈对象是这一阶段的关键问题。如果员工之间的工作有很明显的差异，而且访谈人员有充裕的时间，那么就应该选择对员工进行单独访谈；如果几个或多个员工从事相同或相近的工作，那么就应该选择对这些员工进行群体访谈。进行群体访谈时，往往需要他们的主管领导在场或者访谈后与其确认信息。由于主管领导对工作的了解程度较高，因此也可以选择对主管领导进行访谈，从而有助于缩短访谈时间。为了防止访谈人员在进行访谈时出现遗漏，确保访谈过程的连贯性，访谈人员需要根据现有的资源编制访谈提纲。由于在访谈之前资料和信息是不完备的，所以访谈提纲也可能是不完善的，但访谈人员可以在访谈过程中随时对访谈提纲进行修改和补充。访谈提纲示例见表 3 - 3。

表 3 - 3 访谈提纲示例（部分）①

职位名称：	主管部门：
所属部门：	工作地点：
访谈人：	日期：

① 葛玉辉. 工作分析与工作设计实务 ［M］. 北京：清华大学出版社，2011：15.

1. 职位设置的目的

　　此岗位的工作目标是什么？从公司的角度看，这个岗位具体有什么意义和作用？

2. 机构设置

（1）此岗位直接为哪个部门或个人效力？

（2）哪些岗位与此岗位同属一个部门？

（3）是否有直接的下属，有几个，它们分别是谁？

3. 工作职责及任务

　　请你详细地描述一下你的工作岗位的各项职责和为完成职责所进行的各项工作活动，包括你所采取的方法，使用的辅助工具或设备等，以及你认为的工作标准。

4. 内外关系

（1）在公司内，此岗位与哪些岗位有最频繁的工作联系？有哪些联系？

（2）在公司外，此岗位与哪些单位或个人有最频繁的工作联系？有哪些联系？

（3）你是否经常与上司商讨或者汇报工作？

5. 工作中的问题（选问）

（1）你认为此工作对你最大的挑战是什么？

（2）你对此工作最满意和最不满意的地方分别是什么？

（3）此工作需要解决的关键问题是什么？

（4）你对哪些问题有自主权？

6. 经验要求

　　本职位要求任职者具备哪些经验？需不需要参加培训？培训多久？

7. 能力与技能

（1）心智要求。

（2）特殊能力。

（3）个人素质。

8. 教育和知识要求

　　指出胜任该工作所需要的教育要求是什么？

9. 岗位要求承担者具备哪些身体素质和生理方面的要求？如无色盲和听力障碍，手指灵敏性、身体协调性、反应速度。有无特殊性别要求？有无特殊年龄要求等？

10. 附加说明

　　对本职位还有哪些需要补充的说明？

　　访谈活动最好选在不影响正常工作的时间段进行，时间不宜过长，应提前通知受访者，给予其足够的时间进行准备。访谈场所应选在安静、整洁、明亮的地方，访谈人员与受访者之间的距离不宜过大，尽量减轻受访者的压力，使访谈在轻松的氛围中进行。

　　②培训人员阶段。访谈人员之间存在着素质及能力的差别，而这些差别会影响收集信息的数量与真实性，因此能否选择合适的人员进行访谈，直接关系到工作分析的成败。一个能够胜任访谈工作的人员需要具备较强的亲和力、人际关系能力、协调能力和语言表达能力。访谈人员除了需要接受以上各种能力的培训以外，还要被告知访谈的目的、意义及具体的计划。如果有必要，还应该围绕所要分析的工作对访谈人员进行相关的培训。

③ 实施访谈阶段。在实施访谈过程中访谈人员需要注意，首先，应该从一般信息入手，逐步深入到问题的细节，随着访谈的进行，由浅入深、由易到难，争取与受访者建立相互信任的关系，这样将会得到更多真实而准确的信息；其次，应该加强与主管人员的合作，从最了解该项工作的人员口中，可以得到最有价值的信息；再次，访谈人员应该很好地控制整个访谈过程，及时调整偏离主题的话题，维持轻松愉快的访谈氛围；最后，访谈过程中只谈论与工作相关的信息，不要去谈论、评价受访者的工作状态。

④ 整理数据阶段。访谈结束之后，要先与受访者的主管领导进行沟通，确保得到数据的真实性和准确性。对所得到的全部数据要进行筛选，剔除那些没有按照问题回答和有明显偏差的信息。最后将筛选过的信息进行分类，输入并保存到电脑上，便于日后对数据进行分析。

以上介绍的问卷调查法、观察分析法及访谈分析法是目前较为常用的三种工作分析方法，除此之外还有其他工作分析方法，也都具有其自身特点和存在的必要性。在实际的工作中，单纯使用一种方法进行工作分析的情况极为少见，绝大多数情况是几种方法的综合使用，应根据实际情况做出判断。

3.3　工作分析的过程

整个工作分析的过程分为五个阶段，按照时间先后顺序，分别是前期准备阶段、方法实施阶段、数据分析阶段、结果形成阶段和应用反馈阶段。本节将着重介绍前期准备阶段、方法实施阶段及数据分析阶段的具体任务和工作特点，而结果形成阶段和应用反馈阶段将在3.4 节中予以详细介绍。

3.3.1　工作分析的前期准备阶段

1. 确定工作分析的目标

在工作分析的前期准备阶段，首先需要确定工作分析的目标，工作分析的目标不同，工作分析的侧重点就有所区别。

如果工作分析的目标是绩效考核，那么所收集的信息需要侧重于工作中任务与职责的细分，以及它们的重要程度和衡量标准，任职者完成工作的数量、质量和时间，以及这些因素在工作中所占的权重。

如果工作分析的目标是人员招聘，那么所收集的信息需要侧重于工作对求职者的各项要求，包括对求职者学历、技术、经历、经验、道德素质、心理素质等各方面的要求。

如果工作分析的目的是薪酬管理，那么所收集的信息需要侧重于工作对任职者的要求，此项工作在整个组织中的地位，以及此项工作对其他工作的影响和与其他工作的关联。

2. 制订工作分析的实施方案

明确了工作分析的目标之后，就可以根据这个目标来制订相应的工作分析计划，然后按照工作分析计划推出一个具体可行的实施方案。这个方案应该对整个工作分析的过程进行有计划、有条理的描述，要对工作计划中每一项任务进行详细说明，明确具体步骤和时间安排。工作分析的总体实施方案通常包含以下内容①。

① 工作分析的目的和意义。

② 工作分析所需收集的信息内容。

③ 工作分析所提供的结果。

④ 工作分析项目的组织形式与实施者。

⑤ 工作分析实施的过程或步骤。

⑥ 工作分析实施的时间和活动安排。

⑦ 工作分析实施所需的背景资料和配合工作。

3. 收集工作分析的背景资料

收集工作分析的背景资料就是在工作分析开展之前，就手头现有的资料进行的收集工作。收集资料的目的是推动之后的分析工作，并且这些资料本身也提供了大量有价值的信息。在工作分析背景资料的收集阶段，主要把三种类型的资料作为收集的重点：第一种是国际或国内的职位分类标准②；第二种是现有工作的职务说明书或者相关的职位描述；第三种是所在组织的一些资料，如组织架构图、工作流程图等资料。

4. 确定需要收集的信息及使用的方法

背景资料收集完毕之后，首先应根据现有的信息来确定仍然需要收集的信息，然后综合考虑各方面因素，确定工作分析的方法。

（1）确定需要收集的信息。

工作分析中需要运用的信息可能不仅数量巨大，而且种类繁多。要将所有信息都拿来进行分析既是不现实的，也是不科学的。因此需要对所收集到的信息进行筛选，放弃不需要的信息，降低工作的时间成本，提高工作效率。

（2）确定工作分析的方法。

工作分析的每一种方法都有着自己的特点，在不同的情境下，面对不同的问题，需要使用不同的方法。

3.3.2 工作分析的方法实施阶段

在工作分析的方法实施阶段，主要的工作就是按照准备好的实施计划进行信息收集工作，需要注意以下两个方面。

1. 与相关人员沟通

分析人员进入工作环境收集信息，往往需要与相关的工作人员进行接触，因此非常有必要与他们进行有效的沟通。沟通的目的主要有以下三个。

① 告知相关工作人员本次工作分析活动的目的和意义，帮助他们排解压力与顾虑。

② 告知相关工作人员本次工作分析活动的时间，帮助他们合理安排时间。

③ 告知相关工作人员本次工作分析活动所采用的方法，以便工作人员提前做好准备。

2. 方案的补充与变更

在工作分析的准备阶段，组织已经制定了一套实施方案，但由于信息的不充足，对实际

---

① 郑晓明，吴志明. 工作分析实务手册 [M]. 北京：机械工业出版社，2002：140.

② 周亚新，龚尚猛. 工作分析的理论、方法及运用 [M]. 上海：上海财经大学出版社，2007：36.

情况了解的不充分，很多细节都是不完备的甚至是有错误的。因此对实施方案的补充和变更是必要的。因为实施方案中包含很多的信息，所以方案变动的可能性和变化的范围都是比较大的。如果之前已经和相关的工作人员进行了沟通，那么任何的补充和变更都应该再次告知工作人员，使其提前做好准备。

3.3.3　工作分析的数据分析阶段

在工作分析的数据分析阶段，要按照实施方案中具体的计划、时间表、信息内容及采用的方法进行信息分析工作，这是整个工作分析的核心阶段。数据分析主要包括以下内容①。

（1）职位名称分析。

在对职位的名称进行分析时，应注意职位名称的标准化，并符合人们一般的理解，使人们可以通过职位的名称了解职位的性质和内容。职位名称的命名应准确，不易产生歧义，同时职位名称应具有美感，切忌粗俗。

（2）工作内容分析。

工作内容分析是为了全面地认识与了解工作，其具体内容包括以下几点。

① 工作任务。明确规定某职位所要完成的工作活动或任务、工作程序与方法，以及所使用的设备和材料。

② 工作责任与权限。以定量的方式确定工作的责任与权限，如财务审批的金额，准假的天数等。

③ 工作关系。了解和明确工作中的关联与协作关系，其中包括该职位会与哪些工作发生关联，会对哪些工作产生影响，会受到哪些工作的制约，会与哪些人员发生协作关系，可以在哪些职位范围内进行晋升和轮换。

④ 工作量。确定工作的标准活动量，规定劳动定额、绩效标准、工作循环周期等。

（3）工作环境分析。

① 工作物理环境，包括工作环境中的温度、湿度、照明度、噪声、振动、异味、粉尘、辐射等，以及任职者与这些环境因素接触的时间长短。

② 工作安全环境，主要包括工作的危险性、可能发生的事故、事故的发生概率和发生原因、对工作人员易造成哪种危害及危害的程度、工作人员易患的职业病、患病率等。

③ 工作社会环境。主要包括工作地点的生活便利程度、环境的变化程度、环境的孤独程度、与他人交往的程度等。

（4）工作任职者的必备条件分析。

确定工作任职者所应具备的最低资格条件，主要包括以下几方面。

① 必备的知识。具体包括最低学历要求，有关理论知识和技术的最低要求，对有关的政策、法令、规定或文件的了解和掌握程度等。

② 必备的经验。包括过去从事同类工作的时间和成绩，应接受的专门训练的程度，完成有关工作活动的实际能力等。

---

① 赵永乐，朱燕，邓冬梅，等. 工作分析与设计 [M]. 上海：上海交通大学出版社，2006：56 - 58.

③ 必备的身体素质。工作任职者应具备的行走、跑步、攀登、站立、平衡、旋转、弯腰、举重、推拉、握力、耐力、手指与手臂的灵巧、手眼协调、感觉辨别力等。

④ 必备的操作能力。通过典型的操作来规定从事该职位的工作所需的注意力、判断力、记忆力、组织能力、创造能力、决策能力等。

⑤ 必备的个性特征。工作任职者应具备的耐心、细心、沉着、诚实、主动性、责任感、支配性、情绪稳定性等方面的特点。

在完成了工作分析的实施阶段之后，在工作分析的结果形成之前，需要和工作的任职者及其主管人员对所收集的信息再次进行确认，确保信息的准确性和分析的可靠性。

3.4 工作分析的结果

通过工作分析的准备、实施阶段，组织收集到大量的基础信息，将这些信息分类整理并进行分析之后，就进入了工作分析的结果形成阶段。在这一阶段，组织得到了一些书面形式与所在职位相关联的文本，它们就是工作分析的结果。工作分析的最直接结果是产生了工作描述和工作规范，工作分析的最终结果是形成了职务说明书。下面从这三个方面介绍工作分析的结果。

3.4.1 工作描述

1. 工作描述概述

工作描述又称职务描述或工作说明，是对某一特定工作进行的文字描述，描述中应该包括这是什么样的工作、在什么地点完成、在什么时间完成、为什么要做这个工作、怎么做这个工作等问题。同样一份工作描述，对于不同的人群有着不同的意义。对于普通员工来说，工作描述是一份工作上的指导，为员工了解自己的工作任务、工作关系、工作环境等提供帮助；对于管理者来说，工作描述是一份参考标准，通过参考工作描述的信息可以确定薪酬水平和考核标准。当员工与管理者因为工作方面的问题产生争执时，也可以将工作描述作为依据来解决问题。

2. 工作描述的基本内容

工作描述的基本内容包括工作识别、工作概要、工作职责、工作联系、工作绩效标准、工作环境与条件等。

（1）工作识别。

工作识别就是有关一项工作的最基本的信息，通过感官的第一印象可以立即将此项工作识别出来的信息，包括职位名称、职位编号、所在部门、工作地点、职位等级等相关信息。

（2）工作概要。

工作概要就是用最简单、最平实的语言，将工作的性质、任务及要达到的目标清晰地阐述出来。工作概要应尽量精简，因此，要在不遗漏必要信息的基础上，剔除不重要的信息。

（3）工作职责。

工作职责是指工作人员在实际工作中的行为界限，包括工作的主要责任、工作任务、工作权限等。

（4）工作联系。

工作联系是指任职者所在的这个职位与其他职位或其他工作人员之间的关系，包括与任职者在组织内外所有有关联的人员、职位及部门。

（5）工作绩效标准。

工作绩效标准是在明确了工作职责的基础上，规定了如何衡量职责的完成情况。在绩效考核时，它将被作为重要参考依据。

（6）工作环境与条件。

工作环境主要是指工作场所的物理环境、安全环境和社会环境等。工作条件主要指任职者使用的设备和运用的信息资料形式。

表 3-4 为美国 Midway 医院护士部工作描述（部分）的示例。

表 3-4　工作描述示例：美国 Midway 医院护士部工作描述（部分）

工作名称：注册护士
工作概要 　负责病人从入院到转院或出院的全部护理。护理包括病情评估、治疗计划与实施、治疗效果评价。每个注册护士对值班期间的护理和可以预见的患者和家庭将来的需要负责。在保证专业护理标准的前提下指导助手
工作关系 报告给：护士长 监督下列人员的护理：注册见习护士、助理护士、勤杂工 合作者：协助护理部 外部关系：医生、患者和患者家属
工作责任 评估患者的体力、感情和心理与社会方面 标准：在患者入院 1 h 之内或者至少每次值班出具一份书面诊断，按照医院规定把其交给该患者的其他医护人员 （1）撰写患者从入院到出院的护理书面计划标准：在患者入院 24 h 之内设计短期或长期的目标，然后每次值班中根据新的诊断检查和修改护理计划 （2）实施护理计划标准：在日常护理中，按照但不局限于书面的《注册护士技能手册》在指定的护理区域应用这些技能。以一种系统和及时的方式完成患者护理活动，并恰当地重新评判轻重缓急

3.4.2　工作规范

1. 工作规范概述

工作规范又称职位规范或任职资格，是以书面的形式阐明某一工作对任职者各方面资格的最低要求，包括对任职者的学历要求、经验要求、技能要求、身体要求及性格要求等。

工作规范与工作描述都是工作分析直接产生的结果，但是它们的本质不同。工作描述中的信息都是通过工作分析的方法获取的，是第一手的、客观的；而工作规范是对获取的信息进行分析得来的，也可以说工作规范是以工作描述为基础的。

2. 工作规范的基本内容

工作规范中对任职者资格的要求可以分为两大类，即显性任职资格和隐性任职资格。

1）显性任职资格

显性任职资格是指可以有效进行量化，并且通过一定的方法测试或衡量的特征。这些特征可以准确地认知，并便于进行比较。

（1）身体素质。

身体素质包括先天的遗传部分和后天的锻炼部分。一般的工作岗位只需要工作人员满足身体健康即可，但是某些特殊的工作对工作人员的身体素质要求很高，如飞行员。

（2）教育程度。

教育程度主要强调某一职位对工作人员接受教育程度的要求。不同种类的工作对工作人员教育程度的要求并不一样。科技水平较高的行业对工作人员的受教育程度要求就要高一些。

（3）工作经验。

工作经验是指对工作人员工作经历的要求。这个要求可以通过对工作人员从事工作的年限和从事工作的类型来表述。

（4）工作知识。

工作知识是指任职者在其关键工作领域拥有的事实型与经验型信息，包括其通过学习以往的经验所掌握的事实、信息和对事物的看法。

（5）工作技能。

虽然不同的岗位会对技能的要求有着很大的差异，但是在工作规范中，为了便于进行对比，往往只关注对所有岗位都通用的工作技能。

2）隐性任职资格

与显性任职资格相反，隐性任职资格不易量化，并且很难进行衡量比较。隐性任职资格主要包括工作人员的思想认知、感知、观念、动机等。与显性任职资格相比，隐性任职资格往往与工作人员的工作绩效相关性更高。

表3-5为某公司招聘专员工作规范的示例。

表3-5 工作规范示例：某公司招聘专员工作规范

职位名称：招聘专员	
所属部门：人力资源部	
直接上级职务：人力资源部经理	
职位代码：XL-HR-021	
工资等级：9~13	
资格条件： （1）生理要求 年龄：23~35岁 身高：女性：1.55~1.70米，男性：1.60~1.85米 体重：与身高成比例，在合理的范围内均可 听力：正常 健康状况：无残疾，无传染病	性别：不限 外貌：无畸形，出众更佳 视力：矫正视力正常 声音：普通话发音标准，语言和语速正常

续表

（2）知识和技能要求 ① 学历要求：本科，大专以上需从事专业工作 3 年以上 ② 工作经验：3 年以上大型企业工作经验 ③ 专业背景：曾从事人事招聘工作 2 年以上 ④ 英文水平：达到大学英语四级水平 ⑤ 计算机：熟练使用 Windows 和 MS Office 系列 （3）特殊才能要求 ① 语言表达能力：能够准确、清晰、生动地向应聘者介绍企业情况，并准确、巧妙地解答应聘者提出的各种问题 ② 文字表达能力：能够准确、快速地将希望表达的内容用文字表达出来，对文字描述很敏感 ③ 工作认真细心，能认真保管好各类招聘相关材料 ④ 有较好的公关能力，能准确地把握同行业的招聘情况 （4）其他要求 ① 能够随时准备出差 ② 不可以请一个月以上的假期

3.4.3　职务说明书的编制

工作分析的最终结果就是形成职务说明书。职务说明书是对工作分析的结果加以整合后形成的具有企业法规效力的正式文本。它的形成宣告了工作分析基本流程的结束，但又意味着其他人力资源管理活动的开始，这些活动需要以最新形成的职务说明书作为依据。编制职务说明书没有一个固定的模式，但是如果想编制一份内容科学、条理清晰的职位说明书还是有章可循的。

1. 编制职务说明书的内容

一份完整的职务说明书要包含工作描述和工作规范甚至更多的内容。

（1）职务概括，包括职务名称、职务编号、职务所属部门、职务等级、编写日期等。

（2）职务说明，包括职务的职责范围和工作要求、职务目标、可能用到的机器设备和工具、工作条件和环境等。

（3）任职资格，指担任此职务的人员应具备的基本资格和条件，包括教育水平、经验、培训、性别、年龄、工作经历、身体状况、性格、能力、技能等。

2. 编制职务说明书的步骤

编制职务说明书主要分为三个步骤，分别是收集信息阶段、处理信息阶段和编制说明书阶段。[①] 在信息收集阶段，要注意查阅手头现有的资料，确定所需的信息之后，选取适当的方法采集信息；收集到所需的信息之后，将所有信息分类处理，进行初步的分析。分析完之后再次审核和确认信息的准确性，产生职务说明书的初稿。最后使用确认无误的信息进行职务说明书的编制。

---

① 王青. 工作分析：理论与应用［M］. 北京：北京交通大学出版社，2009：74.

3. 编制职务说明书的具体流程

（1）收集信息，确保信息是通过规范程序取得的，并且经过专业的分析处理。

（2）在职务说明书编制的过程中不断地将职务说明书与实际工作进行对比。

（3）如果二者存在较大差异，在再次调查研究之后，对职务说明书进行修改。

（4）多次修改后形成最终的职务说明书。

（5）将职务说明书应用于实际工作，得到反馈意见后，依据这些意见进一步完善职务说明书。

（6）将职务说明书归档保存，总结评估工作分析，为未来的工作提供经验和信息。

表 3-6 为某公司总经理秘书职务说明书的示例。

表 3-6 职务说明书示例：某公司总经理秘书职务说明书

职位名称	总经理秘书	职位代码		所属部门	行政部
职系		职等		直属上级	行政经理
薪金标准		填写日期		核准人	

职位概要：

协助总经理完成日常事务性工作

工作职责

（1）起草公司年度工作总结及总经理讲话稿

（2）起草公司股东会和董事会的会议材料

（3）做好公司重要会议的记录及会议纪要的整理

（4）起草、打印、登记和存档总经理签发文件

（5）协助行政部经理做好公司来宾的接待工作

（6）接听电话、妥当应答，如有必要，做好电话记录

（7）掌握总经理的日程安排，为总经理接见访客做好预约工作

（8）收发传真，并及时交给总经理处理

（9）完成总经理或行政经理交办的其他工作

任职资格

（1）教育背景：

多种专业背景，本科以上学历

（2）培训经历：

受过管理学、管理技能开发、公共关系、财务管理、文书写作、档案管理方面的培训

（3）经验：

2 年以上高级秘书工作经验

（4）技能技巧：

熟悉公司文档管理

良好的中英文写作、口语、阅读能力

熟练使用办公软件及办公自动化设备

（5）态度：

良好的组织沟通协调能力

工作细致认真，谨慎细心，条理性强

责任心强，勇于承担挑战性的工作

具有开拓精神和团队精神

工作条件 （1）工作场所：办公室 （2）环境状况：舒适 （3）危险性：基本无危险，无职业病危险

3.4.4 工作分析的应用反馈

在最终取得工作分析的结果，也就是编制职务说明书之后，还应继续关注工作分析的应用反馈，包括职务说明书的使用情况、使用范围、使用意见和信息反馈等。

1. 职务说明书的使用情况

由于职务说明书中包含大量关于工作的信息，因此在实际工作的各个环节中都有着很广泛的应用。工作分析的各个环节都是从实践出发，其成果产生于对实践经验的总结，并最终服务于实际工作。从实践中来，到实践中去，职务说明书使用的过程也是验证工作分析的过程，对于工作分析程序的完善有着重要的意义。

2. 职务说明书的使用范围

职务说明书主要被应用于人力资源管理的各个环节，从员工招聘到职务评价，从薪酬设计到绩效管理，从员工培训到职业规划都将职务说明书作为重要的信息基础。此外，由于职务说明书包含了相对丰富而准确的工作信息，因此在现实工作中，职务说明书被广泛应用于其他工作环节。

3. 职务说明书的使用意见

使用职务说明书的通常是普通工作人员，而普通工作人员在面对一份由专业人员编写的职务说明书时往往会产生疑问，如果带着这些疑问进行工作，将不可避免地影响到工作效果，这与我们进行工作分析的初衷完全不符。因此，对职务说明书的使用者进行必要的培训是必不可少的。在进行培训时，不仅要让使用者了解职务说明书的内容和意义，而且要教会他们如何在实际工作中熟练地运用职务说明书。

4. 职务说明书的信息反馈

职务说明书在大范围被使用的同时，往往会出现很多问题或意见。随着时间和空间的变迁，组织结构和外部环境也可能会发生变化，因此职位也会随之发生变动。为了保持职务说明书的持续有效性，组织必须建立机制，积极听取反馈意见，及时发现工作变化，对职务说明书进行适当的修改。

3.5 工作分析的应用

3.5.1 工作分析在人员招聘过程中的应用

招聘是组织引进人员最主要的途径。如何引进并留住人才是组织取得成功的重要条件，也是赢得竞争的关键因素。因此，对于组织来说，如何做好人员招聘工作是一个重要的、迫切需要解决的课题。本节将人员招聘分为准备、招募、筛选、录用四个阶段①，并分别介绍工作分析在各个阶段中所发挥的作用。

1. 准备阶段

在进行人员招聘之前，需要确定招聘人员的数量、工作内容、在组织中的位置等问题，这个阶段称为招聘前的准备阶段。

在确定招聘人员数量、要求和具体工作内容的过程中，需要同时借助工作分析和人力资源规划两方面工作的成果。通过合理的规划确认招聘的必要性，通过正确的分析提供准确的招聘条件，为人员招聘做好充分的准备。

2. 招募阶段

在招募阶段，需要制订具体的招聘计划和发布招聘信息。在制订招聘计划时，必须科学、谨慎地选择参考资料。工作分析提供的参考信息是通过科学的方法获得的，具有足够的准确性和针对性。

在发布招聘信息时也要使用工作分析来确定招聘的具体条件。需要注意的是，为了能够吸引足够多的人员参与竞争，扩大选择范围，增加人才储备，达到对组织宣传的目的，招聘条件应限定在满足职位要求的最低标准水平上，而这一标准可以直接从职务说明书中获得。

3. 筛选阶段

招聘小组需要使用恰当的方法对求职者进行筛选。方法很多，各具特点，需要根据具体情况加以选择。无论使用哪种方法，都要以工作岗位的职责为依据，以任职要求为准绳。而有关岗位职责及任职要求的具体信息，都可以从工作分析中获得。

4. 录用阶段

录用阶段包括发送录入通知、办理录入手续、试用期观察、正式录用等程序。在人员结束试用期之后，需要对其在此期间的工作表现进行评估和反馈。评估工作包括对工作人员能否胜任工作做出评价，对招聘人员的选拔情况进行检测。其评测标准仍然以工作分析为基础。如果经过评测，人员达到了组织的要求，在双方都同意的前提下，办理正式录用的相关手续。

3.5.2 工作分析在人员培训过程中的应用

当工作人员在某个方面的能力无法达到工作的要求或者其潜在的能力没有发挥出来时，人力资源管理人员应当对这些人员给予必要的帮助。组织对工作人员的培训可以提高他们的能力素质、工作的效率水平，从而达到更高的绩效标准。此外，培训过程还增强了组织对员工的信任度及员工对组织的归属感。那么，作为管理者提高工作人员素质的重要途径，人员培训同工作分析之间存在着怎样的关系呢？以下从四个阶段进行介绍。

1. 培训目标确定阶段

培训目标不能盲目确定，目标过高往往难以实现，并且会增加员工的负担及心理压力。而目标过低则会导致培训效果无法满足组织要求，起不到挖掘员工潜力、提高员工能力的作用。因此，培训目标的制定必须符合工作的实际要求。借助工作规范修订培训目标，能够使

---

① 葛玉辉. 工作分析与工作设计实务，北京：清华大学出版社，2011.

培训目标更具合理性。

2. 培训计划制订阶段

培训计划主要包括培训程序、课程安排、授课人员、培训时间、培训地点、培训预算等方面的信息。而组织中各部门的工作既有共性，又有特殊性。在确定以上各方面信息时，应借助工作分析的成果，针对不同的工作群体，有的放矢地制订计划，以达到最佳的培训效果。

3. 培训计划实施阶段

培训计划实施阶段往往需要根据实际情况的变化，对培训计划的某些细节做出调整与修改。与制订培训计划相同，为了完成这一阶段的任务，组织依然需要参考工作分析的成果。

4. 培训效果评估阶段

人员培训结束之后，需要对培训的效果进行评估，检验培训是否实现了预期的目标。在这一阶段，工作分析的作用体现在评估方法及评估标准的制定方面。

3.6　工作设计

3.6.1　工作设计的概念

工作设计是为了满足组织和个人的需要，在工作内容、工作职责及工作关系等方面进行主动设计的过程。在工作设计过程中，要以满足组织的需要作为前提，以满足个人的需求作为要点，通过对工作的重新设计，达到激发员工工作热情、提高其工作绩效的目的。总之，工作设计在增强员工满意度、提高劳动生产率等方面都有着重要的意义。

3.6.2　工作设计的内容

在进行工作设计的过程中，要充分考虑工作设计的内容。工作设计的内容主要包括工作内容、工作职责和工作关系三个方面。

1. 工作内容

（1）工作的广度，即要求工作具有多样性。如果工作设计得过于单一，则员工容易感到枯燥和厌烦。因此，在设计工作时，应尽量使工作多样化，使员工在完成工作的过程中能进行不同的活动，保持员工对工作的兴趣。

（2）工作的深度，即要求工作具有从易到难的不同层次。对员工的工作技能提出不同程度的要求，从而增强工作的挑战性，激发员工的创造力和克服困难的能力。

（3）工作的完整性。保证工作的完整性能使员工有成就感，即使是流水作业中的一个简单程序，也应该是全过程的，以此让员工看到自己的工作成果，感受到自己的工作意义。

（4）工作的自主性。享有适当的工作自主性能增强员工的工作责任感，使员工感受到自己受到了信任和重视。认识到自己工作的重要性，可以使员工的工作责任心增强，工作热情提高。

（5）工作的反馈。工作的反馈包括两方面的信息，一方面是同事及上下级对自己工作的意见反馈，如对自己工作能力、工作态度的评价等；另一方面是工作本身的反馈，如工作的质量、数量、效率等。通过工作反馈的信息，员工可以对自己的工作效果有全面的认识，能正确地引导和激励员工，有利于员工对工作更加精益求精。

2. 工作职责

（1）工作责任。工作责任的设计就是要界定员工在工作中应承担的职责及压力范围，也就是设定工作负荷。工作责任的界定要适度，如果工作负荷过低、无压力，会导致员工行为轻率和低效；如果工作负荷过高、压力过大，又会影响员工的身心健康，会导致员工的抱怨和抵触。

（2）工作权力。工作权力与工作责任应该是对等的，工作责任越大，工作权力范围就应越大，如果二者相互脱节，将会影响员工的工作积极性。

（3）工作方法。工作方法包括领导对下级的工作方法，组织和个人的工作方法设计等。工作方法的设计具有灵活性和多样性，工作的性质不同，其工作特点也会不同，则应该采取的具体方法也应不同，不能千篇一律。

（4）相互沟通。沟通是一个信息交流的过程，是整个工作流程顺利进行的重要基础，包括垂直沟通、平行沟通、斜向沟通等形式。

（5）协作。整个组织是有机联系的整体，是由若干个相互联系、相互制约的环节构成的，每个环节的变化都会影响其他环节及整个组织运行，因此各环节之间必须相互合作、相互制约。

3. 工作关系

组织中的工作关系是人与人之间的关系，表现为协作关系、监督关系等各个方面，其中包括了上下级之间的关系、同事之间的关系及个人与集体的关系。

通过以上三个方面的岗位设计，为组织的人力资源管理提供了依据，保证事（岗位）得其人，人尽其才，人事相宜；优化了人力资源配置，为员工创造更加能够发挥自身能力、提高工作效率、提供有效管理的环境保障。

3.6.3 影响工作设计结果的因素

1. 环境因素

这里的环境因素并非工作的物理环境，而是指与工作产生联系的人文及社会环境，主要包括人力资源和社会期望。①

（1）人力资源。

人力资源是指在进行工作设计时要考虑到能否找到足够数量的合格人员。如某些经济不发达国家为了降低生产成本、改进生产条件，高价从经济发达国家引进了先进的生产机器和设备，但是在做工作设计的时候却缺乏对可以操作机器人员的考虑，以至于事后不得不从外国高薪聘请相应专业人员来担任该职务，反而增加了成本，与工作设计的初衷背道而驰。

（2）社会期望。

社会期望是指工作人员希望通过工作满足自己的社会期望。在经济萧条时期，由于找工作不容易，为了生计，许多人可以接受长时间、体力消耗大的工作。但随着经济发展水平和

---

① 董临萍. 工作分析与设计［M］. 上海：华东理工大学出版社，2008：284.

自身文化教育水平的提高，人们对工作、生活质量有了更高的期望，按照以前的标准往往不能够令他们满意，在不满意的条件下工作，将极大地影响工作效率和效果。所以在工作设计时，也必须以人为本，考虑人员在社会期望方面的诸多要求和特点。

2. 效率因素

工作专业化、工作流程及工作习惯是提高组织效率的三个重要因素，它们最终也会影响工作设计的结果。

（1）工作专业化。

工作专业化就是按照投入时间最短、付出努力最少的原则将工作分解成很小的工作循环的过程。

（2）工作流程。

工作流程主要是考虑在相互协作的工作团体中，保持每个工作岗位负荷的均衡性，以便保证不出现所谓"瓶颈"及等待、停留问题，最终确保工作的连续性。

（3）工作习惯。

工作习惯是指在长期工作实践中形成的传统工作方式，反映了工作集体的愿望，是工作设计过程中不可忽视的制约因素，不考虑工作习惯的工作设计往往是脱离实际的。

3. 行为因素

行为科学研究提醒人们，工作设计不能只考虑效率因素，现代的工作设计是以人为本的，应更加注重员工的个人需求，将满足员工的个人需求作为工作设计首要解决的问题。其应关注以下几个方面。

（1）任务一体化。让员工参与完整的工作，增强其满足感。

（2）技能多样性。减少员工因疲劳、厌烦引起的失误。

（3）工作自主权。在安排工作的内容和程序方面考虑给予员工自由度。

（4）任务显著性。使员工明确自身工作的重要性。

（5）成果反馈性。使员工及时了解其所从事工作的绩效和效率。

3.6.4　工作设计的方法

在实际工作中，有三种工作设计方法较为常用，下面将具体介绍。

1. 工作轮换

1）工作轮换的概念

所谓工作轮换就是将员工从一个工作岗位轮换到另一个水平相当、技术类似的工作岗位的过程。在一个工作岗位工作时间很长的员工，特别是从事简单、重复劳动的员工，都会认为工作枯燥、缺乏变化和挑战。同时，员工也希望自己能够掌握尽可能多的工作技能，以提高自己对环境的适应能力。工作轮换除了在满足员工以上两种需求的同时，还可以起到对轮换工作岗位的人员进行培训的作用。

2）工作轮换的优点

（1）通过工作轮换，可以丰富员工的工作内容，解决因感觉枯燥、乏味而引起的工作效率下降等问题。

（2）在不同岗位的工作经历，可以提升员工多方面的技能，提高其在组织内部及外部的竞争力。

（3）很多员工离职往往是由于对目前所从事的工作感到不满，而通过工作轮换制度，可以使员工在不同的岗位尝试自己感兴趣的工作，从而既降低了人员流失率，也挖掘了员工的潜能。

（4）在相似或相关联的岗位使用工作轮换制度，可以使员工对自己从事的工作在整个系统中的位置及起到的作用有一个全面的了解，帮助他们更好地了解组织及工作，最终达到提高生产效率的目的。

3）工作轮换的缺点

（1）在进行工作轮换初期，由于员工对新工作还不熟悉，其工作效率往往很低，还可能会对其他相关联的工作产生连带影响。

（2）在进行工作轮换之前，可能需要对员工进行关于新岗位的知识、技能、心理等方面的培训，这将增加大量的人力资源、资金及时间成本。

（3）工作轮换还会在组织内部产生人员变动，这将需要其他相关的管理部门加以协调、配合，从而会加大工作量。

2. 工作扩大化

工作扩大化是以增加员工工作内容的方式，使工作本身更加具有多样性和挑战性，从而消除员工对以前工作的不满。

这种方法在刚开始使用的时候往往很有效果，员工会因为对新工作的好奇及感受到新的工作意义而充满工作热情。但是，通常这个阶段的员工生产效率是最低的，原因是员工还不熟悉新的工作任务。与工作轮换一样，工作扩大化的方法也存在着成本问题，需要投入人力资源、资金及时间帮助员工增加胜任新工作所需要的知识、技能培训。在进行工作扩大化之前，一定要对原来的和将要增加的工作任务做充分的调查研究，如果增加了一项同样让员工感到厌烦的工作，不仅不能起到提高员工生产效率的作用，还会适得其反，大大降低员工的工作热情。

工作轮换和工作扩大化虽然不同，但是它们的出发点是一致的，都是通过变更工作任务来提高员工的工作热情和工作效率，达到提高管理质量的目的。虽然这两种方法在短期内都能体现出预想的效果，但是却都缺乏长期的有效性，原因是它们都无法从根本上解决问题。

3. 工作丰富化

从字面上看，工作丰富化和工作扩大化是很相似的，但实际上它们是工作设计中完全不同的两种方法。工作扩大化是对工作任务横向的改变，增加的是不同的工作内容；而工作丰富化是对员工现在所从事的工作的纵向改变，主要是通过对工作职责、工作主动权、自我管理等方面的重新设计来满足员工心理多个层次的要求，从而实现对员工的激励。与工作扩大化相比，工作丰富化对于工作任务的改变更加广泛、深入，能够从根本上解决员工对于工作不满的问题。

要实现工作丰富化，需要对很多核心的工作内容进行更改，其中主要涉及工作中的责任、决策、反馈、培训、考核等方面的变革。在实际的工作中经常采用的手段有以下几种。

（1）任务组合。

任务组合就是将许多零散、细小的工作任务有机地组合起来，形成一个具有规模的体系，从而使任务变得更加完整。完成任务组合之后，员工可以有效地对不同任务进行管理，找到不同工作中的内在联系、优化方法，同时也可以掌握多项技能。

（2）构成自然性的工作单元。

将整个相关联的工作循环交给员工负责，而不仅仅是其中的一个环节，让员工充分参与到从计划、设计、实施及最后对结果检验的每一个重要环节。提升员工的使命感，从而达到增强其工作热情、提高其工作质量和效率的目的。员工也会因此感受到自己的工作是重要而有意义的。

（3）建立客户联系。

这里的客户是指员工所生产的最终产品的使用者或受益者。与客户建立联系不仅可以提高员工的人际交往能力，增加其工作乐趣，而且可以通过这种方式从客户方面直接获取关于产品的反馈信息，这对于员工的自我评价、自我管理、生产合理优化都有着重大的意义。

（4）纵向扩充工作负荷。

纵向扩充工作负荷就是增加员工在工作权限和工作职责方面的负荷。大部分员工在工作中只拥有执行权限，通过赋予他们监督、管理的权限，可以增加员工的责任感和使命感，有助于提高员工的工作主动性和自我管理意识。

（5）开放反馈渠道。

开放反馈渠道为员工提供了一个自由开放的平台，让他们可以不必通过其他人直接了解自己的工作绩效，这种做法将有助于员工实现自我认识和自我管理。同时，由于没有被监视的感觉，不仅可以消除员工在工作中的负面情绪，而且也可以总结工作中出现的问题，优化工作方法，提高工作绩效。

虽然通过工作丰富化，可以达到很多管理的目的，但和其他方法一样，它也存在着培训成本较高的问题。除此之外，将管理层的一部分权限下放到员工层面，可能会产生不稳定因素，加大了组织运行的风险，而且组织也要为此支付给员工更多的工作报酬。

3.6.5　工作分析和工作设计的联系

工作分析和工作设计都是人力资源管理过程中重要的基础性工作，从某种角度出发，工作分析是一种被动的方式，它让员工以一种消极的方式客观地接受与工作相关的一切信息；而工作设计却与之相反，它让员工以积极的态度面对问题，主动地改变对现实工作不利的因素。进行工作设计时，需要以工作分析获取的信息作为基础和指导。总而言之，工作分析是工作设计的基础，工作设计是工作分析的延伸。

本章小结

工作分析是使用科学的方法对工作的各个方面进行定性和定量的分析，旨在为人力资源管理活动提供信息。本章详细介绍了工作分析的内容及方法，讲解了三种当前被普遍使用的分析方法，即问卷调查法、观察分析法和访谈分析法。工作分析的过程主要包括前期准备阶段及实施阶段。通过这两个阶段，分析人员得到工作分析所需的信息，通过对信息的分类、整理及分析，最终得到工作分析的结果，其中，直接结果为工作描述和工作规范，最终结果为职务说明书。职务说明书是将工作描述和工作规范两方面的信息合并后，得到的一个更加全面的工作信息载体。

工作设计是为了满足组织和个人的需要，在工作内容、工作职责及工作关系等方面进行主动设计的过程。工作设计同工作分析之间存在着联系，即工作分析是工作设计的基础，工作设计是工作分析的延伸。

关键术语

工作分析　问卷调查法　观察分析法　访谈分析法　工作描述　工作规范　职务说明书工作设计

复习思考题

1. 什么是工作分析？
2. 如何理解工作分析是人力资源管理的基础？
3. 进行工作分析时，是否应该选用最先进的工作分析方法？
4. 一个完整的工作分析包含哪些过程？
5. 在进行工作分析之前，需要做哪些方面的准备？
6. 如何理解职务说明书对于人力资源管理的意义？
7. 怎样理解职务说明书的动态性要求？
8. 什么是工作设计？工作设计的方法有哪些？

第4章

员工招聘

教学目标

　　通过学习本章内容，了解员工招聘的含义、目的和意义；了解员工招聘的目标与原则，熟悉员工招聘工作的一般程序，学会选择有效的招聘渠道；能够设计招聘广告、制订招聘计划，掌握招聘评估工作的内容和指标；掌握各种招聘渠道和方法的适用范围。

教学要求

主要内容	知识要点	重点、难点
员工招聘概述	(1) 员工招聘的概念、目的与意义 (2) 员工招聘的原则 (3) 员工招聘的影响因素 (4) 员工招聘的误区	(1) 员工招聘的影响因素 (2) 员工招聘的误区
员工招聘的程序	(1) 确定职位空缺 (2) 编制招聘计划 (3) 人员的筛选和评价 (4) 录用与试用 (5) 招聘评估	招聘计划中的时间、地点、规模、范围等要素的确定
员工招聘的方式	(1) 内部招聘 (2) 外部招聘	(1) 内部招聘的途径、优缺点 (2) 外部招聘的途径、优缺点

引导案例

招兵买马之误——谁之过?

NLC 化学有限公司是一家跨国企业,主要以研制、生产、销售医药、农药为主。耐顿公司是 NLC 化学有限公司在中国的子公司,主要生产、销售医疗药品。随着生产业务的扩大,为了对生产部门的人力资源进行更为有效的管理开发,2000 年年初,分公司总经理把生产部门经理赵远飞和人力资源部门经理周立叫到办公室,商量在生产部门设立一个处理人事事务的职位,工作内容主要是生产部与人力资源部的协调工作。另外,总经理说希望通过外部招聘的方式寻找人才。

在走出总经理的办公室后,人力资源部经理周立开始一系列工作,在招聘渠道的选择上,人力资源部经理周立设计了两个方案:一个方案是在本行业专业媒体中做专业人员招聘,费用为 3 500 元,好处是对口的人才比例会高些,招聘成本低;不利条件是企业宣传力度小。另一个方案是在大众媒体上做招聘,费用为 8 500 元,好处是企业影响力度很大;不利条件是非专业人才的比例很高,前期筛选工作量大,招聘成本高。初步选用第一种方案。总经理看过招聘计划后,认为公司在中国处于初期发展阶段,不应放过任何一个宣传企业的机会,于是选择了第二种方案。

在一周时间里,人力资源部收到了 800 多份简历。周立和人力资源部的人员在 800 多份简历中筛出 70 封有效简历,经筛选后,留下 5 人。于是他来到生产部门经理赵远飞的办公室,将此 5 人的简历交给了赵远飞,并让赵远飞直接约见面试。部门经理赵远飞经过筛选后,认为可以从两人中做选择。他们将所了解的两人资料对比,如表 4-1 所示。

表 4-1 资料对比

姓名	性别	学历	年龄	工作时间	以前的工作表现	结果
张某	男	企业管理学士学位	32	8 年一般人事管理及生产经验	在此之前的两份工作均有良好的表现	可录用
林某	男	企业管理学士学位	32	7 年人事管理和生产经验	以前曾在两个单位工作过,第一个单位主管评价很好,没有第二个单位主管的评价资料	可录用

从以上的资料可以看出,张某和林某的基本资料相当。但值得注意的是,林某在招聘过程中少了第二个单位主管的评价。公司通知两人,一周后等待通知,在此期间,张某在静待佳音;而林某打过几次电话给人力资源部经理周立,第一次表示感谢,第二次表示非常想得到这份工作。

生产部门经理赵远飞在反复考虑后,来到人力资源部经理室,与周立商谈何人可录用,周立说:"两位候选人看来似乎都不错,你认为哪一位更合适呢?"赵远飞说:"两位候选人的资格审查都合格了,唯一存在的问题是林某缺少第二个单位主管的评价资料,但是虽然如此,我也看不出他有何不好的背景,你的意见呢?"

周立说："很好，赵经理，显然你我对林某的面谈表现都有很好的印象，人嘛，有点圆滑，但我想我会很容易与他共事，相信在以后的工作中不会出现大的问题。"

赵远飞："既然他将与你共事，当然由你做出最后的决定。"于是，最后决定录用林某。

林某来到公司工作了 6 个月，在工作期间，经观察：发现林某的工作不如期望的好，安排的工作他经常不能按时完成，有时甚至表现出不胜任其工作的行为，所以引起了管理层的抱怨，显然他对此职位不适合，必须加以处理。

然而，林某也很委屈：来公司工作了一段时间后发现，招聘时所描述的公司环境和各方面情况与实际并不一样；原来谈好的薪酬待遇在进入公司后又有所减少；工作的性质和面试时所描述的也有所不同，也没有正规的工作说明书作为岗位工作的基础依据。

那么，到底是谁的问题呢？

资料来源：李宗红，朱洙. 人才选聘：人力资源管理的行为艺术. 北京：中国纺织出版社，2002.

4.1　员工招聘概述

人是一切活动的行为主体，在激烈的市场竞争中，人才的重要性日益凸显，能否招聘到适合组织发展的优秀人才直接决定了一个组织人力资源的整体质量，进而影响到组织发展战略目标的实现程度，由此关系到组织的生存与发展。

4.1.1　员工招聘的概念

员工招聘的概念有狭义和广义两种。

狭义的员工招聘是指在企业总体战略规划的指导下，制订相应的职位空缺计划，并决定如何寻找合适的人员来填补这些职位空缺的过程。其实质是让潜在的合格人员对本企业的相关职位产生兴趣并前来应聘这些职位。

广义的员工招聘包括招聘、选拔、录用、评估等一系列活动。招聘是组织为了吸引更多、更好的候选人来应聘而进行的若干活动，主要包括招聘计划的制订与审批、招聘信息的发布、应聘者申请等。选拔也称为选择、挑选、筛选、甄选、遴选，是组织从"人""事"两个方面出发，挑选出最合适的人来担当某一职位，包括资格审查、初选、面试、体检及人员甄选等环节。

本章的员工招聘是指狭义的招聘。尽管学者们对于人力资源招聘概念的表达方式各异，但也有共同之处。首先，员工招聘是人力资源管理的基础；其次，员工招聘建立在人力资源规划的基础之上，人力资源规划决定了要招聘的职位、部门、数量、时限、类型等因素；最后，员工招聘应根据职位需求，分析应聘者的素质，为招聘提供参考依据。

综上所述，员工招聘是企业为了生存和发展的需要，通过科学的方法和各种信息途径，根据企业人力资源规划和职务分析的数量与质量要求，通过向企业内外部进行信息发布和科学甄选，以吸引和录用有能力的申请者，满足企业的人力资源需求，并安排他们到企业所需岗位上的过程。

4.1.2 员工招聘的目的

企业由于外部环境和内部条件的不断变化，对人力资源的需求也在不断发生着变化。一般而言，良好的招聘活动必须达到 6R 的基本目标。

（1）时间恰当（right time）。在恰当的时间招聘员工，及时补充企业所需要的人员，这是对招聘活动最基本的要求。

（2）来源恰当（right source）。通过适当的渠道寻求目标人员，不同的职位对人员的要求是不同的，因此要针对那些与空缺职位匹配程度较高的目标群体进行招聘。

（3）成本恰当（right cost）。在保证招聘质量的前提下，以最低的成本完成招聘工作，选择费用相对较少的招聘方法。

（4）人选恰当（right people）。吸引最合适的人员参加应聘，"合适"包括数量和质量两个方面的要求。

（5）范围恰当（right area）。在恰当的空间范围内进行招聘，这一空间范围只要能够吸引到足够数量的合格人员即可。

（6）恰当的信息（right information）。所谓恰当的信息就是在招聘之前要把空缺职位的工作职责内容、任职资格要求，以及企业的相关情况做出全面而准确的描述，使应聘者能够充分了解有关信息，以便对自己的应聘活动做出判断。

4.1.3 员工招聘的意义

员工招聘是企业管理中一项重要的、具体的、经常性的工作，是人力资源管理的基础和关键环节之一，它直接关系到企业各项工作的顺利开展。员工招聘的意义主要体现在以下几点。

（1）有助于改善企业人员结构与质量。

员工招聘以企业战略目标和企业战略规划作为基础，首先通过人力资源战略规划确定所需人员的数量，其次通过职务分析确定所需人员的质量，最后在一定时间和地点招聘到所需要的员工。企业通过对人力资源需求的分析，可以控制人员的类型和数量，改善企业内部人力资源在年龄、知识、能力等方面的结构及总体质量，为企业注入新的知识、思想和理念，带来新的技术[1]。

（2）有利于激发人力资源潜能。

员工流动受到多种因素的影响，招聘活动是其中一个重要的因素。有效的员工招聘活动能促进员工合理流动，帮助员工找到适合岗位，实现职能匹配、群体相容，调动员工的积极性、主动性和创造性，激发企业内部人力资源潜能。

（3）有利于降低人力资源管理成本。

作为人力资源管理的一项基本职能，招聘活动的成本构成了人力资源管理成本的重要组成部分。招聘成本主要包括广告费、宣传资料费、招聘人员工资等，全部费用加起来一般是比较高的，如在美国，每雇用一个员工的招聘成本通常占这名员工年薪的1/3。因此，招聘

---

[1] 郑兴山. 人力资源管理 [M]. 上海：上海交通大学出版社，2008：133.

活动的有效进行能够大大降低招聘成本，进而降低人力资源管理成本。

（4）有助于创造企业的竞争优势。

现代的市场竞争归根到底是人才的竞争，一个企业拥有什么样的员工，在一定程度上决定了其在激烈的市场竞争中处于何种地位。新的人员在工作中注入新的思想和工作模式，可以给企业带来制度创新、管理创新和技术创新，从而增强企业的创新能力，创造企业竞争优势[①]。

（5）有助于塑造企业形象。

员工招聘，尤其是外部招聘，本身就是企业向外部宣传自身的一个过程。大量招聘广告的使用可以使外界更多地了解企业，从而提高企业的知名度。同时，应聘者可以通过招聘过程了解某一企业，招聘过程的质量影响着应聘者对企业的看法。招聘人员的素质和招聘工作的质量在一定程度上被视为公司管理水平和公司效率的标志[②]。因此，高质量的招聘活动，不但可以吸收大量的优秀人才，而且也可以提高企业自身的知名度[③]。

4.1.4　员工招聘的原则

（1）效率优先原则。

效率优先是企业获取人力资源的首要原则，是指选用适当的形式和方法，在能够招聘到企业所需人员的前提下，尽可能减少获取员工的成本。效率优先通常有两种常用方法，一是依靠证书进行筛选。一般来说，拥有证书者比没有证书者工作技能要强。但应避免使用证书特征获取人员造成的错误，即可能录用了差的应聘者，拒绝了好的应聘者。二是利用内部晋升制度获取人员，这种做法比用证书筛选员工更加可靠，因为内部晋升制度可以根据员工在职位上的表现确定其去留与升降，给企业观察员工实际工作能力的机会和时间，确保职位能够由胜任者填补。

（2）因事择人原则。

因事择人就是以事业的需要、岗位的空缺为出发点，仔细分析企业的战略、文化、经济实力、岗位特点等因素，根据岗位对任职者的资格要求，选择合适的招聘策略和方法来选用人员。只有这样才可以做到事得其人，人适其事，防止因人设事、人浮于事的现象。

（3）公平公正原则。

人力资源的获取必须遵循国家的法律、法规和政策，面向全社会公开招聘，对应聘者进行全面考核，公开考核结果，通过竞争，择优录用。这种公平公正的原则是保证企业获取高素质人员和实现高效率活动的基础。在人力资源获取过程中，很容易出现不公正的问题。例如，对应聘者不能一视同仁，甚至对不合格人员给予照顾，对某些类别的人员歧视等，这些情况都应当加以避免[④]。

---

① 徐世勇，陈伟娜．人力资源的招聘与甄选［M］．北京：清华大学出版社，2008：6.

② 董克用．人力资源管理概论［M］．北京：中国人民大学出版社，2007：254.

③ 于秀芝．人力资源管理［M］．北京：经济管理出版社，2003：116.

④ 姚裕群．人力资源开发与管理概论［M］．北京：高等教育出版社，2005：187.

（4）用人所长原则。

人各有优缺点，在员工招聘过程中，要克服求全责备的思想，树立知人善任，用人之长的观念。在招聘活动中，必须把寻找人的长处作为选人的目标。看一个人，主要看他能做什么，看他的条件是否符合空缺岗位的资格要求。在用人之长的同时，也要正确对待其短处。如果短处直接影响其长处的发挥，则要采取积极的措施和态度，使其在发挥所长的过程中，把短处的干扰降到最低限度①。

4.1.5　员工招聘的影响因素

由于员工招聘是在一定环境中进行的，招聘是否有效受到多种因素的影响。只有在员工招聘中充分利用正面的影响因素，抑制负面的影响因素，才能获得招聘的成功。归纳起来，影响员工招聘活动的因素主要包括外部因素和内部因素两大类。

1. 员工招聘的外部影响因素

员工招聘的外部影响因素主要包括国家政策与法规、社会经济制度、宏观经济形势、技术进步、劳动力市场及产品技术市场等。

（1）国家政策与法规。

国家政策与法规从客观上限定了员工招聘的对象和外部边界条件。例如，美国的《公平就业机会法》规定，不同性别、年龄、种族、肤色的人在就业竞争中机会平等，享有不受歧视的权利。北京市政府也规定，企业在招聘信息中不能出现"35 周岁以下"和"北京户口"之类的条件，这些都对企业在招聘活动起到了一定的限制和约束作用。另外，国家对产业、行业的扶持或限制政策也对产业、行业的招聘产生至关重要的影响，如我国钢铁行业的限产政策，使得对这些行业的人才需求减少，而国家对软件服务业、电子通信行业的扶持及大力发展第三产业，对这些行业人才的需求就会增加。

（2）社会经济制度。

从新中国建立初期到改革开放前，我国实行的是高度统一的计划经济体制，人事管理实行统包统配制度，企业用人计划、招收范围等都由国家统一计划管理，企业缺乏选人用人的自主权，几乎不存在招聘工作。随着改革的推进，企业人力资源招聘工作也从无到有，由计划指导下的人员招收向市场配置下的人员招聘转变，逐步实现科学化、合理化、自主化，这说明员工招聘与社会经济的发展是相适应的。

（3）宏观经济形势。

一般而言，如果宏观经济形势良好，则企业生产能力水平高，招聘机会多，失业率低；反之，如果宏观经济出现危机，则企业生产能力水平低，招聘机会少，失业率高。宏观经济中通货膨胀对招聘的影响，首先直接体现在招聘过程所涉及的开支上，以及通货膨胀对招聘的影响尤其明显地表现在对企业高级管理层和技术人员的招聘上。此外，政府支持资本市场形成的政策、政府税收政策等对宏观经济的调控，也会在很多方面影响到企业的人力资源招聘活动。

（4）技术进步。

技术进步对招聘的影响体现在以下三个方面。

---

① 董克用. 人力资源管理概论 [M]. 北京：中国人民大学出版社，2007：252.

① 技术进步会引起人才市场招聘职位分布的变化。随着技术的进步，在不同的地区、职业和产业，就业职位的破坏和创造非常不平衡，就业职位需求的分布也在发生变化。总的来说，从职位分布和数量来看，技术进步对非熟练工人的负面影响更大，对受过高等教育的人相对有利。①

② 技术进步对就业者的素质提出了更高的要求，即要求就业者具备更高的受教育水平和熟练的技术水平。

③ 技术进步影响了人们的工作生活方式，如弹性工作制在一些行业和岗位的实行影响了招聘工作。

（5）劳动力市场。

由于招聘，特别是外部招聘，主要是在劳动力市场上进行的，因此应从两个方面来分析劳动力市场对招聘产生的作用②。

① 劳动力市场的供求关系。通常把供给小于需求的劳动力市场称为短缺市场，而把供给大于需求的劳动力市场称为过剩市场。一般来说，在劳动力过剩的情况下，企业开展对外招聘活动比较容易；相反，某类人员的短缺可能会引起劳动力价格的上升，并迫使企业扩大招聘范围，从而使招聘工作变得错综复杂。

② 劳动力市场的地理区域。根据某一特定类型的劳动力供给与需求状况，劳动力市场的地理区域可以是局部性的、区域性的、国家性的和国际性的③。劳动力市场地理区域的不同，会造成企业在对外招聘活动中不同的投入成本和操作难度。通常劳动力市场的地理区域越小，企业投入的招聘成本越低，操作难度越小；相反，劳动力市场的地理区域越大，企业投入的招聘成本越高，操作难度越大。

（6）竞争对手。

在招聘活动中，竞争对手也是非常重要的一个影响因素。应聘者往往是在进行比较之后才做出决策的，如果企业的招聘政策与竞争对手存在差距，就会影响企业对应聘者的吸引力，从而降低招聘的效果。因此，在招聘过程中，企业能够获得超越竞争对手的比较优势是非常重要的。

（7）社会文化教育状况。

从纵向来看，每个年代不同的文化风格造就了不同年代应聘者明显的个性差异，如我国把年轻人群划分为"70 后""80 后""90 后"等类型，不同年代的文化及教育风格的差异造成了此种现象，也因此影响了企业针对不同年代应聘者所采取的招聘策略。从横向看来，不同国家和民族具有不同的文化，这对于跨国公司的海外招聘和本国公司对外籍人士的国内招聘都有至关重要的影响。

2. 员工招聘的内部影响因素

（1）企业形象。

企业是否在求职者心目中树立了良好的形象，以及企业对求职者是否具有一定的吸引

---

① 廖泉文. 招聘与录用 ［M］. 北京：中国人民大学出版社，2004：18 – 24.

② 朱舟编. 人力资源管理教程 ［M］. 上海：上海财经大学出版社，2001：172.

③ 于秀芝. 人力资源管理 ［M］. 北京：经济管理出版社，2003：143.

力，将对招聘活动产生重要的影响。每个人都希望自己成为优秀组织中的一员，因此，名牌企业以其在公众中树立的良好声望很容易就能吸引大量的求职者。而企业形象的好坏又取决于多种因素，如公司的发展趋势、薪酬待遇、工作机会、企业文化等①。企业在人们心目中的形象越好，号召力越强，对招聘活动就会产生越有利的影响。

（2）企业的经营战略。

企业的经营战略会对招聘工作产生影响，反过来招聘决策和招聘工作质量也会通过录用的员工影响企业的发展。企业的经营战略会在宏观上、全局上影响招聘决策，如钢铁企业从生产钢材转向主要生产钢材，同时还生产电子仪表、计算机、洗衣机、电风扇、服装等，这种由单一产品战略向非相关产品多元化战略的转变会产生新的职位，改变企业对员工性质的要求。同时，企业招聘后人员的变动，特别是高级管理人员的变动，也会影响企业经营战略的制定。

（3）职位的性质。

企业招聘的目的一般是为企业储备人才或为填补职位的空缺，后者发生的频率较高。空缺职位的性质由两方面决定。一是通过人力资源规划决定空缺职位的数量和种类；二是通过职务分析决定空缺职位的职责和对就职者素质要求等。空缺职位一方面决定了招聘什么样的人及到哪个相关劳动力市场进行招聘；另一方面它可以让应聘者了解到该职位的基本概况和任职资格条件，便于进行求职决策，并取得进一步发展。因此，职位性质信息的准确、全面、及时，是对招聘工作最重要、最基本的要求②。

（4）企业招聘成本与时间。

由于招聘活动要支出一定的成本，因此企业的招聘预算对招聘活动有着重要的影响，充足的招聘资金可以使企业选择更多的招聘方法，扩大招聘的范围；相反，有限的招聘资金使企业进行招聘时的选择大大减少，这会对招聘效果产生不利的影响。时间上的制约也影响着招聘方法的选择。按照成本最小化原则，企业应避开人力资源供给的谷底期（通常为每年1～2月），而应在人力资源供给的高峰期入场招聘（通常为每年3～6月），这时招聘的效率最高。

（5）企业的用人政策。

企业高层决策人员的用人政策不同，对员工的素质要求也就不同。例如，IBM公司的高层决策人员认为他们要找的是那些个性强烈、不拘小节、直言不讳的人，而宝洁公司的高层决策人员则认为人的素质比其专业知识更为重要。企业高层决策人员对企业内部招聘或外部招聘的倾向性看法，会决定企业主要采取哪种方法招收员工。例如，有的决策者认为自己人好用、可靠，因此企业采取内部招聘方式；有的决策者认为公开招聘、专家参与评选的方式能获取优质人才，因此企业采取公开选聘方式；有的决策者认为通过中介机构好；有的决策者认为熟人介绍好等。

---

① 董克用. 人力资源管理概论 [M]. 北京：中国人民大学出版社，2007：254－255.
② 廖泉文. 招聘与录用 [M]. 北京：中国人民大学出版社，2004：18－24.

4.1.6　员工招聘的误区

人力资源管理部门的工作人员在招聘过程中可能会出现一些错误的心理效应，造成对招聘工作质量的不良影响，因此，人力资源管理部门的工作人员除了具备必要的品质修养和知识技术外，还应加强自身的心理素质培养，防止和克服不良心理效应的影响。

（1）首因效应。

首因效应又称第一印象，是指在人际交往中，凭借最初获得的信息对对方做出判断，而对后来的信息不太重视的心理现象。它在人们的认知过程中起着非常重要的作用，容易造成先入为主的认知偏差。大多数招聘人员很容易受到这种偏见的影响，这往往与招聘人员的职业素养、社会经历、社交经验的丰富程度有关。在面试过程中，招聘人员应围绕求职者在工作中的相关表现，客观、全面地做出正确的判断。

（2）晕轮效应。

当根据个体的某种特征，如智力、社会活动、外貌而形成对人的总体印象时，我们就会产生晕轮效应。在日常的应聘面试实践中，由于面试考官对应聘者的具体情况和个性特点未进行全面细致的了解，很容易受到应聘者某一明显特点的影响而做出不公正、不符合应聘者全部素质信息的评价，这种晕轮效应以点代面，用主观臆想的联系代替应聘者自身素质真实客观的联系，应该予以防止和避免。

（3）投射效应。

投射效应是指在认知过程中，认知主体以自己的兴趣爱好去认知客体的心理趋向。在面试中，投射效应的具体表现是，面试考官在对应聘者进行测评时，自觉不自觉地把自己的个性特点投射于测评活动过程中，如有的面试考官个性严谨甚至苛刻，可能会把素质优秀的应聘者评价为中等，把中等的评价为差等。相反，个性宽容温和的面试考官则可能给分放松，容易把素质一般的应聘者评价为较好，把素质较好的应聘者评价为优秀。这两种情况造成的测评结果误差，都源于面试考官的个性特点，应从根本上加以校正。

（4）归因效应。

归因效应是指人们对他人或自己的行为结果进行分析，指出其性质或推论其原因的过程。它是社会生活中普遍存在而又十分重要的认知现象。归因分为内在归因和外在归因两种。在面试过程中，归因效应也表现为两种情况。一是内在归因假设，这种假设容易使面试考官在对应聘者的素质能力进行评价时，将其成绩归因于该应聘者的内在特征；二是外在归因假设，这种假设则容易使考官把应聘者在测评中的表现简单地归因于他所处的客观环境，而与其内在素质无关。外在归因和内在归因均存在偏颇，面试考官应把两者综合起来，才能做出全面、客观的评价。

（5）类比效应。

类比效应是指面试考官在面试过程中，往往习惯把应聘者与自己曾经交往过的人简单地做类比，进行评价。如面试考官过去接触某一地区、行业、阶层，乃至某一单位的人，容易从中抽象出某些共同特点，将其归为一类人群。这类人群如果给面试考官留下好的印象，应聘者类似于此类人群，面试考官则易给高分；相反，面试考官则有可能根据自身以往的经历，对该应聘者做出不应有的低估。面试考官应努力排除这种不良心理倾向的影响。

（6）反差效应。

反差效应是指面试考官无意识地对前后被测的应聘者进行比较的心理取向。面试考官在对后一个应聘者进行测评时，会受对前一个应聘者评价的影响，有时这种心理倾向会影响面试考官做出公正、客观的评价。排除反差效应的关键是，面试考官要准确地理解和统一把握客观的测评标准，做到将每个应聘者与标准相比较，而不是与其他应聘者相比较。

（7）定势效应。

定势效应是指用已有经验来看待当前问题的一种心理反应倾向，这种心理状态会影响后续活动的趋向、程度及方式。在面试过程中，面试考官有不同的人生经历和社会经验、兴趣、爱好，其价值观也各不相同，并由此形成了各自对事物特有的评价态度和认知定势。认知定势的差异性影响着考官的评价标准。在面试过程中，不同面试考官往往对同一应聘者的看法各不相同，见仁见智。因此，面试考官要对评价要素有准确的认识，对工作说明书的理解达成一致，这样面试的结果才能让人满意。

4.2　员工招聘的程序

1. 确定职位空缺

根据企业的人力资源规划，在掌握有关各类人员的需求信息、明确相关职位空缺的情况后，人力资源管理部门要考虑招聘是否是解决职位空缺最好的方法。因为除了招聘，企业还可以通过以下方式来解决职位空缺的问题。

① 现有人员加班。如果工作任务是阶段性的，单位会在短期繁忙阶段过后出现冗余人员，因此，如果现有人员适当加班可以解决职位空缺的问题就不必再招聘新人。

② 工作流程重新设计。某些时候人手上的不足是由于工作流程或工作分配不合理造成的，这时需要对工作不合理的方面进行再设计，职位空缺的问题就会迎刃而解。

③ 非核心业务外包。某些非核心的工作任务可以外包给其他机构，从而避免人员招聘，降低管理成本。

确定职位空缺是整个招聘活动的起点，包括数量和质量两个方面。只有明确获知企业中的空缺职位及职位的具体要求后才能开始进行招聘。

2. 编制招聘计划

如果企业根据实际情况确认招聘是弥补职位空缺的最佳方式，下一步就要编制招聘计划。科学合理的招聘计划规范了招聘行为，避免了招聘过程的盲目性，不仅可以减少招聘成本，而且可以更有效率地招聘到适合岗位的人才，提高招聘质量。招聘计划具体包括确定招聘地点、招聘方法、招聘时间、招聘规模、招聘范围和招聘中的组织宣传等。

（1）确定招聘地点。

在确定招聘地点时，一般主要考虑潜在应聘者寻找工作的行为、企业的位置、劳动力市场状况等因素。如果从高校直接招收毕业生，则需要确定在哪个高校招聘。从节省招聘费用的角度考虑，一般应在既有条件又有招聘经历的地方招聘，在所在地招聘一般办事人员或普通员工，在跨地区招聘各类专业技术人员，在国内甚至国际范围内招聘高级管理人才。

（2）确定招聘方法。

应根据企业的需要、获取人员的性质和市场人才供求状况来确定招聘方法。在招聘过程中，同各类学校、职业介绍机构、有关团体、培训机构、猎头公司等保持密切关系非常重要。企业可在大学毕业生中招聘专业技术人员和管理人员；通过猎头公司招聘中高级技术人员和管理人员；通过职业介绍所招聘办事员和生产工人；通过广告招聘销售人员等。为节省开支和时间，还可采用内部员工引荐的方式。

（3）确定招聘时间。

有效的招聘策略不仅要明确招聘地点和方法，还要确定恰当的招聘时间。一般而言，招聘时间一般要比有关职位空缺可能出现的时间早一些。招聘时间选择的最常用方法是时间流失数据法（time lapse data，TLD）[1]。该方法显示了招聘过程中关键决策点的平均时间间隔，通过计算这些时间间隔可以确定招聘的时间。在使用这种方法确定招聘时间时，也要考虑两个因素，即整个招聘录用的阶段和每个阶段的时间间隔。阶段越多，每个阶段的时间越长，那么招聘开始的时间就要越早[2]。

（4）确定招聘规模。

招聘规模是指企业准备通过招聘活动吸引应聘者的数量。招聘活动吸引的应聘者数量应当控制在合适的规模。一般来说，企业是通过招聘产出金字塔模型（recruiting yield pyramid model）来确定招聘规模的，即将整个招聘录用过程分为若干个阶段，以每个阶段参加的人数和通过的人数比例来确定招聘的规模。具体如图 4 - 1 所示。

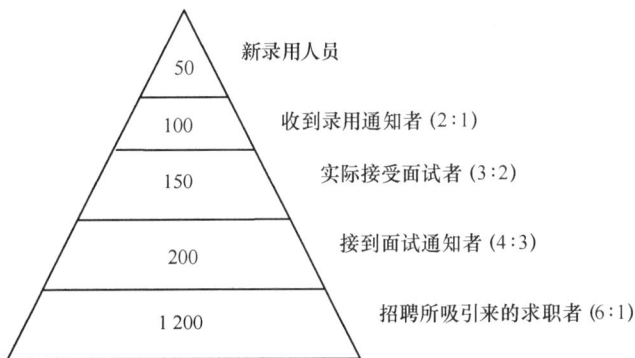

图 4 - 1　招聘产出金字塔模型

在使用招聘产出金字塔模型确定招聘规模时，一般是按照从上到下的顺序来进行的。以会计师录用为例，企业在下一年度计划招聘 50 名初级会计师，根据以往经验可知，接到录用通知的人数与实际前来就职人数的比例约为 2∶1。类似地，企业也清楚，实际面试过的人数与确定可以录用人数的比例约为 3∶2；接到企业面试通知的人数与实际前来企业接受面试人数的比例约为 4∶3。同时，企业还知道，求职总人数与企业实际发出面试通知人数的比例约为 6∶1。一旦这些比例关系确定下来，企业就可以计算出，为了能够邀请 200 名求职者到办公室来接受面试，至少要有 1 200 名求职者。在接到企业所发出的面试邀请的 200 人员

① 朱舟．人力资源管理教程 ［M］．上海：上海财经大学出版社，2001：184．

② 董克用．人力资源管理概论 ［M］．北京：中国人民大学出版社，2007：261．

中，大约会有150人接受面试，而企业将会向这150人中的100名发出录用通知，但最后只有一半的人员，即50名会计师被录用。

（5）确定招聘范围。

招聘范围是指企业进行招聘活动的地域范围。从招聘的效果考虑，范围越大，效果就会越好；但是随着招聘范围的扩大，企业的招聘成本也会随之增加，因此对于理性的企业来说，招聘范围应当适度。

企业在确定招聘范围时，总的原则是在与待聘人员直接相关的劳动力市场进行招聘。这通常需要考虑两个主要的因素。一是空缺职位的类型。一般来说，层次较高或性质特殊的职位，需要在较大的范围内进行招聘；而层次较低或者比较普通的职位，在较小的范围内进行招聘即可。二是企业当地的劳动力市场状况。如果当地劳动力市场中相关职位的人员供给比较少，那么招聘的范围就要扩大；相反，当劳动力市场人员供给较为宽松时，在本地进行招聘就可以满足招聘需求。例如，某家企业在进行不同职位招聘时，招聘范围就是有所区别的，见图4-2①。

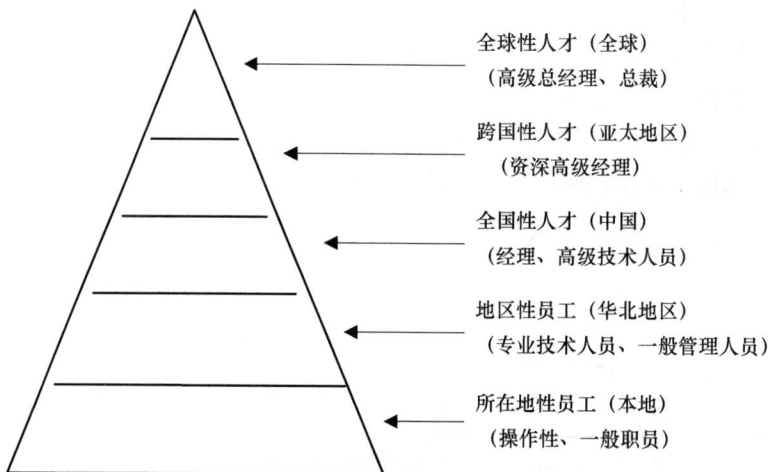

图4-2 招聘范围示意图

（6）招聘中的组织宣传。

在招聘过程中，企业一方面需要吸引更多的有效应聘者，增加筛选的余地并且减轻招聘工作的负担，还要从人力资源战略管理的角度出发考虑员工的稳定性；另一方面还必须利用招聘过程进行积极的企业形象或声誉的宣传活动。为了在招聘中达到这些目标，企业不仅需要提供包括职位薪酬、工作类型、工作安全感、晋升机会等与职位相关的信息，还要让求职者了解企业的文化、管理方式、工作条件、同事关系、工作时间等企业信息。只有准确、有效地传达了这些信息，求职者才会在评价自身的基础上思考自己是否适合这样的工作，这就在企业筛选之前由求职者自己完成了一个自我筛选的过程。真实可靠的企业信息还可以使应聘者降低过高的期望，建立心理应对机制，在感受到企业真诚的同时对企业产生信赖感。

---

① 董克用. 人力资源管理概论［M］. 北京：中国人民大学出版社，2007：259-260.

3. 筛选候选人

筛选候选人是招聘过程的一个重要组成部分，其目的是将不符合空缺职位要求的求职者排除掉，最终选拔出最符合要求的人员。职位说明书是筛选候选人的重要依据，即以职位说明书中所要求的知识、技术和能力来判断候选人是否具有任职资格。

4. 录用与试用

对经过筛选合格的求职者，企业应做出录用决策。在通知被录用者时，可以通过电话或信函进行联系，联系时要清楚地介绍企业向被录用者提供的职位、工作职责和月薪等，以及报到时间、报到地点及报到时应注意的事项等。

对决定录用的人员，在签订劳动合同以后，要有 3 ~ 6 个月的试用期。如果试用合格，试用期满后被录用人员便可按劳动合同规定享有正式合同工的权利，并承担相应的责任。

5. 招聘评估

招聘评估是招聘过程的最后一项工作。一般来说，招聘评估主要从人员数量、人员质量、招聘效率等方面来进行评估，包括招聘成本评估及招聘工作评估两项内容。研究表明，招聘渠道和招聘方法不同，招聘效果就会大不相同，用不同的方法招聘进来的员工也可能表现出不同的工作绩效、流失率、缺勤率。如果对招聘工作进行及时评估就可能找出招聘过程中可能存在的问题，从而适时地对招聘工作进行修整，提高新一轮招聘工作的质量。

1）招聘成本评估

招聘成本评估是指对招聘中的费用进行调查、核实，并对照预算进行评价的过程。招聘成本评估是鉴定招聘效率的一个重要指标。如果招聘成本低、录用人员质量高，就意味着招聘效率高；反之，则意味着招聘效率低。在相同的招聘成本水平下，如果录用的人数多或录用人员的素质高，也意味着招聘效率高；反之，则意味着招聘效率低。

招聘预算费用包括招聘广告费用或中介机构费用、招聘测试费用、体格检查费用和其他费用，一般来说按 4:3:2:1 比例分配招聘预算较为合理。在招聘工作结束之后，要对实际的招聘费用进行度量、审核和计算，并与招聘预算经费进行对比，以此了解是否符合招聘预算及主要差异出现在哪些环节上，从而在以后的招聘工作中予以避免。

2）招聘工作评估

招聘工作评估是指对招聘过程中的工作要项进行评估，它是判断招聘工作质量的另一个重要指标。另外，对招聘工作的评估有助于从战略角度发现企业内部的深层次问题，如企业提供的薪酬、企业的人力资源战略、激励机制、企业竞争能力、企业文化与企业形象等方面存在的不足。具体来说，招聘工作评估包括成果评估和筛选评估两项工作。

（1）成果评估。

招聘工作的成果就是寻找或吸引到一定数量和质量的求职者。因此，对招聘工作的成果评估主要包括数量评估和质量评估两个方面。

① 对招聘工作数量的评估一般以三类数据作为评估指标：一是在一定时间内前来交谈询问的求职者人数；二是主动填写或递交求职材料的求职者人数；三是通过求职材料审查，初步合格的求职者人数。通过这三组数据，可算出求职者数目与需招聘新员工数目之间的比率。招聘来的求职者越多，企业就越有可能招聘成功；相反，如果前来应聘的求职者数量很少，企业就可能无法完成招聘任务。此时，企业应及时找出原因，调整或改用其他有效的招

聘渠道和方法。

② 对招聘来的求职者不仅有数量的要求，还要有质量的要求。对招聘工作质量的评估一般以两类数据作为评估指标，即在不同筛选阶段被选出的人数和最终被录用的人数。因为企业即使招聘到了许多求职者，但如果在筛选过程中被证明其中大部分人员是不合格的，那么这次招聘工作也可能是失败的。只有测验证明很多求职者是合格的，才能说明招聘工作是成功的。

（2）筛选评估。

筛选评估也包括两个方面的内容：一是效率评估；二是正确率评估。效率评估主要考察人员筛选工作的进度和每个阶段的产出率。人员筛选工作的进度越快，时间越短，新员工走上工作岗位就越及时，发挥作用也就越快。而正确率评估主要是考察测验方法的效度和信度，这是加强和改进人员筛选工作的重要依据。如果某种测验方法的效度和信度不高，在筛选过程中就容易将优秀人才淘汰掉，而将不合格的人招进来。因此，企业不仅在筛选前要进行测验方法的效度和信度检验，选择效度和信度较高的测验方法，同时在筛选结束后还要对测验方法的效度和信度进行评估，以便在以后的筛选工作中不断改进和提高质量。

4.3　员工招聘的方式

人员招聘的方式包括两种，即内部招聘和外部招聘。这也是企业招聘人员的两个重要来源。内部招聘与外部招聘各有利弊，互为补充，如表 4－2 所示。研究表明，内外部招聘相结合会产生最佳效果。具体的结合力度取决于公司的战略计划、招聘岗位、上岗速度及对企业经营环境的考虑等因素。

表 4－2　内部招聘与外部招聘的利弊

	内部招聘	外部招聘
优点	（1）人员了解全面、准确性高 （2）可鼓舞士气，激励员工进取 （3）应聘者可更快适应新的工作 （4）使组织培训投资得到回报 （5）筛选费用低 （6）对企业的认同感强，会带来长远利益	（1）人员来源广，选择余地大，有利于招到一流人才 （2）新雇员能带来新思想、新方法 （3）当内部有多人竞争而难以做出决策时，从外部招聘可能会在一定程度上平息或缓和内部矛盾 （4）可节省培训投资
缺点	（1）人员来源局限于企业内部，水平有限 （2）容易造成"近亲繁殖" （3）可能会因操作不当或员工心理原因造成内部矛盾	（1）新雇员不了解企业情况，进入角色慢 （2）企业对应聘者了解少，可能招错人 （3）内部员工得不到晋升机会，积极性可能受到影响 （4）应聘者的价值观可能与企业文化相悖，影响企业的稳定

4.3.1　内部招聘

内部招聘是指从企业内部选拔那些能够胜任空缺岗位的人员。实际上，企业中绝大多数工作岗位的空缺是由内部现有员工填充的，因此，企业内部现有人员是最大的招聘来源。据统计，20 世纪中叶，美国有大约 50% 的管理职位是由企业内部人员填补的。进入 20 世纪 90 年代以后，这一比率上升到 90% 以上。这种情况在规模较大、培训机制健全的企业中更为明显。

1. 内部招聘的途径

（1）公开招聘。

公开招聘面向企业内部全体员工，有利于为积极上进、希望得到全面发展的有志员工提供发展平台，同时也有利于宣扬重视人才的企业文化。这种招聘途径的操作重点是要维护公开招聘过程的公正、公开、公平。

（2）内部选拔。

内部选拔面向企业内部部分员工，有利于提拔那些已经培养成熟的人员，使员工感受到企业的关怀，更重要的是体现绩效考核的力量。这种招聘途径的操作重点是要保证提拔的人员确实是那些工作努力，为企业发展做出贡献且有志于为企业奉献的员工。

（3）岗位轮换。

岗位轮换同样面向企业内部部分员工，有利于培养员工适应多个岗位，是培养管理人员的一个重要渠道，同时也有利于员工减轻对现有岗位的疲倦感。这种招聘途径的操作重点是要建立岗位互换机制，有效减少员工适应新岗位的时间和企业的投资成本。

（4）人员重聘。

人员重聘主要是针对那些原来在企业就职的下岗人员、长期休假人员及已在其他单位工作但关系仍在本单位的人员。这种招聘途径有利于激励员工更加努力地为企业工作，弊端是可能会间接地助长员工辞职现象的发生。

2. 内部招聘的优点

（1）提高员工士气。

随着社会的进步和经济的发展，人们的需求已逐步从货币报酬转移到非货币报酬上。非货币报酬一般包括工作本身的报酬（包括工作的挑战性、先进性、趣味性等）和工作环境的报酬（包括企业的知名度和社会美誉度、企业的发展前景、个人的发展空间、有能力而公平的领导、健康舒适的工作环境、融洽的人际关系等），其中人们最关心的是"个人的发展空间"和"工作的挑战性"。每个员工都认为，只要自己在工作中不断提高能力、丰富知识，就有可能担任更重要的工作，这对个人职业生涯是非常重要的。因此，企业采取内部招聘的方式，会提高员工士气，进而增强员工的组织认同感和献身精神。

（2）迅速打开工作局面。

"上岗"和"入岗"是招聘工作中不可忽视的两个方面，既要保证有合适的人员实实在在地"上岗"，又要保证他能迅速地进入角色，即"入岗"。企业内部成员对企业发展的历史、现状、工作环境和工作流程等比较熟悉，了解并认可企业的文化、核心价值观和其他的硬件环境，能较快地胜任工作，迅速打开工作局面。

（3）保持企业内部人员稳定。

新员工和老员工、新员工和企业，碰撞最多的是企业文化和企业核心价值观，当然也有一些非主流方向的碰撞，无论何种碰撞，其结果都有两个方面的作用：一是促进企业的思考和发展；二是扰乱企业的日常秩序和运作，制造不稳定因素。而内部招聘可以使企业在补充优质人力资源的同时，大大降低出现不稳定状况的概率。

（4）尽量规避招聘失误。

相对于外部招聘到的员工而言，企业对内部现有员工的自然状况把握更加准确。由于对现有员工较长时间的了解，可以有效地规避招聘失误，准确性与安全性更高。日本企业长期采用内部谨慎而缓慢的提升制度，其主要作用就是尽量规避识人、用人失误的风险，尽量减少识人、用人失误的代价。

（5）降低招聘成本。

内部招聘节约了外部招聘所需的大量广告费、招聘人员餐旅费及招聘机构代理费等直接开支，还节约了新员工的上岗培训费和其熟悉企业的花费等间接开支，使人才获取的费用降到最小值①。

3. 内部招聘的缺点

（1）可能引发企业高层领导间的分歧。

用人分歧历来是引起企业高层领导之间意见不合的一个重要原因，因为这往往涉及领导权力的分配、企业核心团队的组成和个人威信的提高。因此，当出现用人分歧时，企业高层领导间的团结可能会遭到破坏，从而造成内部招聘过程中最大的损失。

（2）缺少思想碰撞的火花。

通过内部招聘获得职位晋升的人员与企业群体原本是和谐的，在观念上、文化上、价值观上是彼此认同的。因此，不会存在那种"新官上任三把火"的状态，企业人员不会因为这种人事变更产生思想碰撞，也不会因这种碰撞带来的不平衡而引发深层次思考，企业在这一过程中明显缺乏活力。

（3）企业高速发展时容易以次充优。

不少企业为了规避识人与用人的风险，几乎所有的干部选拔均采取内部招聘的方式。由于身边的工作人员是总经理最了解和最信任的，所以每次内部晋升的主要对象大都集中在总裁办或秘书群，以至于不少企业的员工抱怨。当企业高速发展时，这种通过内部招聘来晋升人员的方式不仅不能满足工作的需要，而且"以次充优"的现象也将会十分普遍和严重，这极大降低了企业的竞争力和发展动力。

（4）"近亲繁殖"影响企业的可持续发展。

内部招聘可能会造成企业内部的近亲繁殖问题，滋生裙带关系，破坏企业的组织氛围，降低员工的敬业程度。同时，由于内部成员早已习惯了企业的某些既定做法，思想、观念因循守旧，思考范围狭窄，缺乏创新与活力，造成经营理念和管理方法的僵化，给企业的可持续发展带来不良影响②。

---

① 蒋蓉华. 人力资源管理基础［M］. 北京：清华大学出版社，2007：158.

② 同①：158－159.

4.3.2　外部招聘

外部招聘是指根据一定的招聘标准和程序，从企业外部寻找符合岗位要求的合适人选的过程。外部招聘往往出现在企业没有足够符合要求的内部候选人来满足职位空缺的需要或对任职资格有特殊要求的岗位，以及寻求给企业带来新技术和新思想的优秀人才的时候。外部招聘可以弥补内部招聘的某些不足。

1. 外部招聘的途径

（1）招聘广告。

招聘广告是通过广播、电视、报纸、网络或行业出版物等媒体形式向公众传送企业的用人需求信息。招聘广告可以最广泛地通知潜在求职者有关的就业信息。借助不同的媒体做招聘广告会带来不同的效果，企业可以针对所要招聘的职位类型来选择适合的媒体形式。

（2）人才招聘会。

人才招聘会可以分为两大类：一类是专场招聘会，即只有一家企业举行的招聘会。专场招聘会是当企业要招聘大量人才或面向特定群体（如校园招聘会）时举行的。另一类是非专场招聘会，即由某些人才中介机构组织的有多家企业参加的招聘会，通常是成百上千家企业参加的大型招聘会。

（3）员工推荐。

员工推荐是招聘员工的另一种方式。企业在内网、布告栏中公布空缺职位及对被推荐者的要求，当前的员工向企业推荐候选人，对于成功推荐候选人最多的员工，企业往往还支付一定数额的奖金。这种方法在缺乏某种技术人员的企业中十分有效。一项调查表明，在被调查的 586 家企业中，69% 的企业表示员工推荐比其他员工招聘方式更加节约成本，80% 的企业表示员工推荐比委托就业服务机构更加节约成本。推荐者通常会认为被推荐者的素质与他们自己有关，只有在保证其不会给自己带来负面影响时才会主动进行推荐。

（4）就业服务机构。

社会上有各种就业服务机构，其中包括人事部门开办的人才交流中心，劳动部门开办的职业介绍机构，以及一些私营的职业介绍机构。这些就业服务机构在用人单位和求职者之间搭建起一座桥梁，为用人单位推荐人才，为求职者推荐工作，同时也举办各种形式的人才交流会、洽谈会等。一般来说，企业会在以下三种情况下借助就业服务机构的力量来完成招聘工作：一是企业没有自己的人力资源管理部门，不能有效地进行人员招聘活动；二是某一特定职位需要立即有人填补；三是企业自己进行人员招聘存在困难，如招聘对象是目前仍在其他同类企业中工作的人员，他们不方便直接与竞争对手接触，那么就可以通过就业服务机构来解决人员招聘问题。

（5）校园招聘。

大学校园是专业人员与技术人员的重要来源。以教育部所属学校为例，通过校园招聘活动落实就业单位的毕业生约占参加就业毕业生人数的 90% 以上。研究表明，在所有从外部招聘且要求具有学士学位的职位空缺中，38% 由刚毕业的大学生填补。在要求具有学士学位的初级岗位空缺中，由刚毕业的大学生填补的比例则更高。从目前的发展趋势来看，有实力的企业都选择到有关高校举办专场招聘会。

（6）猎头公司。

猎头公司在本质上也是一种就业服务机构，主要为企业搜寻高级管理人才和专业技术人才。他们在找到合适人选后，会以各种方式与目标人选接近和沟通，并根据了解到的其个人情况，投其所好地许诺会为他们提供优厚的待遇条件或宽松的发展环境等，最终达到使他们离开原来企业到客户企业工作的目的。这些公司被形象地称为"猎头"，即以高级管理人才为猎获目标的猎手。

（7）网络招聘。

网络招聘是近年来随着计算机通信技术的发展和劳动力市场发展的需要而产生的通过信息网络进行招聘、求职的方法。由于这种方法信息传播范围广、速度快、成本低，供需双方选择余地大，且不受时间、地域限制，因而被用人单位和求职者广泛采用。现在，越来越多的企业使用网络资源进行人员招聘，同时通过网络招聘平台自我推荐或求职的人数也正在成倍增长。

2. 外部招聘的优点

（1）能够为企业带来活力。

大多数应聘者之所以积极参与应聘活动，都是希望今后能够在企业中有所作为，因此，一旦他们成功进入企业，必然会带来新的观念、新的信息、新的思想方法、新的文化和价值观，甚至新的人群和新的社会关系。这些资源要素的引进，必然给企业带来思想碰撞，带来新的活力。因此，许多企业会有意从外部招聘人才，以此形成对内部员工的压力，逼迫和激励他们时刻不忘对自己的鞭策，这就是著名的"鲶鱼效应"。日本三洋公司不断地从丰田、松下等公司引进人才，目的就是打破公司内部一潭死水的局面，使员工整体拼搏进取，生机勃勃。

（2）加快战略性人力资源目标的实现。

战略性人力资源的目标是紧扣企业战略目标而设定的，具有战略性、前瞻性、科学性和系统性。因此，选拔人才的标准必须符合战略性人力资源目标的要求，无论是高新技术人才，还是管理人才、稀缺人才，都要有计划、分阶段地引进，在人员招聘过程中涉及的成本核算、岗位匹配、能力培养、职业规划等工作均需有计划地系统运行。

（3）有利于缓和内部竞争者之间的紧张关系。

当企业内部出现空缺管理职位时，可能会引起内部人员激烈的竞争。如果员工发现自己的同事，特别是原来与自己处于同一层次、具有同等工作能力的同事获得提升而自己没有时，就可能产生不满情绪，进而懈怠工作，不服从管理。从外部招聘可能会使这些竞争者得到某种心理上的平衡，从而有利于缓和他们之间的紧张关系。

（4）避免使用企业内部不合格人员。

以次充优和过度使用企业内部人才是内部招聘的主要弊端，而通过外部招聘获取人才一方面体现了"能岗匹配"的用人原则，另一方面也使企业内部人员获得必要而充足的培训时间，逐渐走向成熟，避免了不合格人员的使用。

（5）大大节省培训费用。

通过外部招聘企业可以获得符合学历和经历要求的高素质人才，这样，企业不仅节省了培训费用，而且节省了培训时间；不仅节省了学历教育所支付的费用，更重要的是也节省了为获取经验所付出的"过失费用"，即在社会和商业战场中支付的"学费"，这种费用常常比学历教育所支付的费用更加昂贵①。

3. 外部招聘的缺点

（1）人才获取成本高。

在招聘高层次人才时，虽然所需要的人数较少，但招聘的覆盖区域却很宽，有时甚至要覆盖全国；而招聘低层次人才时，虽然所需要的人数较多，但招聘的覆盖区域却可以相对缩小。但无论是招聘高层次人才，还是中、低层次人才，均须支付相当高的招聘费用，其中包括广告费用、面试费用、测试费用、专家顾问费用等。

（2）存在选错人的风险。

由于不能充分了解应聘者的真实情况，不容易对应聘者做出非常客观的评价，企业有时会招聘到不合格的人员。究竟从内部提升，还是从外部招聘，要视具体情况而定。一般来说，当企业内部有能够胜任空缺职位的人员或空缺职位不很重要且企业执行可持续发展的既定战略时，应当先从内部提升。然而，当企业急需一个关键性的管理人员来对其原定战略进行重大修改，但同时企业内部又缺乏胜任这一重要职位的人员时，就要从外部招聘。在实际工作中，通常企业采用的往往是内部提升和外部招聘相结合的途径，将从外部招聘来的人员先放在较低的职位上，然后根据其表现再进行提升②。

（3）给现有员工带来不安全感。

如果每当企业内部出现提升机会时，都从外部招聘人员来补充，就必然会打击内部员工的士气，使内部员工感觉自己失去了更大发展的可能，这种感觉会使员工逐步产生对现有职业的不安全感。员工的不安全感必然会导致其工作热情的下降，员工队伍的稳定性也会受到挑战。

（4）熟悉工作需要一定的时间。

新引进人才的"上岗入位"是一件困难的事情，涉及新来人员对本职工作的熟悉，对企业工作流程的熟悉，对与之配合的工作部门的熟悉，对领导、下属、平级同僚的工作配合，这些都需要时间。同时新来人员对企业外界相关工作部门的熟悉和建立良好关系，也同样需要时间。因此，这种时间成本的投入也是企业必须考虑的不利因素。

本章小结

招聘是指在企业总体发展战略规划的指导下，制订相应的职位空缺计划，并决定如何寻找合适的人员对本企业的相关职位产生兴趣并且前来应聘这些职位。影响招聘活动的因素有两个：一是外部因素，包括国家政策与法规、劳动力市场等；二是内部因素，包括企业形象、企业招聘成本与时间、企业的用人政策等。

招聘工作要遵循一定的程序，即确定职位空缺、编制招聘计划、筛选候选人、录用与试用、招聘评估。

---

① 廖泉文．招聘与录用［M］．北京：中国人民大学出版社，2004：116－117．
② 蒋蓉华．人力资源管理基础［M］．北京：清华大学出版社，2007：160．

员工招聘有两种方式，即内部招聘和外部招聘。这两种招聘方式各有优缺点，通常应该结合采用。

关键术语

招聘　招聘渠道　招聘广告　招聘计划　招聘评估　内部招聘　外部招聘

复习思考题

1. 员工招聘的意义有哪些？
2. 员工招聘的影响因素是什么？
3. 招聘渠道有哪些类型？如何选择？
4. 阐述网络招聘的优缺点。
5. 内部招聘和外部招聘各有何利弊？企业应如何运用这两种途径？
6. 招聘信息的发布应遵循什么原则？

第 5 章

员工筛选与录用

教学目标

通过学习本章内容，了解员工筛选的概念和意义及原则和标准；熟悉筛选工具的基本要求，学会分析员工筛选的影响因素；掌握简历的筛选方法；能够实施心理测验；了解面试的作用及类型；了解评价中心的内容；掌握员工录用的程序。

教学要求

主要内容	知识要点	重点、难点
员工筛选概述	（1）员工筛选的概念及意义 （2）员工筛选的原则 （3）员工筛选的影响因素	（1）员工筛选的原则 （2）员工筛选的影响因素
员工筛选的方法	（1）简历筛选的方法 （2）心理测验的内容和方法 （3）面试的类型及实施过程 （4）影响面试效果的因素 （5）评价中心的特点和内容	（1）筛选简历的信息 （2）通过简历筛选人员的优点 （3）认知测验与个性测验的内容 （4）面试的类型 （5）影响面试效果的因素 （6）评价中心的内容
员工的录用	（1）录用决策的含义 （2）录用决策的要素 （3）录用决策的主要方法 （4）员工入职程序	录用决策的主要方法

引导案例

纽约联合印刷公司的"择人之道"

纽约联合印刷公司的销售经理皮尔森先生，此时正在审核瑞·约翰逊先生的档案材料，这位约翰逊先生申请担任地区销售代表的职务。联合印刷公司是同行业中的最大厂家，经营印刷初级教育直至大学教育的教材用书，系列、完整的商贸性出版物，以及其他非教育类的出版物。

该公司目前正考虑让约翰逊手下的销售成员同大学教授们打交道。约翰逊是由杰丽·纽菲尔德介绍给这家公司的，而纽菲尔德是眼下公司负责西部地区的销售商中工作非常成功的一位。虽然他到公司仅两年，但他的工作表现已清楚地表明其前途无量。

在他到公司的短时期内，就将在自己负责区域内的销售额增加了三倍，他与约翰逊从少年时代就是好朋友，而且一起就读于伊利诺伊州立大学。

从档案上看，这位约翰逊先生似乎是一个爱瞎折腾的人。很明显的一点是在其大学毕业后的10年，他没有一项固定的工作。在其工作中，持续时间最长的是在芝加哥做了八个月的招待员。他在当地待了两年，所做的一切仅够维持生活。

由于没有足够的钞票，所以不管在哪儿，他都想方设法谋生，既然他以往是这种情况，在多数情况下公司就会自动取消考虑他的资格。但皮尔森先生还是决定对约翰逊的申请给予进一步考虑。这主要是因为公司的一个主要销售商力荐他，尽管这个人很清楚约翰逊的既往。

皮尔森先生在亚利桑那州的菲尼克斯花了两天时间，同纽菲尔德及其一位顾问朋友，一道会见了约翰逊先生。三人一致认为问题关键在于：约翰逊先生能否安顿下来，为生活而认真工作。

约翰逊对这个问题抱诚恳的态度，并承认自己没料到会有这种答复，他清楚自己以前的工作情况，可他似乎又觉得会得到这份预想的工作。约翰逊先生似乎有优越的素质来胜任，他的父母是东部一所具有相当规模大学的教授，他在学术氛围中成长起来，因而，充分地了解向教授们推销教材过程中所需解决的各种问题。他是一个有能力、知进取的人。

在会见后，皮尔森先生和顾问都认为，如果他能安顿下来投入工作，他会成为一名杰出的销售人员。但是二人也意识到还有危险存在：那就是约翰逊先生可能会再次变得不耐烦而离开这个工作岗位去某个更好的地方。不过，皮尔森决定暂时雇用约翰逊。

公司挑选程序的一部分要求在对人员最后雇用之前对每一位应聘者进行一系列心理测验。一些测试表明：约翰逊先生充满智慧且具有相当熟练的社会技能。然而，其余几项关于个性和兴趣的测试，则呈现出了令公司难以接受的一面。

测试报告说：约翰逊先生有高度的个人创造力，这将使他不可能接受权威，不可能安顿下来投入一个大的部门所要求的工作中去。关于他的个性评估了许多，但是所有一切都归于一个事实：他不是公司想雇用的那类人。依据测试结果，皮尔森先生还拿不定主意是否向总裁建议公司雇用约翰逊先生。

那么，是否可录用约翰逊先生？皮尔森先生将建议什么？假如皮尔森雇用约翰逊先生，那么你认为约翰逊先生会不会"这山望着那山高"，在皮尔森公司干一段时间后再跳槽？

5.1　员工筛选概述

员工筛选是招聘过程中的重要组成部分，其目的是将不符合职位要求的求职者排除掉，最终选拔出最合适的人员。职位说明书是员工筛选的主要依据，即企业应该以职位说明书中所要求的知识、技术和能力来判断求职者的任职资格。

5.1.1　员工筛选的含义

员工筛选是指根据企业所招聘职位的特点，通过运用一定的工具和手段，从某一职位的所有候选人中挑选最合适人选的活动，做到"人岗匹配、人与公司匹配"。员工筛选和员工招聘是两个相对独立的过程，招聘是筛选的基础和前提，筛选是招聘的目的。招聘工作的成功与否直接影响到员工筛选的效率和效果。

员工筛选包括信息收集和信息评估两个方面，信息收集是系统地收集岗位候选人与工作相关的全部信息；信息评估是对于收集岗位候选人与工作相关的全部信息与岗位所需资格条件进行比较。

员工筛选通常包括对内筛选与对外筛选两类，二者的基本观念和原则是一致的，也就是在候选人中找到最适合的人选，同时以公平的、经济的方式达到员工筛选目标。但因候选人的来源不同，对内筛选与对外筛选在内容上各有侧重，对内筛选由于候选人来源于企业内部，因此侧重于候选人与岗位的匹配度；而对外筛选则需要候选人在与岗位匹配的同时还要与公司匹配。

准确地理解员工筛选的含义，要把握以下几个要点。

（1）员工筛选应包括两方面的工作，即评价应聘者的知识、能力及个性和预测应聘者未来在企业中的绩效。很多企业往往将注意力过多地集中在前者，而忽视了后者，其实后者对企业更有意义。

（2）员工筛选要以空缺职位所要求的任职资格条件为依据，只有那些符合职位要求的应聘者才是企业所需要的。

（3）员工筛选是由人力资源管理部门和直线部门共同完成的，最终的录用决策应当由直线部门做出。

5.1.2　员工筛选的意义

在全球竞争日益加剧的今天，每个企业都在关心其员工的能力。员工的能力是构建企业核心竞争力的一个重要因素，对于员工能力的来源而言，是选人重要还是培养人重要呢？盖洛普咨询公司的观点是，选对人比培养人重要。微软公司的观点是，微软员工所取得的成功主要得益于员工的先天智慧而不是经验积累，因此微软公司注重招聘时的慧眼识珠，而不是后来的经验。人力资源管理的目的是岗位与人的匹配，因此很多企业越来越重视员工筛选，在选对人的前提下再去培养人。员工筛选的意义主要在于以下几个方面。

（1）降低员工招聘的风险。

通过各种人员测评方法对候选人进行筛选和评价，可以了解一个人的能力、个性特点、工作风格等与工作相关的各方面素质，得出一些诊断性的信息，从而分析该候选人是否能够胜任工作。其结果可以使企业有效地避免招聘到不符合任职资格的人，降低由于录用不胜任的人员而带来的人事风险。

（2）节省人工成本。

有效的员工筛选可以使进入企业的人员素质更符合空缺职位的要求，从而降低培训员工的费用。如果人员素质低于职位要求，则企业向该员工支付的薪酬就可能大于其为企业创造的实际价值；相反，如果招进来人员的素质远远高于职位要求，企业也难以留住人才。因此，通过员工筛选不仅可以实现人员与工作的匹配，带来企业的稳定，而且还能够减少人员流失造成的其他成本耗费，如新一轮招聘费用、新员工培训费用等。

（3）形成合理的人员队伍结构。

人力资源管理部门在筛选员工时，不仅要着眼于筛选对象的个体素质，而且要考虑筛选对象所在群体的需要，做到选用得当，使员工在群体中不但能发挥个体素质的优势，而且可以通过优势互补实现群体结构的优化，使群体成为目标相同、年龄衔接、专业配套、优势互补、能级合理、心理相容、团结协作的集体，从而实现员工之间的密切配合，发挥群体功效。

（4）奠定人员发展的基础。

企业在招聘员工时不仅要注重人员目前特点与职位的适应情况，更要根据人与环境的变化预测其未来发展的可能性。员工筛选技术不仅可以帮助企业了解候选人当前的素质状况，为人岗匹配提供信息，而且还可以为企业提供候选人未来发展可能性的信息。这样就可以根据人员的未来发展潜能来决定其职业发展规划并为其提供适当的培训与提升的机会。

（5）增强企业核心竞争力。

企业之间的竞争归根结底是人才的竞争，只有拥有了具有核心竞争力的人才，企业才能真正拥有长期的竞争优势，也才能维护并增强其竞争优势。员工筛选是企业健康快速发展的必然保证。

5.1.3　员工筛选的原则

要做好员工筛选工作，除了要有一套科学的选人方法和技术之外，还必须遵循一定的原则和标准。

（1）公平竞争原则。

公平竞争是一个极其重要的原则。只有对所有应聘者采取一视同仁、公开考核办法、严格考核程序等公平措施，才可能使真正的人才脱颖而出，保证录用人员的质量，为企业广招贤能。同时公平竞争还可以为企业树立良好的形象，增强员工的内部凝聚力，提高企业对人才的吸引力。

（2）德才兼备原则。

"德"与"才"既是两个不可混淆的标准，同时又是一个不可分割的统一体。"德"的核心是员工为谁服务的问题，"才"的核心是员工能力高低的问题。"德"决定着员工才能的发挥方向和目的，"才"又是员工职业道德形成的基础，使员工的职业道德具有现实意义，得到充分体现。在员工筛选过程中，同时兼顾"德"与"才"的标准很重要，任何片面的做法都有可能给企业带来极大的隐患。

（3）民主集中原则。

发扬民主，就是在员工筛选中要采用切实可行的措施，让员工有更多的发言权和决定权。坚持集中，就是在民主基础上的集中，通过民主程序选拔出来的招聘对象要经过组织人事部门考察后，报经组织最高管理当局讨论审批。在讨论中，应有 2/3 以上成员到会，每个成员要认真负责地发表意见，最后按少数服从多数的原则形成决议。

（4）回避原则。

在员工筛选中要坚持任职回避和公务回避。任职回避要求组织内具有亲属关系（包括夫妻关系、直系血亲关系、夫妻双方的近亲属关系及儿女姻亲关系等）的人员，不得担任同一领导班子内的职务，不得担任有直接领导关系的职务，不得担任有监督关系的职务。公务回避是指负责招聘的工作人员和领导人员，在员工筛选工作中，凡涉及处理与自己有亲属关系的人员问题，必须回避，不得以任何方式进行干预或施加影响。

5.2　员工筛选的方法

5.2.1　筛选简历

1. 筛选简历的信息

（1）工作经历。

简历中应聘者的工作经历对于企业的招聘决策非常重要，因为通过工作经历可以查找到应聘者与应聘职位相关的工作经验，应聘者有更多的相关信息无疑可以更快地适应工作职位的要求。想要知道应聘者是否有与应聘职位相关的工作经验，不能只是注意简历上所注明的各种工作头衔，更重要的是要看在每一个岗位上，应聘者具体负责什么样的工作，看应聘者在原单位的哪个部门工作，向谁负责，接触什么产品，做过什么项目，获得过什么样的成果，取得了什么样的业绩，除了名义上所做的工作以外，他们还参与了其他什么工作等。

（2）教育背景。

教育背景资料可以提供关于应聘者受教育程度、教育类型、所学专业等方面的信息。在教育类型中，最理想的情况是应聘者接受过综合教育，既要有理科方面的专业知识，如化学、物理、生物等，这可以说明应聘者对科技方面的爱好，同时，又要有某些文科方面的积累，如文史方面的熏陶，这样的应聘者才会是一个具有广泛兴趣的人。

（3）职业进展。

这里所指的职业进展不是那种随时间推移带来的例行职位升迁，而是应聘者总结性介绍自己以往取得的事业进展中每一次进步之间的相互联系。随着应聘者承担的职责不断扩大，不断接受更有挑战性的任务，这可以判断他的整个职业发展正呈现一个向上的走势。相反，如果应聘者虽然做过几份工作，但是却没有迹象表明他所承担的责任越来越重要，那这里面就有些问题了。可能是因为应聘者缺少魄力和野心，不愿意承担更多、更重要的责任，担负更多的压力。当然，除非掌握了十分确凿的证据，否则不要急于在这个阶段下任何肯定的结论。

（4）无形资产。

应聘者来应聘工作的时候都拥有一些无形资产，如能力、经验、受到的培训、对事物的洞察力或对相关产品的了解等。一般来讲，应聘者身上具备的这些无形资产越多，在进入新的工作岗位时，他的调整期就越短，就越能在短期内做出成绩。如果企业招聘的职位是客户服务代表，则要关注应聘者以往接触到的商品的种类和复杂程度及他具体处理过哪些问题和客户要求，还要看以前他习惯在什么样的监督体系下工作及他和客户联系的紧密程度等。

（5）沟通能力。

从简历内容上还可以显示应聘者与人沟通的能力，如简历的语言组织、表达方式、结构设计等。简历中涉及的信息应该具体、翔实，在列出成绩时应给出具体的事实和可供考证的数据。如果简历语言含混或过于概括，字迹不整，错误百出，说明应聘者在工作中可能缺乏耐心与责任心。信息传达不顺畅的简历，表明应聘者自身的沟通能力较低，其在与同事的沟通上也会有一定漏洞，团队合作能力有待提高。这样的应聘者在以后的工作中也可能会以同样的方式来对待客户或其他同事。

（6）工作态度。

从工作态度方面来看，一份成功的简历应该能够表现出应聘者为人谦逊、做事果敢、思维具有条理性、观点具有专业性等。应聘者在介绍情况时会透漏很多信息。例如，在讲述他为什么会放弃某份工作时，他会这样写："我离开原来的单位是因为对某些原则上的东西持有不同意见"，或者"我从来没有受到公正待遇"，或者"因为我跟上司无法和谐共处"。这样的描述往往反映应聘者不能很好地融入一个企业的文化中，或者是那种凡事都想要将错误归咎于他人的人，对于这样的应聘者企业应慎重考虑。

2. 简历筛选的方法

简历是进行员工筛选的第一个环节。通过阅读应聘者的简历，人力资源管理部门可以从中排除一些不合格的人，让其他人进入下一个环节。应该注意的是，在这个阶段应该有充分的理由将应聘者淘汰出局，以致不需要与之进一步交谈就可以断定他不适合企业。

在筛选简历时可以按照应聘者的数量采取以下两种方法。

（1）将简历分成两类。

在应聘者的数量不是很多的情况下，可以将简历分成两类，一类是因为各种原因而明显不合适的应聘者的简历；另一类是还需要通过面试进一步考察的应聘者的简历。对于被归入第一类的应聘者，要采用电话或信函的方式通知他们求职申请已经被拒绝，并感谢他们对企业的支持。而对于被归入第二类的应聘者，则要发出通知，邀请他们来参加面试。

（2）将简历分成三类。

如果应聘者的数量相对较多时，可以将简历分成三类，第一类是明显不合适的应聘者的简历；第二类是那些企业很感兴趣，特别想面试的应聘者的简历；第三类则是除上述两类之外的其他应聘者的简历。这样一来，就可以在两个相互对立的因素中找到合理的平衡。一方面可以尽量缩短面试的时间；另一方面确保了有足够的应聘者参加面试。

3. 通过简历筛选人员的优点

（1）个人简历资料比面试更具客观性。在对简历表中每一问题确定了评分标准和权重后，这种加权申请表就能有效地反映求职者的个人情况。而面试往往因面试考官的看法不同而对求职者给予不同的评价。

（2）个人简历资料比心理测验更具普遍适用性。因为心理测验受文化、教育、意识形态等因素的影响较大，因而在欧洲可行的心理测验方法在亚洲可能并不适用。简历资料受这些因素的影响不大，可以应用到几乎任何地域、任何组织之中。因此，个人简历资料在员工筛选中发挥着更加突出的作用。

5.2.2　心理测验

1. 心理测验的概念

在员工筛选时，为了能够准确地判断应聘者的气质、才能、思维敏捷性等，人力资源管理部门常常采用心理测验的方法。心理测验是指在可控制的情境下，向应聘者提供一组标准化的刺激，以所引起的应聘者的反应作为行为样本，对其个人行为做出评价的方法。其中，行为样本就是一组具有代表性的行为，这种行为既不是反射性的生理行为，也不是内部的心理活动，而是一种外显的、间接的行为。

从内容上讲，心理测验可以分为认知测验和个性测验两大类。认知测验是测试一个人的思维能力、记忆力、推理能力、语言能力及数学能力。这样的测试可以用于确定求职者在术语和概念上的基本知识，语言的流利程度，空间定位，理解和记忆能力，综合和智力能力及概念推理。个性是个人的各种性格的独特组合，它会影响个人与环境之间的交互作用并有助于定义一个人。目前有很多种个性测验方法，其中一种较为著名的是明尼苏达多项人格测试表。

2. 心理测验的原则

心理测验一般应采取科学的测试手段，必须遵循以下几个重要的原则。

（1）注意保护测验对象的个人隐私。

由于心理测验往往会涉及个人的智力、能力等个人隐私，这些情况严格来说应该只限于被试者及他允许的人员获悉，所以，有关心理测验的内容应该严加保密。

（2）测验人员要做好事前准备工作。

心理测验选择的内容、测试的实施过程、计分规则及测试结果的解释都是有严格规定的。一般来说，心理测验工作人员要受过严格的心理测验方面的训练。在心理测验过程中，要统一地讲出测试指导语；要准备好测试材料；要能够熟练地掌握测试的具体实施手续；要尽可能使每一次测试的条件相同，这样测试结果才可能比较准确。

3. 心理测验的方法

1）认知测验

认知测验的内容主要是个体的认知行为，通常包括智力测验、性向测验和成就测验三种类型。

（1）智力测验。

智力测验是对个体智力水平的科学测验。在智力测验中，智力水平的高低以智商（IQ）来表示。智商有两种表达方式，一种是比率智商，通常用来表达儿童的智力水平；另一种是离差智商，比较适用于表达成人的智力水平。

离差智商假设，从人类整体来看，人的智力测验分数是按正态分布的。计算离差智商时以平均数为 100，标准差为 15 来计算，这样，某一个体的离差智商就应该表示为 $100+15Z$，

其中 Z 代表标准差的个数。也就是说，一个人智力水平的高低取决于他在一个特定团体中的位置，是一种相对的比较结果。

（2）性向测验。

性向是指个体的学习能力，是在给予适当机会时个体获得某种知识或技能的能力。这种能力是在一定遗传因素的基础上各种经验累积的结果。

性向测验包括综合性向测验和特殊性向测验两种形式。在员工筛选中，最经常采用的是综合性向测验。其内容主要包括应聘者的言语理解能力、数量关系能力、逻辑推理能力、综合分析能力、知觉速度与准确性等。这些能力是在各种工作中经常运用的能力。特殊性向测验是在某些特定的职业或职业群中才需要的，它在一般的招聘活动中并不常用。所谓特殊能力是指某些人具有的他人不具备的能力，如美术能力、飞行能力。对美术能力倾向进行测验并不是要知道这个人目前已有的美术水平，而是要测量该个体在未来是否具备潜在的美术能力，从而判断其以后是否能在美术方面有所成就。飞行能力测验是较早编制并应用于实践中的一种特殊能力测验，它测量的是一个人是否具有潜在的飞行能力，从而降低飞行员的淘汰率。

（3）成就测验。

成就测验是用来鉴定个体在某一特殊方面，经过学习或训练后实际能力的高低。根据不同的反应方式，成就测验又可以分为操作测验和书写测验。操作测验如操作一种机器、组装零件或排除机器故障等。书写测验可以分为再认式测验与回忆式测验两类。再认式测验是把若干学习或培训过的事物，重新呈现在被测试者面前，让被测试者辨认或加以排列组合，题目形式包括是非题、多选题、顺序题、匹配题等。回忆式测验是学习或培训过的事物不呈现在被测试者面前，问题必须通过被测试者回忆才能写出答案，题目形式包括填空题、简述题、论述题等。成就测验主要应用于招聘专业管理人员、科技人员和熟练工人，特别是对应聘者实际具有的专业知识和技能不能确定的情况，便于应聘者之间展开公平竞争。

2）个性测验

测试个性的方法有很多种类，在员工筛选中最常用的方法是自陈式量表法。此外，投射测验和情景测验在员工筛选中也有一定的应用。

（1）自陈式量表法。

自陈式量表法是问卷式量表的一种形式。问卷式量表一般可以分为两类，一类是自我报告量表，也叫自陈式量表，是由被测试者自己作答的；另一类是问卷式评定量表，是由熟悉被测试者的人作答或对被测试者进行观察的人作答。

自陈式量表法是测量个性最常用的方法。所谓自陈，就是让被测试者自己提供关于自己个性特征的报告。这些问卷是将主观式的自我报告进行客观化和标准化，使其易于评分。自陈式量表的基本假设是，被测试者最了解自己，且个性特征具有内隐性，不容易从外部观察到。自陈式量表的题目一般都是关于个性特征的具体行为和态度的描述，被测试者需要提供封闭式的答案。对自陈式量表的结果应该有可供参照的常模资料，也就是将某个被测试者的得分放在一个特定的常模团体中进行比较得出该被测试者是否符合要求。

自陈式量表中比较有名的是明尼苏达多项人格测验（MMPI）、卡特尔16种人格因素测验（16PF）、爱德华个性偏好测验（EPPs）、艾森克人格问卷（EPQ）和加州心理调查表（CPI）等。

（2）投射测验。

投射是指让人们在不自觉的情况下，把自己的态度、动机、内心冲突、价值观、需要、愿望等在下意识水平下的个性特征在他人或其他事物上反映出来的过程。投射测验是通过向被测试者提供一些意义不明确的刺激情境，让被测试者在不受限制的条件下，自由表现他的反应，这样可以通过分析反应的结果来推断被测试者的某些个性特征。

（3）情境测验。

情境测验是将被测试者置于特定的情境中，由测试工作人员观察其在此情境下的行为反应，从而判断其个性特点。情境测验很早就已经在员工筛选中使用了。例如，第二次世界大战中，美国战略情报局为了选拔派往海外的间谍，多采用情境测验。其中最常用的一个是"无领袖团体情境"。在情境中安置数人，彼此互不相识，受命完成一项任务，在此过程中必须全部人员通力合作，并在规定时间内完成任务，否则，将会受到惩罚。在这一过程中能自动出面担任领导并能赢得他人支持的人将被认为是具有领导能力的人。情境测验是评价中心采用的代表性测试方法，具体内容将在有关评价中心的章节中详细介绍。

5.2.3　面试

1. 面试的含义

面试是员工筛选与录用的重要过程。通过面试，用人单位与应聘者都可以获得更全面和更真实的信息，一方面，企业可以做出正确的录用决策；另一方面，应聘者也有机会进一步了解企业情况，决定是否加入该企业。一个好的面试会为应聘者提供一个展现自我和领略未来工作情况的良好机会，从而使应聘者对企业产生浓厚的兴趣；相反，缺乏质量的面试会造成招聘双方的损失。

严格地说，面试是指通过应聘者与面试考官之间面对面的交流和沟通，了解应聘者的个性特征、能力状况及求职动机等情况的一种人员筛选与测评技术。虽然目前学者们对面试的看法并不完全一致，但在实践中，面试却是企业最常采用的一种员工筛选方法。

2. 面试的类型

根据不同的标准，可以将面试划分为不同的类型。

1）根据面试的结构化程度划分

（1）结构化面试。

结构化面试又称标准化面试，是指根据特定胜任素质要求，遵循固定程序，采用事先命制好的题目、评价标准和评价方法，通过面试考官与应聘者面对面的言语交流，评价应聘者胜任特征的一种面试形式[①]。在结构化面试中，面试的程序、内容及评分方式等标准化程度都比较高，使面试结构严密，层次性强，评分模式固定。

结构化面试的优点在于，由于对所有应聘者均按同一标准进行，因而可以提供结构与形式相同的信息，进行全面分析、比较，减少了主观性，且对考官的要求也较低。结构化面试的缺点在于，形式过于僵化，难以随机应变，因而所收集信息的范围受到限制。

（2）非结构化面试。

非结构化面试是指没有既定的模式、框架和程序，面试考官可以"随意"向应聘者提

① 董克用，李超平. 人力资源管理概论 [M]. 北京：中国人民大学出版社，2011：208.

出问题，而对应聘者来说也无固定答题标准的一种面试形式。这种面试是面试考官和应聘者进行的一种开放式、随机性谈话。它并没有固定的模式和事先准备好的问题，需要面试人员在对工作需要和组织现状有一定了解后，根据和应聘者的谈话内容即兴提问。在非结构化面试中，面试考官所提问题的内容和顺序取决于其本身的兴趣和现场应聘者的回答状况。

非结构化面试的优点在于，由于灵活自由，问题可因人、因情境而异，可深入浅出，因而可得到较深入的信息。非结构化面试的缺点在于，由于此方法缺乏统一的标准，因而容易产生偏差，且对主考官要求较高，要求主考官具备丰富的经验与很高的素质。

（3）半结构化面试。

半结构化面试是介于结构化面试和非结构化面试之间的一种面试形式。半结构化面试一般包括两种方式，一种是面试考官提前准备重要面试问题，但不要求按照固定次序提问，并且可以在面试过程中针对某些需要进一步调查的问题进行充分的讨论；另一种是面试考官依据事先规划的一系列问题来对应聘者进行提问，而且应根据不同的工作类型设计出不同的问题清单。

半结构化面试有效地结合了结构化面试和非结构化面试的优点，同时又克服了两者的缺点，对全面了解应聘者的各方面情况具有一定的实际意义，因而被越来越多的企业广泛采纳[1]。

2）根据面试的组织形式划分

（1）压力面试。

压力面试是指将应聘者置于一种人为制造的紧张气氛中，面试考官以富有压力的问题让应聘者接受诸如挑衅性、刁难性或攻击性的提问，以考察应聘者的压力承受能力、情绪调节能力及应变能力和解决紧急问题的能力等。压力面试是一种半结构化面试，面试考官通常需要预先准备好具有一定难度的题目，然后根据不同应聘者的答案即时地、有针对性地提出更深层次的问题。这种面试的目的在于考察应聘者面对压力和挫折时的承受能力，通常适用于招聘销售人员、公关人员、高级管理人员的情况。

压力面试的优点在于，可以较为真实地测定应聘者承受压力的能力和情绪调整的能力，为诸如销售、公关及高级管理层等需要上述能力的职位的人员招聘提供了较好的招聘方式。压力面试的缺点在于，问题较难设计，对面试考官要求相对较高。

（2）行为描述面试。

行为描述面试是一种特殊的结构化面试，与一般的结构化面试的区别在于，它采用的面试问题都是基于关键胜任特征的行为性问题。

行为描述面试是基于行为的连贯性原理发展起来的。面试考官通过应聘者对自己行为的描述可以了解到两个方面的信息，一是该应聘者过去的工作经历，判断他选择来本企业发展的原因，预测他未来在本企业中发展的行为模式；二是了解他对特定环境所采取的行为模式，并将其行为模式与空缺职位所期望的行为模式进行比较分析。在行为描述面试过程中，面试考官往往要求应聘者对其某一行为过程进行描述，而且在提问过程中，行为描述面试所提的问题还经常是与应聘者过去的工作内容和绩效有关的，而且提问的方式更具诱导性。

（3）能力面试。

能力面试是一种新型的面试方法，与传统的面试方法注重应试者以往所取得的成就不

---

① 赵继新，郑国强．人力资源管理［M］．北京：北京交通大学出版社，2014：114.

同，这种方法更多关注的是他们如何去实现所追求的目标。在能力面试中，面试考官要试图找到应聘者过去成就中所反映出来的特定优点。具体来说，能力面试可以从四个方面展开，即全面进行能力分析、制定岗位能力要求、确定面试中待考核的能力及制定面试程度并对需要考核的能力进行评估。

能力面试已被实践证明是一种最实际、最有效的面试方法。它可以在最短的时间内收集到涉及工作范围最广、最准的信息。

3）根据面试的组织方式划分

（1）个别面试。

个别面试一般为一对一的面试，多适用于较小规模的组织或招聘较低职位的员工，有时也用于人员初选；另外当公司总经理对应聘人员进行最后录用决策时也常采用这种方式。

（2）小组面试。

小组面试是多对一的面试。当一个职位的应聘者较多时，为了节省时间，将多个应聘者组成一组，由面试考官依次轮流提问，着重考察应聘者的个性和协调性。

（3）集体面试。

集体面试是多对多的面试。一般会将应聘者分成数组，每组 5 ~ 8 人，几个面试考官共同参与，着重考察应聘者的沟通能力、协调能力、语言表达能力和领导能力。这种方法是现代评价中心技术中的无领导小组讨论在面试中的应用。与个别面试相比，集体面试具有更高的效率。

4）根据面试所达到的效果划分

（1）初步面试。

初步面试相当于面谈，比较简单随意，一般由人力资源管理部门中负责招聘的人员主持，初选不合格者将被筛掉。

（2）诊断面试。

诊断面试是对初步面试合格者进行实际能力与潜力测试，使招聘单位与应聘者互相补充深层次信息，由用人部门负责，人力资源部门参与，这种面试对组织录用决策与应聘者是否加入组织决策至关重要。

3. 影响面试效果的因素

整个面试过程会受到很多复杂因素的影响，只有对这些因素全面了解，才能有效地控制面试过程，保证员工筛选的准确性，实现高效面试。从面试人员的角度来看，影响面试效果的因素主要有以下几种。

（1）面试人员面临的招聘压力。

特定的面试方式和过程需要耗费一定的资金和时间，因为缺乏资金的支持，面试人员可能无法运用诸如情景面试和压力面试等高成本的面试方法，而时间过于仓促将会限制面试考官对应聘者做出全面的考察。

（2）面试人员掌握的招聘信息。

面试人员所获得的招聘信息是否充足、准确也会对面试成功与否产生影响。如果对招聘工作的相关要求缺乏充分的了解，面试考官将无法把握面试的目的和过程，从而影响他们根据面试中收集到的信息做出正确的录用决策。

（3）面试人员的个人特点。

面试人员的个人特点同样会影响面试效果。一个优秀的面试人员应该是理性的人，他既能够控制整个面试过程，在交流中扮演主动的角色，通过积极的提问来引导应聘者，又能适时保持沉默，在面试中注意聆听和观察，给应聘者充分的发挥空间。

（4）面试人员的心理偏差。

由于受到各种因素的影响，面试人员对不同的应聘者进行面试，在不同时间、地点对同一应聘者进行的面试中可能会表现出截然不同的主观意愿。此外，面试人员在面试中产生的第一印象效应、比较效应、晕轮效应等心理偏差对面试都会产生负面影响。

（5）面试人员的提问技巧。

在整个面试过程中，面试人员通常以提问的方式与应聘者进行交流。因而，他们的提问技巧直接影响着面试的成败。提问技巧的掌握与面试人员的工作经验密切相关。通常，经验越丰富的面试人员，其提问的技巧越娴熟。

5.2.4 评价中心

1. 评价中心的含义

评价中心是一种综合性的人员测评方法，它通过评估参加者在相对隔离的环境中做出的一系列活动，以团队作业的方式，客观地测评其专业技术和管理能力，为企业发展选择和储备所需的人才。评价中心综合使用了各种测评技术，包括心理测验和面试，以及显示其自身特点的情境性模拟。通过这些方法，评价中心不但可以从个体的角度进行测评，还能够从群体活动中对个体的行为进行测评。

2. 评价中心的内容

评价中心的一个重要特征就是在情境性测验中对被测评者的行为进行观察和评价。情境性测评方法有各种各样不同的形式，其中最普遍使用的类型主要有无领导小组讨论、文件筐测验、管理游戏、模拟面谈及即兴发言等。

（1）无领导小组讨论。

无领导小组讨论是指一组被测评者在给定时间、背景下围绕给定问题展开的讨论，并得出一个小组意见。参加讨论的被测评者一般是 4~8 人，最好是 6 人；讨论持续时间通常 1 h 左右。在无领导小组讨论中，可以给参加讨论的每一个被测评者分别指定一个角色，即有角色的无领导小组讨论；也可以不给被测评者指定角色，即无角色的无领导小组讨论。但是，不论参加讨论的被测评者有无角色，在参加讨论的一组被测评者中事先并不指定谁担任小组的领导者，即"无领导"，他们在讨论问题情境中的地位是平等的。被测评者自行安排、组织发言次序并进行讨论，所讨论问题的内容根据招聘的职位特点而确定。在被测评者进行讨论过程中，评价者并不参与，他们的任务是在讨论之前向被测评者介绍一下讨论的问题，给他们规定所要达到的目标及时间限制等，最重要的是在被测评者进行讨论时对他们的表现进行观察和评估。

（2）文件筐测验。

文件筐测验，又称公文处理练习或公文处理测验，它已在实践中被证明是非常有效的一种管理人员测评方法。在文件筐测验中，被测评者将扮演某一管理者的角色，他将面对各类需要处理的文稿。这些文稿包含通知、报告、客户的来信、下级反映情况的信件、电话记录、关于人事或财务等方面的一些信息及办公室的备忘录等。

评价者一般按既定的测评维度与标准对被测评者的公文处理情况进行测评。通常测评不是定性式的给予评语，而是就那些维度逐一定量式的评分（通常是五分制）。最常见的测评维度有七个，即个人自信心、组织领导能力、计划安排能力、书面表达能力、分析决策能力、敢担风险倾向与信息敏感性。另外，为了保证文件编写的逼真与准确，可以以企业的存档文件、记录、函电、报告及现场调查收集的信息做素材来提炼加工。

（3）管理游戏。

管理游戏是一种比较复杂的测评方法。被测评者每 4～7 人组成一个小组，就如同组建一个"微型企业"。在规定的工作时限内，各组按照游戏组织者所提供的统一"原料"通过组合拼接，装配"生产"出某种产品，再"推销"给游戏的组织者。然后评价者根据每个人在此过程中的表现，遵循既定的测评维度进行评分。

这种方法不仅可以针对被测评者的进取心、主动性、组织计划能力、沟通能力、群体内人际协调能力等方面进行测评，还可以对这样一个集体的某些方面，如"产品"质量和数量、团结协作状况等进行评定，并对优胜队给予象征性奖励，使活动具有游戏性质。近年来，管理游戏越来越向计算机化发展，设计了专门的软件，使得测试越来越真实。

（4）模拟面谈。

模拟面谈是评价中心中角色扮演的一种形式，它是让被测评者与经过培训的面试助手交谈，由评价者对面谈的过程进行观察和评价的测评方法。在这种测验中，面试助手可以充当各种与被测评者有关的角色。按照具体情境的要求，面试助手遵循标准化的模式向被测评者提出问题、建议或反驳被测评者的意见，拒绝被测评者的要求等。模拟面谈主要考察的是被测评者的说服能力、表达能力、处理冲突的能力及其思维的灵活性和敏捷性等。

模拟面谈的关键在于对如何选择与被测评者交谈的面试助手。首先，面试助手必须非常了解模拟面谈方法的意图，知道通过什么方法来引发被测评者的反应；其次，面试助手必须具备灵活、快速的反应能力，能够根据被测评者的不同反应对事先准备好的脚本进行调整；最后，面试助手要有一定的表演能力，可以将情境表现得非常逼真。

（5）即兴发言。

即兴发言是指给被测评者一个题目，让被测评者稍做准备后按题目要求进行发言，以便了解其有关的心理素质和潜在能力的一种测评方法。即兴发言主要了解被测评者的快速思维反应能力、理解能力、思维发散性、语言表达能力、言谈举止、风度气质等方面的素质。即兴发言的题目往往是做一次动员报告、开一次新闻发布会、职工联欢会的祝词等。在即兴发言以前应该向被测评者提供有关的背景材料。

其他同类性质的测评技术还包括案例分析、搜寻事实、答辩等，都属于在模拟工作状况下揭示特定职位上所需的胜任特质，从而对被测评者的分析、沟通、决策、领导等能力进行评估。这些测评方法在实际运用中可能会是结合在一起的。例如，在公文处理练习的过程中插入模拟面谈，并根据文件的信息进行演讲等。

5.3 员工的录用

5.3.1 录用决策的含义

录用决策是指对筛选评价过程中产生的信息进行综合评价与分析，确定每一个候选人的素质和能力特点，根据预先设计的人员录用标准进行挑选，选择出最合适人员的过程。

在招聘过程中，录用决策经常出现图 5-1 所示的四种情况：正确接受，错误接受，正确拒绝，错误拒绝。对企业而言，错误接受和错误拒绝都会给企业带来损失，而正确接受和正确拒绝才能给企业带来收益[①]。

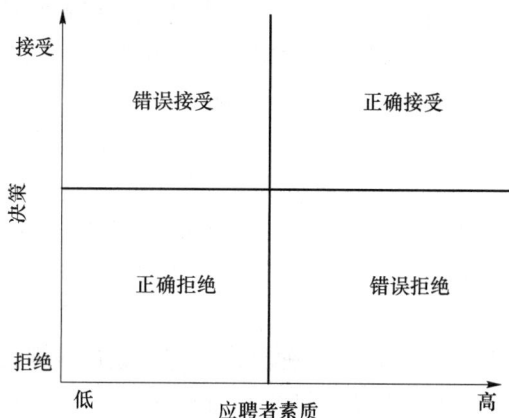

图 5-1 录用决策示意图

5.3.2 录用决策的要素

招聘的黄金法则是"最合适的就是最好的，而最好的并不一定是最合适的"。这个黄金法则直接关系到录用决策的质量，在录用决策过程中需要包含五个要素。

1. 准确可靠的信息

这里的信息包括应聘者的全部原始信息和全部招聘过程中的真实信息。

（1）应聘者的年龄、性别、毕业学校、专业、学习成绩。

（2）应聘者的工作经历、原工作岗位的业绩、背景资料的收集，工作经历中领导和群众的评价、信誉度、美誉度等。

（3）应聘过程中的各种测试成绩和评语，包括笔试、情景模拟、心理测验、人机对话测试、面试成绩和面试评语等，所有这些信息都必须是准确、可靠、真实的。

2. 正确的资料分析方法

（1）注意对应聘者能力的分析。

应聘者提供的信息和资料可能相当复杂，在这些资料当中，企业应注意对应聘者能力的

---

① 徐世勇，陈伟娜. 人力资源的招聘与甄选 [M]. 北京：北京交通大学出版社，2008：71.

分析，包括沟通能力、应变能力、组织能力、协调能力等。

（2）注意对应聘者职业道德和个人品质的分析。

在市场竞争日益激烈的今天，有能力而缺少职业操守的人将会对企业带来非常严重的负面影响。因此，企业在做出录用决策时，要注意应聘者在以往工作过程中所表现出的职业道德和品格。

（3）注意对应聘者特长和潜力的分析。

企业应对具备某些特长或潜力的应聘者给予特别的关注。因为显著的个人特长和潜力标志着应聘者个人未来可能达到的高度，也标志着应聘者未来的行为可能对企业产生的重大贡献。

（4）注意对应聘者个人社会资源的分析。

个人的社会资源是家庭、朋友、老师和个人长期积累起来的良好社会关系、资信度和社会基础，这些社会资源对某些特殊的企业来说无疑是一笔财富，因此企业在分析录用与否时应加以重视。

（5）注意对应聘者面试中的现场表现。

面试是一个人综合能力和综合素质的体现，面试中的现场表现，包括应聘者的语音表达能力和形体表达能力、控制自身情绪的能力、分析问题的能力和判断能力等，还包括素质、风度、礼貌、教养和心理的健康。

3. 科学的招聘程序

虽然每个企业在进行招聘时，会根据自己企业的规模、效益、文化、价值观等多种因素在招聘程序上有所差别，但必须遵循招聘程序的科学性。

4. 高素质的面试考官

面试考官的公正、公平是招聘工作必备的第一要素，但同时面试考官的能力和素质也至关重要。在面试过程中，应充分利用面试考官的知识、智慧、经验、信息、判断力和分析力，以便做出正确的录用决策。面试考官的素质越高，招聘录用的成功率就越高。

5. 能力与岗位的匹配度

应聘者能力与岗位的匹配度是招聘中一个十分重要的要素，如果把一个人放在一个不适合他的岗位，将会给企业造成巨大的损失。

5.3.3　录用决策的程序

在招聘过程中，员工筛选的目的是有效地对应聘者做出判断，正确地做出接受或拒绝应聘者的决定。为了保证对应聘者评价过程的完整性，通常包括以下几个步骤。

1. 总结应聘者的有关信息

评价小组或专家委员对应聘者的兴趣在于每位应聘者"现在能做什么""愿意做什么""将来可能做什么""志向是什么"等方面的信息。根据企业发展和职位需要，评价专家最终应把注意力集中在"能做"与"愿做"两个方面。"能做"的因素可以从测试得分和经核实的信息中获得；对于"愿做"因素的判断则较为困难，可以从应聘者在面试中的回答和申请表的相关信息中推测得到。

2. 分析录用决策的影响因素

根据能级对应原理，不同的权级职位应该配置不同能级的人员，因此相应的录用决策也会出现差异。例如，对高级管理人员的决策方法就不同于一般的文职人员和技术人员。在做出录用决策时，一般要考虑以下几个因素。

① 是以应聘者自身最高潜能发挥为主，还是根据组织的现有需要？

② 企业现有的薪酬水平与应聘者的要求是否存在差距？

③ 是以应聘者目前对工作的匹配度为准，还是更看重其发展潜力？

④ 超过合格标准的应聘者是否在考虑范围之内？

3. 选择录用决策的方法

（1）诊断法。

诊断法主要根据决策者对某项工作及任职资格的理解，在分析应聘者所有资料的基础上，凭主观印象做出录用决策。每个评价者可能会对同一应聘者做出不同的评价，从而也会做出不同的决策。诊断法操作较为简单，成本较低，得到企业广泛地应用。但是，由于诊断法的主观性强，评价者的素质和经验在科学合理的判断中起着重要的作用。

（2）统计法。

统计法比诊断法所做出的决策更具客观性，这种方法首先要区分评价指标的重要性，为每个评价指标赋予权重，然后根据评分的结果，用统计法进行加权运算，分数高者即获得录用。使用统计法选择应聘者时，可以采用三种不同的模式：①补偿模式。某些指标的高分可以替代另一些指标的低分，即使用并联指标。②多切点模式。要求应聘者达到所有指标的最低分数。③跨栏模式。采用串联指标，只有在每次测试中获得通过，方可进入下个阶段的挑选和评判。这种评价方法，对指标体系设计的要求较高。

4. 做出最终录用决策

让最有潜力的应聘者与用人部门主管进行诊断性面谈，最后由用人主管（或专家小组）做出决定，并反馈给人力资源管理部门，由人力资源管理部门通知应聘者有关的录用决定，办理各种录用手续。

5.3.4 员工入职程序

当一名应聘候选人经过层层选拔被录用后，在正式进入该单位工作前，还要经过以下入职程序。

① 人力资源经理与录用员工签订"聘用意向书"，双方签字后生效，人力资源部保存原件，录用员工留存复印件。

② 录用人员前往原单位处开具离职证明，并加盖原单位的公章或人事章。

③ 体检合格。录用员工前往指定医院进行身体检查，并将体检结果交到人力资源部，以确保身体条件符合所从事工作的要求。

④ 录用人员到人力资源部领取"入职介绍信"，前往人才交流中心开具档案转移的商调函，并回到原存档单位将人事档案转移到公司指定的档案管理机构。有的公司有自己的档案管理部门，有的公司的人事档案委托专业机构来进行，无论采取哪种形式，新员工的人事档案都应该转入公司统一的档案管理机构。

⑤ 人力资源部门把将要正式入职的员工信息录入员工信息管理系统，与新员工预先约定时间到公司正式入职。

本章小结

筛选与录用也称人员甄选，是指通过运用一定的工具和手段，从某一职位的所有候选人中挑选最合适人选的活动，区分他们的个性特点与知识技能水平、预测他们的未来工作绩效，从而最终挑选出企业所需要的、恰当的职位空缺填补者。

筛选录用系统应当有一定的标准，即程序应该标准化，应该以有效的顺序排列，应提供明确的决策点，应提供确定应聘者是否胜任的信息，应防止了解应聘者背景情况时出现的意外重复，应突出应聘者背景情况中重要的方面等。

一般来说，筛选与录用要遵循六个步骤，即首先评价应聘者的工作申请表和简历，其次进行选拔测试和面试，接下来审核应聘者材料的真实性，再接着就要进行体检，应聘者被录用后还要经过一个试用期的考察，最后才能做出正式录用的决策。

基本概念

评价中心　无领导小组讨论　公文处理　面试　结构化面试　诊断法　统计法

复习思考题

1. 人员筛选的基本原则是什么？
2. 什么是测验的信度和效度？
3. 简历筛选应包括哪些内容？
4. 心理测验应该怎样进行？
5. 智力测验、能力性向测验、成就测验、个性测验各有什么作用？
6. 面试前应该做哪些准备？面试时可以用到哪些技巧？
7. 请你设计一份招聘市场营销部经理的情境模拟试卷提纲。

第 6 章

员工培训与开发

教学目标

通过学习本章内容，了解员工培训与开发的含义、意义与特点、内容与形式；熟悉员工培训的系统模式；掌握员工的培训方法；了解员工职业开发的意义、内容、特点、方式。

教学要求

主要内容	知识要点	重点、难点
员工培训与开发概述	(1) 员工培训与开发的含义 (2) 员工培训的意义 (3) 员工培训的意义 (4) 员工培训的内容 (5) 员工培训的组织形式	员工培训的内容与形式
员工培训系统模式	(1) 培训准备阶段 (2) 培训实施阶段 (3) 培训评价阶段 (4) 培训反馈阶段	(1) 培训实施阶段 (2) 培训评价阶段
员工的培训方法	(1) 演示法 (2) 专家传授法 (3) 团体建设法	(1) 演示法 (2) 专家传授法 (3) 团体建设法

6.1　员工培训与开发概述

6.1.1　员工培训与开发的含义

培训（training）与开发（development）这两个术语虽然有时可以交替使用，但实际上两者是有差异的。员工培训是指企业有计划地实施有助于提升员工学习与工作相关能力的活动。这些能力包括知识、技能和对工作绩效起关键作用的行为。而员工开发则是指为员工未来发展而开展的正规教育、在职实践、人际互动及个性和能力的测评等活动。开发活动以未来为导向，要求员工学习与当前从事的工作不直接相关的内容。

随着员工培训的战略地位日益凸显，员工培训与开发的界限已日益模糊。现在，两者都注重员工与企业当前和未来发展的需要，而且员工、经营者都必须接受培训与开发。员工培训与开发的比较见表 6 – 1。

表 6 – 1　员工培训与开发的比较

比较因素	传统观点		现代观点	
	培　训	开　发	培　训	开　发
侧重点	当　前	未来	当前与未来	当前与未来
工作经验运用	低	高	高	高
目标	当前工作	未来变化	当前工作与未来变化	当前工作与未来变化
参与	强制性	自愿	自　愿	自　愿

据专家预测，未来的员工要胜任工作应具备综合运用知识的能力。这要求员工必须学会分享知识，创造性地运用知识来改造产品或向顾客提供服务，并能更好地理解服务或产品开发系统。在企业中营造鼓励持续学习的工作环境，构建学习型组织，使企业的员工总是不断地学习新的东西，并直接运用到产品或服务质量的改善方面。在学习型组织中，培训被看作是所设计的智力资本构建系统的一部分。

6.1.2　员工培训的意义

企业在面临全球化、高质量、高效率的工作系统挑战中，员工培训显得更为重要。员工培训使员工的知识、技能与态度明显提高与改善，由此提高企业效益，获得竞争优势。

（1）提高员工的职业能力。

员工培训的直接目的就是提高员工的职业发展能力，使其更好地胜任现在的日常工作及未来的工作。在能力培训方面，传统的培训一般将重点放在提高员工基本技能与高级技能两个层次上，但是未来的工作需要员工具备更广博的知识，因此，未来的员工培训必须使员工学会知识共享，提高其创造性地运用知识来调整产品或服务的能力。同时，员工培训使员工的工作能力得到提高，为其取得好的工作绩效创造了可能，也为员工提供了更多职位晋升和获得较高收入的机会。

（2）有利于企业获得竞争优势。

面对激烈的国际竞争，一方面，培训工作可以为企业培育更多进军世界市场的人才，满足企业进行跨国经营的战略需要；另一方面，员工培训可以不断培训与开发高素质的人才，增强企业研究开发新产品的能力，最终获得竞争优势。在以知识资源和信息资源为重要依托的新时代，智力资本已成为企业获取生产力、竞争力和经济成就的关键因素。企业的竞争不再依靠自然资源、廉价的劳动力、精良的机器和雄厚的财力，而主要依靠知识密集型的人力资本。员工培训是创造智力资本的重要途径。

（3）有利于改善企业的工作质量。

企业的工作质量包括生产过程质量、产品质量与客户服务质量等。员工培训可以提高并增强员工的素质和职业能力，这将直接提高和改善企业的工作质量。培训能改进员工的工作表现，降低成本；增加员工的安全操作知识；提高员工的劳动技能水平；增强员工的岗位意识，增加员工的责任感，规范生产安全规程；增强安全管理意识，提高管理者的管理水平。因此，企业应加强对员工敬业精神、安全意识和知识等方面的培训。

（4）有利于构建高效的工作绩效系统。

当今科学技术的发展引起员工技能和工作角色的变化，企业需要对组织结构进行重新设计（如工作团队的建立）。现在的员工已不再是简单地接受工作任务，提供辅助性工作，而是参与提高产品与服务的团队活动。在团队工作系统中，员工扮演着多种管理性质的工作角色。他们不仅具备运用新技术获得提高客户服务与产品质量的信息、与其他员工共享信息的能力，还具备人际交往和解决问题的能力、集体活动能力、沟通协调能力等。尤其是培训员工学习使用互联网及其他用于交流和收集信息工具的能力，可使企业工作绩效系统高效运转。

（5）满足员工实现自我价值的需要。

在现代企业中，员工的工作目的更重要的是高级需求——自我价值实现。培训不断传输给员工新的知识与技能，使其能适应或能接受具有挑战性的工作与任务，实现自我成长和自我价值，这不仅使员工在物质上得到满足，而且也使员工得到精神上的成就感。

6.1.3　员工培训的特点

员工培训的对象是在职人员，其性质属于继续教育的范畴。它具有以下鲜明的特点。

（1）广泛性，即指员工培训涉及的广度，不仅决策层的管理者需要培训，而且一般员工也需要培训；员工培训的内容涉及企业经营活动或将来需要的知识、技能及其他问题，而且员工培训的方式与方法也具有更大的广泛性。

（2）层次性，即指员工培训涉及的深度，也是培训工作现实性的具体表现。不仅企业战略不同、培训的内容及重点不同，而且不同知识水平和不同需求的员工所承担的工作任务不同，知识和技能需求也各异。

（3）协调性，即指员工培训是一个系统工程。它要求各项培训环节、培训项目应互相协调，使培训工作运转正常。首先要从企业经营战略出发，确定培训模式、培训内容、培训对象；其次应适时地根据企业发展的规模、速度和方向，合理确定受训者的总量与结构；最后还要准确地根据员工的培训人数，合理地设计培训方案、培训时间、培训地点等。

（4）实用性，即指员工培训投资应产生一定的回报。员工培训应发挥其功能，即培训成果能够转移或转化成生产力，并能迅速促进企业竞争优势的发挥与保持。首先，企业应设计好的培训项目，使员工所掌握的技术、技能，更新的知识结构能适应新的工作。其次，应让受训者获得实践机会，为受训者提供或使其主动抓住机会来应用培训中所学的知识、技能和行为方式。最后，应为培训成果转化创造有利的工作环境，构建学习型组织。

（5）长期性和速成性，即指随着科学技术的日益发展，人们必须不断接受新的知识，不断学习，任何企业对其员工的培训都将是长期而持久的。员工学习的主要目的是为企业工作，所以，培训一般针对性较强，周期短，具有速成性。

（6）实践性，即指培训应根据员工的生理、心理及一定工作经验等特点，在教学方法上应注重的实践教学方法。应针对工作实际多采用启发式、讨论式、研究式及案例式的教学，使员工培训具有效果。

6.1.4 员工培训的内容

员工培训的内容必须与企业的战略目标、员工的职位特点相适应，同时应当考虑适应内外部经营环境的变化。一般来说，任何培训都是为了使员工在知识、技能和态度三方面取得进步。

（1）知识的学习。

知识的学习是员工培训的主要方面，包括事实知识与程序知识学习。员工应通过培训掌握完成本职工作所需要的基本知识；企业应根据经营发展战略要求和技术变化的预测，以及将来对人力资源的数量、质量、结构的要求与需要，有计划、有组织地培训员工，使员工了解企业的发展战略、经营方针、经营状况、规章制度、文化基础、市场及竞争等。依据培训对象的不同，知识内容还应结合岗位目标来选择，如对管理人员要培训计划、组织、领导和控制等管理知识，还要培训他们掌握心理学、激励理论等有关知识，以及经营环境如社会、政治、文化、伦理等方面的知识。

（2）技能的提高。

知识的运用要求员工必须具备一定技能。培训应包括对不同层次的员工进行的岗位所需的技术性能力培训，即认知能力与阅读能力的培训。认知能力包括语言理解能力、定量分析能力和推理能力等三方面。有研究表明，员工的认知能力与其作业业绩具有相关性。工作的复杂性越高，认知能力对员工完成工作就越重要。阅读能力不够也会阻碍员工取得良好的工作业绩。随着信息技术的发展，不仅要开发员工的书面文字阅读能力，而且要培养员工的电子阅读能力。此外，企业应注重培养员工的人际交往能力。尤其对于管理者，更应注重其判断与决策能力、改革创新能力、灵活应变能力、人际交往能力等方面的培训。

（3）态度的转变。

态度是影响员工能力与工作绩效的重要因素。员工的态度与其培训效果及工作表现是直接相关的。管理者对员工态度转变的重视会增加培训成功的可能性。受训者的工作态度怎样？如何形成？怎样受影响？是非常复杂的理论问题，同时又涉及实践技巧。通过培训可以改变员工的工作态度，但这并不是绝对的，关键要看管理者工作本身。管理者要在员工中树立并保持积极的态度，同时应善于利用员工良好的态度使其达到工作要求。管理者应根据不同员工的特点找到适合每个人的最有效的影响与控制方式，规范员工的行为，促进员工态度的转变。

6.1.5 员工培训的组织形式

为适应不同的培训目的、不同的培训内容、不同的受训者等，员工培训的组织形式也是多种多样的。

（1）从培训职能部门的组建看，员工培训包括学院模式、客户模式、矩阵模式、企业办学模式和虚拟培训组织模式。

① 学院模式，即企业组建培训部门，由主管人会同一组对特定的课题或特定的技术领域具有专业知识的专家共同领导。专家负责开发、管理和修改培训项目。

② 客户模式，即企业组建培训部门并负责满足企业内某个职能部门的培训需求，使培训项目与经营部门的特定需要一致，而不是与培训者的专业技能相一致。但培训者必须了解经营需要，并不断更新培训课程和内容以适应这种需求。

③ 矩阵模式，即企业组建培训部门，培训者既要向部门经理又要向特定职能部门的经理汇报工作的模式。培训者具有培训专家和职能专家两个方面的职责。它有助于将培训与经营需求联系起来，培训者可以通过某一特定的经营职能使受训者获得专门的知识。

④ 企业办学模式，利用企业办学组建职能部门趋向于提供范围更广的培训项目与课程。该模式的客户群不仅包括员工和经理，还包括公司外部的相关利益者。企业一些重要的文化和价值观将在企业办学模式的培训课程中得到重视，它保证企业某部门内部开展的有价值的培训活动能在整个企业进行传播。企业办学模式的运作遵循三个原则：第一，员工对学习负主要责任；第二，员工在工作中进行最有效的学习，而不是在课堂上；第三，经理与员工的关系对将培训成果转换成工作绩效起着重要的作用。

⑤ 虚拟培训组织模式，它与传统培训部门的最大区别体现在结构上。传统的培训组织趋向于由固定的从事某一特定职能如指导设计的培训者和管理者来运营，而虚拟培训组织模式中培训者的数量则根据对产品和服务的需求不同而变化。培训者不仅要具有专业能力而且能够作为内部咨询专家提供更完善的服务。

总之，不论企业规模大小，按虚拟培训组织、企业办学模式来组建培训职能部门已经呈现出较快的上升趋势。

（2）从培训对象看，员工培训包括管理人员培训、专业技术人员培训、基层员工培训及新员工培训。

① 管理人员培训主要是让管理人员掌握必要的管理技能、新的管理知识与理论、先进的管理方法。

② 专业技术人员培训主要是让专业技术人员提高专业领域的能力，旨在提高其新产品研制能力，同时培训财务、营销、时间管理、信息管理、沟通技巧、团队建设、人际能力、指导员工、外语等方面的知识与能力。

③ 基层员工培训主要是提高基层员工的操作技能，培训针对的是不同岗位所要求的知识与技能。

④ 新员工培训的目的是为新进入企业的员工指引方向，使之对新的工作环境、工作条件、工作关系、工作职责、工作内容、规章制度、组织期望等有所了解，以便能够尽快且顺利地投身到工作当中。

（3）从培训时间看，员工培训包括全脱产培训、半脱产培训与业余培训。

① 全脱产培训是指受训者在一段时期内完全脱离工作岗位，接受专门培训后，再继续工作的培训形式。

② 半脱产培训是指受训者每天或每周抽出一部分时间参加学习的培训形式。

③ 业余培训是指受训者完全利用个人业余时间参加培训，不影响正常生产或工作的培训形式。

6.2　员工培训系统模式

有效的员工培训系统是员工培训的重要保障。精心设计员工培训系统是非常重要的。员工的培训系统包括培训需求的确定、培训目标的设置、培训方法的判订、培训的实施、培训成果的转化及培训评价和反馈等几个环节（如图 6-1 所示）。企业应如何构建并实施员工培训系统呢？下面详细介绍。

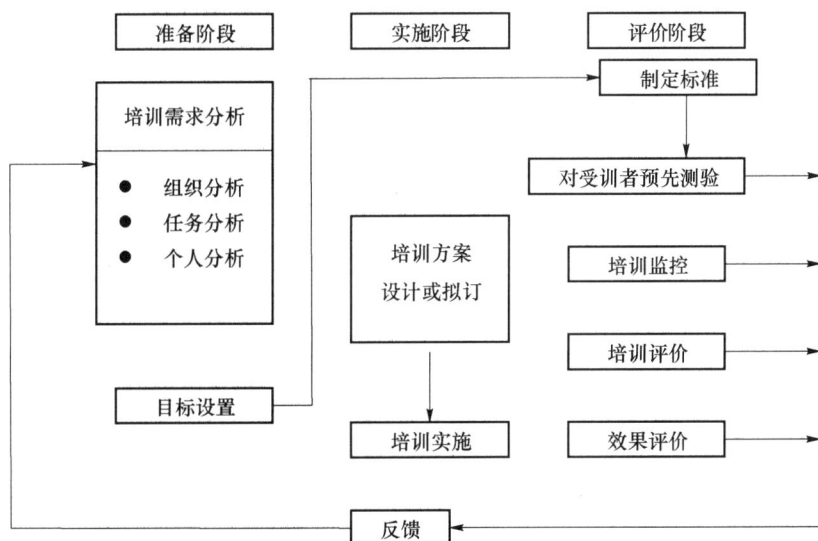

图 6-1　员工培训系统模型

6.2.1　培训准备阶段

在员工培训的准备阶段，必须做好两方面的工作：一是培训需求分析；二是培训目标确定。

1. 培训需求分析

培训需求分析是确定是否需要培训的一个过程，包括组织分析、任务分析与人员分析三项内容。培训需求分析过程如图 6-2 所示。

培训需求原因　　　　　　　　培训需求分析　　　　　　　　培训需求内容

培训需求原因	培训需求分析	培训需求内容
(1) 法规、制度 (2) 基本技能欠缺 (3) 工作业绩差 (4) 新技术的应用 (5) 客户要求 (6) 新产品 (7) 高绩效标准 (8) 新的工作	组织分析 任务分析 人员分析	(1) 培训对象 (2) 培训内容 (3) 培训类型 (4) 培训次数 (5) 购买或自行开发培训项目决策 (6) 借助培训还是选择其他方式

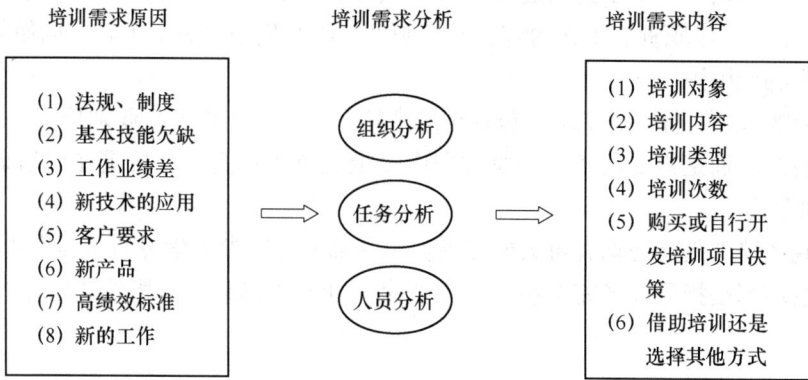

图 6-2　培训需求分析过程

1) 组织分析

组织分析是要在企业的经营战略下决定相应的培训内容，并为其提供可利用的资源和管理及对培训活动的支持等。

（1）从战略发展的高度预测企业未来在技术、销售市场及组织结构上可能发生的变化，对人力资源的数量和质量的需求状况进行分析，确定适应企业发展需要的员工能力。表 6-2 反映了不同经营战略与员工培训的关系。

表 6-2　不同经营战略与员工培训的关系

经营战略	管理重点	实现途径	关键工作	培训内容
集中战略	(1) 提高市场份额 (2) 减少运营成本 (3) 开拓市场并维持市场定位	(1) 提高产品质量 (2) 提高生产率或革新技术流程 (3) 按需要制造产品或提供服务	(1) 技术交流 (2) 现有劳动力开发	(1) 团队建设 (2) 交叉培训 (3) 特殊培训项目 (4) 人际交往能力培训 (5) 在职培训
内部成长战略	(1) 市场开发 (2) 产品开发 (3) 革新 (4) 合资	(1) 销售现有产品 (2) 增加分销渠道 (3) 拓展全球市场 (4) 调整现有产品 (5) 创造新的或不同的产品 (6) 通过合伙发展壮大	(1) 创造新的工作任务 (2) 革新	(1) 支持或促进产品价值高质量的沟通 (2) 文化培训 (3) 培养创造性思维综合分析能力 (4) 工作中的技术能力 (5) 对管理者进行反馈与沟通方面的培训 (6) 冲突调和技巧培训

续表

经营战略	管理重点	实现途径	关键工作	培训内容
外部成长战略	（1）横向联合 （2）纵向联合 （3）发展组合	（1）兼并处于产品市场链上相同经营阶段的企业 （2）企业经营提供或购买产品业务 （3）兼并与兼并者处于不同领域的企业	（1）整合富余人员 （2）重组	（1）判断被兼并企业员工的能力 （2）联合培训系统 （3）合并公司的方法和程序 （4）团队建设
紧缩投资战略	（1）节约开支 （2）转产 （3）剥离 （4）债务清算	（1）降低成本 （2）减少资产 （3）创造利润 （4）重新制定目标 （5）卖掉全部资产	效率	（1）革新、目标设置、时间管理、压力管理、交叉培训 （2）领导技能培训 （3）人际沟通培训 （4）向外配置的辅助培训 （5）寻找工作技能的培训

（2）分析管理者和员工对培训活动的支持态度。大量研究表明员工与管理者对培训活动持有的态度是非常重要的。培训成功的关键因素在于，受训者的上级、同事对其受训活动要持有积极态度并同意向受训者提供关于任何将培训所学到的知识运用于工作实践中去的信息；受训者将培训所学到的知识运用于实际工作之中的概率较高等。如果受训者的上级、同事对其受训活动不支持，那么培训成果转化为工作业绩的可能性就不大。

（3）对企业的培训费用、培训时间及培训相关的专业知识等培训资源的分析。企业可在现有人员技能水平和预算基础上，利用内部咨询人员对相关员工进行培训。如果企业缺乏必要的培训时间和专业能力，也可以从咨询公司购买培训服务。目前已有越来越多的企业通过招标的形式来确定为本企业提供培训服务的供应商或咨询公司。

2）任务分析

任务分析包括任务确定及对需要在培训中加以强调的知识、技能和行为进行的分析。任务分析用以帮助员工准确、按时地完成任务。任务分析的结果是有关工作活动的详细描述，包括员工执行任务和完成任务所需的知识、技术和能力的描述。任务分析并不等同于工作分析，任务分析主要研究怎样具体完成各自所承担的职责和任务，即研究人员的工作行为与期望的行为标准，找出其中的差距，从而确定其需要接受的培训。

3）人员分析

人员分析可帮助培训者确定谁需要培训，即通过分析员工目前绩效水平与预期绩效水平来判断是否有进行培训的必要。对影响员工绩效水平与学习动机因素的分析包括以下几个方面。

（1）分析个体特征，即分析员工是否具有完成工作所应具备的知识、技术、能力和态度。

（2）分析员工的工作输入，即分析员工是否得到必要的指导，如应该干些什么，怎样干和什么时候干等。如果员工具有工作必备的知识、能力、态度和行为方式，但缺少必要的指导，其绩效水平也不会高。

（3）分析员工的工作输出，即分析员工是否了解工作的目标。有时员工不能达到标准要求的业绩表现，其中一个重要的原因是员工不知道他们应该达到什么样的绩效水平。

（4）分析员工的工作结果，即分析员工对绩效奖励所持有的评价。如果员工不知道工作业绩高会得到哪些奖励或员工认为所得到的奖励不具有激励作用的话，那么他们就不愿执行绩效标准，而且团队行为也不会鼓励员工执行绩效标准。

（5）分析员工的工作反馈，即分析员工是否能得到执行工作中的有关信息。如果员工在工作中没有人定期向其反馈工作表现，或者员工知道怎样做，但不知道自己做得怎样，其绩效水平也会受到影响。

2. 培训目标确定

确定培训目标是员工培训必不可少的环节，这样员工的学习才会更加有效。培训目标是指培训活动的目的和预期成果。培训目标可以针对每一个培训阶段的特点来设定，也可以面向整个培训计划来设定。培训是建立在培训需求分析的基础上的。

确定培训目标的作用表现为：在满足受训者需要的同时，也能充分考虑管理者、企业各方面的需要；帮助受训者理解其为什么需要培训；协调培训目标与企业目标的一致性，使培训目标服从企业目标；使对培训结果的评价有统一标准；有助于明确培训成果的类型；能够指导培训政策及其实施过程；为培训的组织者确立必须完成的任务。

培训目标一般包括三方面的内容：一是说明员工应该做什么；二是阐明可被接受的绩效水平；三是受训者完成指定学习成果的条件。确定培训目标应把握以下原则：一是使每项任务均有一项工作表现目标，让受训者了解受训后所达到的要求，具有可操作性；二是目标应针对具体的工作任务，要明确；三是目标应符合企业的发展目标。

6.2.2　培训实施阶段

在培训的实施阶段，企业要完成两项工作，即设计培训方案和实施培训项目。从培训工作的系统来看，培训能否取得成功与培训方案设计的质量有很大关系。

1. 设计培训方案

培训方案的设计是培训目标的具体操作化，即告诉人们应该做什么、如何做才能完成培训任务，达到培训目的。它主要包括以下内容：选择适当的培训项目；确定培训的对象；确定培训项目的主要负责人，包括企业负责人和具体培训项目的负责人；选择适当的培训方式与方法；选择适当的培训场地；根据既定目标，具体确定培训的形式、学制、课程设置方案、课程大纲、教科书与参考教材、培训教师、教学方法、考核方法、辅助器材设施等。

设计培训方案必须兼顾企业的具体情况，如行业类型、企业规模、客户要求、技术发展水平与趋势、员工现有水平、政策法规、企业宗旨等，其中最为关键的因素是企业领导者的管理价值观和对培训重要性的认识。

2. 实施培训项目

培训项目的实施是员工培训系统的关键环节。在实施员工培训时，培训者要完成许多具体的工作任务。要保证培训的效果与质量，必须把握以下几个方面。

（1）选择和准备培训场地。

选择适宜的培训场地是确保培训成功的关键。首先，培训场地应具备交通便利、舒适、安静、独立而不受干扰，为受训者提供足够的自由活动空间等特点。其次，培训场地的布置应注意一些细节问题，为培训实施创造良好的硬件环境。最后，注意座位的安排，即应根据学员之间及培训教师与学员之间的预期交流的特点来布置座位。

（2）课程描述。

课程描述是指有关培训项目的总体信息，包括培训课程名称、目标学员、课程目标、培训场地、培训时间、培训方法、预先准备的培训设备、培训教师名单及培训教材等，这些信息都可以从培训需求分析中得到。

（3）课程计划。

详细的课程计划非常重要，包括培训期间的各种活动及其先后次序和管理环节。它有助于保持培训活动的连贯性，并确保培训教师和受训者了解课程和项目目标。课程计划一般包括课程名称、学习目的、报告的专题、目标听众、培训时间、培训教师的活动、学员活动和其他必要的活动。

（4）选择培训教师。

员工培训的成功与否与培训教师有着很大的关系。特别是当今社会的员工培训，培训教师已不仅仅是传授知识、态度和技能，而且还要帮助受训者进行职业探索。企业应选择那些有教学愿望、表达能力强、有广博的理论知识、丰富的实践经验、扎实的培训技能、热情且受人尊敬的人员作为培训教师。

（5）选择培训教材。

培训教材一般由培训教师确定。培训教材的类型包括公开出版、企业内部编写、培训公司编写及教师自编四种。培训教材应该是对教学内容的概括与总结，包括教学目标、练习、图表、数据及参考书等。

（6）确定培训时间。

进行员工培训应确定合适的培训时间，如何时开始、何时结束、每个培训的周期、进度等。

6.2.3　培训评价阶段

培训评价是员工培训系统中的重要环节。一般包括五个方面的工作，即确定评价标准、设计评价方案、确定评价内容和过程、控制培训进程、评价培训效果。

1. 确定评价标准

为评价培训项目，必须明确根据什么标准来判断项目是否有效，即确定评价标准。只有培训的结果确定后才能确定培训的评价标准。

（1）培训结果的确定。

① 认知结果。它可用来判断受训者对培训中强调的原则、事实、技术、程序等的熟悉程度，也是衡量受训者从培训中掌握了哪些知识的指标。通常可采用书面测验的方法来评价。

② 技能结果。它是用来评价受训者的技术及行为的一种指标。技能结果包括技能的获得或学习和技能的在职应用（技能转化）两方面，两者都可以通过观察来评价。

③ 情感结果。它包括受训者的态度和动机两方面的内容，强调的是受训者对培训项目的反应。对反应性结果的评价可通过受训者填写问卷获得，这种信息对于确定哪些因素有利于学习，哪些因素阻碍学习是很有用的。

④ 效果性结果。它用来判断培训项目给企业所带来的回报，效果性结果主要表现在企业成本节约、产量增加及产品或顾客服务质量的改善等方面。

⑤ 投资净收益。它是对培训项目所产生的货币收益与培训成本所进行的比较，反映了企业从培训中所获得的价值。

（2）评价标准的确定。

评价标准通常由评价内容与具体评价指标构成。制定评价标准的具体步骤分为：一是对评价目标进行分解；二是拟订具体评价标准；三是组织有关人员讨论、审议，征求意见，加以确定；四是试行与修订。在确定评价标准时必须把握一定的原则，即评价标准的各部分应构成一个完整的整体；各评价标准之间要相互衔接、协调；各评价标准之间应有一定的统一性与关联性。

2. 设计评价方案

企业可以采用不同的评价方案来对培训项目进行评价。

（1）小组培训前和培训后的比较。

这种方案是将一组受训者与非受训者进行比较。对培训结果的信息要在培训之前和之后有针对性地进行收集。如果受训小组的绩效改进大于对比小组，则说明培训有效。

（2）参训者的预先测验。

它是让受训者在接受培训之前先进行一次相关的测试，即实验性测试。一方面可以使受训者在接受培训之前能够更好地了解培训的侧重点，另一方面也可以对培训效果进行评价。

（3）培训后测试。

它只需要收集有关培训结果的信息。如果在评价设计中可以找到对比小组，则操作将更加方便。

（4）时间序列分析。

时间序列分析即利用时间序列方法收集培训前、后的信息，以此来判断培训的结果。它经常被用于评价那些会随着时间推移发生变化的可观察的结果（如事故率、生产率及缺勤率等）。

3. 确定评价内容和过程

进行培训评价时应对培训目标、方案设计、场地设施、教材选择、教学的管理及培训者的整体素质等各个方面进行评价。因此，评价内容包括评价培训者、评价受训者、评价培训项目本身等三方面。评价的过程一般包括：首先是收集数据，如进行培训前和培训后的测试、问卷调查、访谈、观察、了解受训者观念或态度的转变等；其次是分析数据，即对收集的数据进行科学的处理、比较和分析、解释数据并得出结论；最后是把结论与培训目标加以比较，提出改进意见。

4. 控制培训进程

培训控制贯穿于整个培训实施过程之中，即根据培训的目标、员工的特点等调整培训系统中的培训方法及培训进程。它要求培训者具有较强的观察力，并经常与培训教师、受训者进行沟通，以便及时掌握培训过程中所发生的意外情况。

5. 评价培训效果

评价培训效果主要是对培训效果转移的评价，是指对员工接受培训后在工作实践中的具体运用或工作情况的评价。对培训效果的评价要考虑评价的时效性。有些培训的效果是即时性的，如对操作人员进行一种新设备操作技能的培训，其培训效果在培训中或在培训结束后就会表现出来，则即时性评价能说明培训的效果；而有些培训的效果要经过一段时间才能表现出来，如对管理人员进行的综合管理能力的培训，在这种情况下，对受训者长期的或跟踪性的评价则是必需的。

6.2.4　培训反馈阶段

培训的反馈阶段是员工培训系统中的最后环节。通过对培训效果的具体测定与量化，可以了解员工培训所产生的收益，把握企业的投资回报率，也可以对企业的培训决策及培训工作的改善提供依据，更好地进行员工培训与开发。

1. 培训效果测定

关于培训效果的测定问题，有不少学者对其进行了研究。美国著名学者柯克帕特里克教授提出的四层次框架体系就是其中一种较被认可的研究方法（见表 6 - 3）。该体系认为培训效果测定可分为四个层次，分别对应四种标准。

第一层次测评标准是反应，即测定受训者对培训项目的反应。如果受训者对所学内容不感兴趣就不会认真学习，培训效果也不会好。

第二层次测评标准是学习，即测定受训者对所学内容的掌握程度。

第三层次测评标准是行为，即测定受训者参训后在与工作相关的行为上发生的变化。如果受训者把学到的知识运用于工作中，提出更多的合理化建议，改进了工作方法，工作效率明显提高，就说明培训是有效的。

第四层次测评标准是结果，即有多少与成本有关的行为后果，通过评价企业业绩提高程度，评测培训的影响力。

表 6 - 3　柯克帕特里克的四层次评价标准框架

层次	标准	重点
1	反应	受训者满意程度
2	学习	知识、技能、态度、行为方式方面的收获
3	行为	工作中行为的改进
4	结果	受训者获得的经营业绩

2. 培训效果测评方法

将培训效果测评量化是十分复杂的，成本 - 收益分析法是一种重要的量化手段，即通过财务会计方法决定培训项目的经济收益的过程。要确定培训的经济收益就是要确定培训的成本和收益。

（1）确定培训成本。

培训成本包括直接成本与间接成本。一种确定培训成本的方法是根据企业员工培训系统模型，对培训的不同阶段（培训项目设计、实施、需求分析、开发和评价）所需的设备、设施、人员和材料的成本进行确定。这种方法有助于比较不同培训项目成本的总体差异，还可以将培训不同阶段所发生的成本用于项目间的比较。另外还可用会计方法计算培训成本。一般来说，培训成本包括以下费用（见表6-4）。

表6-4　员工培训成本构成表

项目	内容
直接成本	
薪金和福利	受训者、培训者、顾问、培训方案设计者的工资、奖金、福利等
材料费	向教师与学员提供的原材料费用及其他培训用品
设备和硬件费	培训过程中使用教室、设备和硬件的租赁费或购置费
差旅费	教师与学员及培训部门管理人员的交通、住宿费及其他差旅费
外聘教师费	从企业外部聘请教师所支付的授课费、差旅费与住宿费
项目开发或购买	员工培训项目的开发成本或购买的员工培训项目
间接成本	
设施费	一般性的办公用品、办公设施、设备及相关费用
薪资	培训部门管理人员与工作人员的薪资及支持性管理人员和一般人员薪资
培训部门管理费	培训部门组织实施培训计划所发生的费用
间接费	学员参加培训而损失的生产费（或当受训者接受培训时代替其工作的临时工成本）
其他费	无法计入培训项目的差旅费及其他费用

（2）确定培训收益。

有许多方法可以确定培训收益。一是运用技术、研究及实践与特定培训计划有关的方式。二是在公司大规模投入资源前，通过实验性培训评价一部分受训者所获得的收益，还可以通过对成功的工作者观察，确定其与不成功工作者绩效的差别。

成本-收益分析还有其他的方法，如效用分析法，即根据受训者与未受培训者之间的工作绩效差异、受训者人数、培训项目对绩效影响的时间段，以及未受培训者工作绩效的变化来确定培训的价值，这种方法需利用培训前测与后测方案。还有一种方法是经济分析，即基于培训为企业或政府带来经济效益而进行的评价。它主要通过计算直接和间接成本、政府对培训的奖励津贴、培训后受训者工资的提高、税率和折扣率进行评价。

6.3　员工的培训方法

要使员工培训更有效，适当的培训方法是必要的。培训方法大致可分为三类：演示法、专家传授法和团队建设法。下面介绍各种培训方法及其优缺点和适应范围，为培训者提供设计和选择培训方法的建议。

6.3.1　演示法

演示法是指将受训者作为信息的被动接受者的一类培训方法，主要包括传统的讲座法、远程学习及视听教学法。

1. 讲座法

讲座法是指培训者用语言表达其传授给受训者的内容的培训方法。讲座法的形式多种多样，表 6 - 5 描述了不同形式的讲座法。不管何种形式的讲座法，都是一种单向沟通的方式，即从培训者到受训者。尽管交互式录像和计算机辅助讲解系统等新技术不断出现，但讲座法仍是员工培训中最普遍的方法。讲座法的成本最低、最节省时间；有利于系统地讲解和接受知识，易于掌握和控制培训进度；有利于更深入地理解难度大的内容；可同时对许多人进行教育培训。因此，它可作为其他培训方法的辅助手段，如行为模拟与技术培训，用于在培训前向受训者传递有关培训目的、概念模型或关键行为的信息。讲座法的不足在于受训者的参与、反馈与工作实际环境的密切联系，这些会阻碍学习和培训成果的转化，它的内容具有强制性，不易引起受训者的注意，信息的沟通与效果受培训者水平影响大。

表 6 - 5　不同形式的讲座法

讲座的形式	具体采用的方式
标准讲座	培训者讲，受训者听，并吸取知识
团体讲座	两个或两个以上的培训者讲不同的专题或对同一专题的不同看法
客座讲座	客座发言人按事先约定的时间出席并介绍、讲解主要内容
座谈小组	两个或两个以上的发言人进行信息交流并提问
学生发言	各受训者小组在班上轮流发言

2. 远程学习

远程学习通常被一些地域上较为分散的企业用来向员工提供关于新产品、企业战略或程序、技能培训及专家讲座等方面的信息。远程学习包括电话会议、电视会议、电子文件会议，以及利用个人电脑进行培训。培训课程的教材和讲解内容可通过互联网或者一张可读光盘分发给受训者。受训者与培训者可利用电子邮件、电子留言板或电子会议系统进行交互联系。远程学习是参与培训项目的受训者同时进行学习的一种培训方式，为分散在不同地点的员工提供了获得专家培训机会，为企业节省了可观的差旅费用。

3. 视听教学法

视听教学法是利用幻灯片、电影、录像、录音等视听教材进行培训。这种方法可充分利用人体感觉（视觉、听觉、嗅觉等），比单纯讲授给人的印象更深刻。录像是最常用的培训方法之一，被广泛运用在提高员工沟通技能、面谈技能、客户服务技能等方面。但录像很少单独使用，一般结合其他培训方法来使用。

视听教学法的优点表现在以下几个方面。

① 视听教材可反复使用，从而能更好地适应学员的个别差异和不同水平的要求。

② 教材内容与现实情况比较接近，易于使培训者借助感觉去理解，加上生动形象的展示更易引起兴趣。

③ 视听使受训者受到前后连贯一致的指导，使项目内容不会受到培训者兴趣和目标的影响。

④ 将受训者的反应录制下来，能使他们在不需要培训者进行解释的情况下观看自己的现场表现，受训者也无法将业绩表现不佳归咎于外部评价者的偏见。

但是，视听教学法在视听设备和教材的购置方面需要花费较多的费用和时间，且合适的视听教材也不易选择，学员易受视听教材和视听场所的限制。因此，该方法很少单独使用，通常与讲座法结合在一起，向员工展示实际的生活经验和例子。

6.3.2　专家传授法

专家传授法是一种要求受训者积极参与学习的培训方法。这种方法有利于开发受训者的特定技能，理解技能和行为如何能应用于工作当中，可使受训者亲身经历一次工作任务完成的全过程。它包括在职培训、情景模拟、商业游戏、个案研究、角色扮演、行为塑造、交互式视频及互联网培训等。

1. 在职培训

在职培训是指新员工或没有经验的员工通过观察并效仿同事及管理人员执行工作时的行为进行学习。与其他培训方法相比，在职培训在培训材料、培训人员工资或指导上投入的时间或资金相对较少，因此是一种很受欢迎的培训方法。不足之处在于，采取在职培训方法时，不同培训者完成同一项培训任务的过程并不一定相同，而且在传授有用技能的同时也可能传授了不良工作习惯。在职培训的方法多种多样，主要有学徒制与自我指导培训计划。

1）学徒制

学徒制是一种既有在职培训又有课堂培训，且兼顾工作与学习的培训方法。该方法是选择一名有经验的员工作为培训者，对受训者进行关键行为的示范、实践、反馈和强化，以达到培训的目的。这些受训者被称为"学徒"。一些技能行业如管道维修业、电工行业、砖瓦匠业等多采用这种"师带徒"的方法。

学徒制的有效指导原则在于：第一，管理者要确认受训者（学徒）具备对某一操作过程的基本知识；第二，培训者（有经验的员工）让员工演示这一过程的每一步骤，并强调安全事项和关键步骤；第三，资深员工给学徒提供执行这一过程的机会，直至每位员工认为自己已能安全且准确地完成此工作过程。

该方法的主要优点是：受训者（学徒）在学习的同时能获取收入，由于师带徒的培训持续时间长，学徒的工资会随着其技能水平的提高而自动增长；培训结束后，受训者往往被吸纳为全职员工。

其不足之处在于：学徒制培训只对受训者进行某一技艺或工作培训；由于新技术的变化，许多管理者会认为学徒们只接受了范围狭窄的培训而不愿雇用他们；接受学徒制培训的员工也会因只接受某种特定的技能而不能获得新技能，从而难以适应工作环境的变化。学徒制的培训方法在德国、丹麦等国家是教育的重要部分。尤其是在德国，学徒制培训体系为没有接受过高等教育的人提供了学习从事某种职业所需要的知识和技能的机会。

2）自我指导培训计划

自我指导培训计划是指受训者不需要培训者的指导，而是按照自己的进度学习预定的培训内容，即员工自己全权负责的培训方法。培训者不控制或指导学习过程，只负责评价受训者的学习情况及解答其所提出的问题。

有效的自我指导培训计划的制订一般包括以下内容：进行工作分析以确定工作任务；列出与完成工作任务直接相关的学习目标；制订以完成学习目的为核心的详细计划；列出完成学习计划的具体学习内容；制订评价受训者及自我指导学习内容详细计划。

自我指导培训计划只需少量的培训工作人员，减少了与交通、培训教室安排有关的成本，其培训的内容与知识来自专家的知识，培训员工能轮流接触到培训材料与培训内容。该方法使员工能在多个地方接受或进行培训，能让受训者自行制订学习进度，较为灵活地安排培训的时间，鼓励员工积极参与学习，接受有关的学习效果反馈，是一种十分有效的培训方法。

但是，自我指导培训计划也存在不足，即它要求受训者有学习的动力，而且也会导致较高的员工开发成本，同时员工开发时间也比其他的培训方法长。

2. 情景模拟

情景模拟是一种代表现实中真实生活情况的培训方法，受训者的决策结果可反映其在被"模拟"的工作岗位上工作可能会发生的真实情况。该方法常被用来传授生产和加工技能及管理和人际关系技能。

模拟环境必须与实际的工作环境有相同的构成要素。模拟环境可通过模拟器仿真模拟出，模拟器是员工在工作中所使用的实际设备的复制品。运用该方法进行培训的有效性关键在于模拟器对受训者在实际工作中使用设备时遇到的情形的仿真程度，即模拟器应与工作环境的因素相同，其反应也要与设备在受训者给定的条件下的反应完全一致。

情景模拟的优点在于，能成功地使受训者通过模拟器简单练习增强员工的信心，使其能够顺利在自动化生产环境中工作。不足之处在于，模拟器开发很昂贵，而且工作环境信息的变化也需要经常更新，因此，利用情景模拟进行培训的成本较高。

3. 商业游戏

商业游戏是指受训者在一些仿照商业竞争规则的情景下收集信息并将其进行分析、做出决策的培训过程。它主要用于管理技能开发的培训中。参与者在商业游戏中所做的决策类型往往涉及各个方面的管理活动，包括劳工关系（如集体谈判合同的达成）、市场营销（如新产品的定价）、财务预算（如购买新技术所需的资金筹集）等。

商业游戏能够激发参与者的学习动力。通过把从游戏中学到的内容作为备忘录记录下来，其优点是：游戏能够帮助团队成员迅速构建信息框架及培养团队合作精神；游戏采用团队方式，有利于营造有凝聚力的团队。与演示法相比，商业游戏显得更加真实，是一种更具现实意义的培训活动。

4. 个案研究

个案研究是指将实际发生过或正在发生的客观存在的真实情景，通过一定的视听媒介，如文字、录音、录像等描述出来，让受训者进行分析思考，学会诊断和解决问题的培训过程。它特别适用于开发高级智力技能，如分析、综合及评价能力。

个案研究的优点是提供了一个系统的思考模式，在个案学习过程中，受训者可得到相关管理方面的知识和原则，建立先进的思想观念，有利于更有效地参与企业实际问题的解决。个案研究还可以使受训者在个人对情况进行分析的基础上，提高其承担具有不确定结果风险的能力。为使个案研究培训更加有效，培训环境必须能为受训者提供案例准备及讨论案例分析结果的机会；安排受训者面对面地讨论或通过电子通信设施进行沟通，并提高受训者个案分析的参与度。因此，个案研究的有效性基于受训者愿意且能够分析案例，并能坚持自己的立场及高质量案例的开发与编写。

5. 角色扮演

角色扮演是指设定一个最接近现状的培训环境，指定受训者扮演角色，借助角色的演练来理解角色的内容，从而提高受训者积极面对现实和解决问题能力的培训方法。

在利用角色扮演方法来培训员工时应注意以下问题：在角色扮演之前培训者应向受训者说明培训的目的和意义，调动其参加培训活动的积极性；培训者还需要向受训者说明角色扮演的方法、各种角色的情况及活动的时间安排；在培训过程中，培训者要监管培训的进程、受训者的感情投入及各小组的关注焦点；在培训结束时，培训者应向受训者提问，以帮助受训者理解这次培训活动经历。

角色扮演有助于提高受训者的基本工作技能，有利于培养受训者在工作中所需的素质和技能，有利于受训者态度、仪容和言谈举止的改善与提高。角色扮演不同于情景模拟，主要表现在：角色扮演提供的情景信息十分有限，而情景模拟所提供的信息通常都很详尽；角色扮演注重人际关系反应，寻求更多的信息，解决冲突，而情景模拟注重物理反应（如拉动杠杆）；在情景模拟中受训者的反应结果取决于模型的仿真程度，而在角色扮演中受训者的反应结果取决于其他受训者的情感与主观反应。

6. 行为塑造

行为塑造是指向受训者提供一个演示关键行为的模型，并给他们提供实践机会的培训方法。该方法基于社会学习理论，只适用于对某一种技能或行为的学习，而不适用于对事实信息的学习。

有效的行为塑造培训包括以下四个重要的步骤。

① 明确关键行为。关键行为是指完成一项任务所必需的一组行为。可以通过确认完成某项任务所需的技能和行为方式，以及有效完成该项任务的员工所使用的技能或所做出的行为来确定关键行为。

② 设计示范演示，即为受训者提供一组关键行为的实际操作过程。录像是示范演示的主要方法。科学技术的应用使得示范演示可通过计算机实现。有效的示范演示应具有几个特点：演示能清楚地展示关键行为；示范者对受训者来说是可信的；提供关键行为的解释与说明；向受训者说明示范者采用的行为与关键行为之间的关系；提供正确使用与错误使用关键

行为的模式比较。

③ 提供实践机会，即让受训者演练并思考关键行为，将受训者置于必须使用关键行为的情景中，并向其提供反馈意见。如条件允许还可以利用录像将实践过程录制下来，再向受训者展示自己模拟正确的行为及应如何改进自己的行为。

④ 应用规划，即让受训者做好准备，在工作当中应用关键行为，以促进培训成果的转化。如可以让受训者制定一份"合约"，承诺在工作中应用关键行为，培训者应跟随观察受训者是否履行了合约。

7. 交互式视频

交互式视频是以计算机为基础，综合文本、图表、动画及录像等视听手段培训员工的方法。它通过与计算机主键盘相连的监控器，让受训者以一对一的方式接受指导，进行互动性学习。受训者可以用键盘或触摸监视器屏幕的方式与培训程序进行互动。培训项目的内容可以存储在影碟或可读式光碟上。

交互式视频培训方法有很多优点：受训者个性化，完全自我控制或选择学习内容、学习的进度；培训内容具有连续性，能实现自我导向和自定进度的培训指导；内置的指导系统可以促进受训者学习，提供及时的信息反馈和指导；通过在线服务，能监控受训者的绩效，受训者也可自己得到绩效反馈；受训者的培训不受任何时间和空间的限制。

但交互式视频培训方法也存在不足，即课程软件开发费用昂贵，不太适用于对人际交往技能的培训，尤其是当受训者需要了解或给出微妙的行为暗示或认知过程时更是如此；不能快速更新培训内容，受训者对运用新技术来培训将有所顾虑。

8. 互联网培训

互联网是一种广泛使用的通信工具，是一种快捷、经济的信息收发方法，也是一种获取和分配资源的方式。互联网培训主要是指通过公共的（因特网）或私有的（内部局域网）计算机网络来传递相关培训信息，并通过浏览器来展示培训内容的一种培训方式。互联网培训可以为虚拟现实技术、动感画面、人际互动、员工间的沟通及实时视听提供支持。

互联网培训具有其他多媒体培训技术所具备的优点：培训者可随时、随地向受训者传送培训内容；可节约培训成本；提高培训管理效率；受训者可进行自我指导培训；受训者可自控学习进度；具有监督受训者业绩表现的功能；培训的渠道可以控制。

从学习与费用角度看，互联网培训还具有以下优点：便于受训者完全控制培训传递过程；培训内容可与其他资源结合，并与其他受训者和培训者共享信息，进行有效的沟通；培训内容也能存储；受训者参与学习过程使学习和培训成果容易转化；可以同时为多个受训者提供不同的培训资料。

当然，互联网培训也存在缺点：计算机网络难以解决广泛的视听问题；需要控制和预先通告使用者，难以制定或修订线性学习方式的培训课程。

6.3.3　团体建设法

团队建设法是一种提高团队或群体成员的技能和团队有效性的培训方法。它注重团队技能的提高以保证进行有效的团队合作。这种培训包括对团队功能的感受、知觉、信念的检验与讨论，并制订计划以便将培训中所学的内容应用于工作当中的团队绩效上。团队建设法包括探险性学习、团队培训和行为学习。

1. 探险性学习

探险性学习也称为野外培训或户外培训。它是利用结构性的室外活动来开发受训者的团队协作和领导技能的一种培训方法。该方法最适用于开发与团队效率有关的技能，如自我意识能力、问题解决能力、冲突管理能力和风险承担能力等。利用探险性学习的方法，其户外练习应和参与者希望开发的技能类型有关。练习结束后，应由一位有经验的辅导人员组织关于学习内容、练习与工作的关系，以及如何设置目标、将所学知识应用于工作等问题的讨论。探险性学习的不足在于：它对受训者的身体素质要求高，并且在练习中常常会让受训者之间发生接触，会给组织带来一定风险，这些风险有时是因私怨、感情不和而导致的故意伤害，而不能将其归咎于管理疏忽。因此，应慎重考虑是否采用探险性学习的方法。

2. 团队培训

团队培训是通过协调在一起工作的不同个人的绩效从而实现共同目标的方法。团队培训方法多种多样，可以利用讲座或录像向受训者传授沟通技能，也可通过角色扮演或仿真模拟给受训者提供讲座中强调的沟通性技能的实践机会。团队培训的主要内容是知识、态度和行为。团队行为是指团队成员必须采取可以让他们进行沟通、协调、适应且能完成任务以实现目标的行动；团队知识能使团队成员保持良好记忆力、头脑灵活，使其能在意料外的或新的情况下有效运作。同时团队的士气、凝聚力、统一性与团队绩效密切相关。

团队培训的方式有交叉培训、协作培训与团队领导技能培训。交叉培训是指团队成员熟悉并实践所有人的工作，以便团队成员离开团队后其他成员容易承担其工作。协作培训是指对团队进行确保信息共享和承担决策责任的培训以实现团队绩效的最大化。团队领导技能培训是指团队管理者或辅助人员接受的培训，包括团队管理者如何解决团队内部冲突，帮助团队协调各项活动或其他技能。

3. 行动学习

行动学习即给团队或工作群体一个实际工作中所面临的问题，让团队成员合作解决并制订出行动计划，再由他们负责实施该计划的培训方式。一般而言，行动学习包括6~30个成员，其中包括顾客和经销商，团队构成可以不断变化。第一种构成是将一位需要解决问题的顾客吸引到团队中；第二种构成是团队中包括牵涉同一个问题的各个部门的代表；第三种构成是团队中的成员来自多个职能部门又都有各自的问题，并且每个人都希望解决各自问题。行动学习涉及的是员工实际面临的问题，所以可使学习和培训成果的转化达到最大化，它有利于发现阻碍团队有效解决问题的一些非正常因素。

以上介绍的各种方法的适用范围、培训效果等均有所不同。作为管理者或培训者，在实际工作中如何选择正确的、有效的培训方法是至关重要的。

本章小结 ///

员工培训是企业通过各种教导或经验传授的方式，为改变本企业员工的价值观、工作态度、知识、技能和工作行为等方面所做的努力。员工开发是指为员工未来发展而开展的正规教育、在职实践、人际互动及个性和能力的测评等活动。员工培训的对象主体是企业的所有员工。员工培训的内容包括知识、技能和态度等。员工培训方法可分为演示法、专家传授法和团队建设法三大类。

关键术语

培训　开发　培训系统模式　培训效果测定　演示法　专家传授法　团队建设法

复习思考题

1. 如何进行人力资源培训的投资分析？
2. 人力资源培训系统模型有哪些主要环节？
3. 员工职业培训的特点有哪些？
4. 员工培训的方法有哪些？每种方法的适用范围是什么？
5. 人力资源培训的管理过程是怎样的？
6. 请你根据一家自己熟悉的企业，编制一份员工培训计划。

第 7 章

职业生涯管理

通过学习本章内容，了解职业和职业生涯的内涵、影响职业生涯的因素；掌握职业生涯管理的内涵、特征和意义；掌握职业选择理论和职业生涯发展理论；了解个人职业生涯规划的含义、原则和步骤；掌握组织职业生涯管理的含义和管理方法。

主要内容	知识要点	重点、难点
职业生涯 管理概述	(1) 职业和职业生涯 (2) 职业生涯管理的内涵 (3) 职业生涯管理的内容 (4) 职业生涯管理的意义 (5) 影响职业生涯的因素	(1) 职业生涯管理的内容 (2) 影响职业生涯的因素
职业生涯规划	(1) 职业生涯规划的含义 (2) 职业生涯规划的发展阶段 (3) 职业选择理论	(1) 职业生涯规划的发展阶段 (2) 职业选择理论
职业生涯 规划与管理	(1) 个人职业生涯规划 (2) 组织职业生涯管理	(1) 个人职业生涯规划的步骤 (2) 组织职业生涯管理的方法

7.1 职业生涯管理概述

职业生涯管理是现代企业人力资源管理的重要内容之一，是企业帮助员工制定职业生涯规划和帮助其职业生涯发展的一系列活动。职业生涯管理应被看作是力求满足管理者、员工、企业三者需要的一个动态管理过程。

7.1.1 职业和职业生涯的含义

1. 职业

职业是指有劳动能力的劳动者在社会生活中从事的有经济收入并能满足自己精神需求的专门工作或劳动。它是对人们的生活方式、经济状况、文化水平、行为模式、思想情操的综合反映，也是一个人社会地位的反映。

2. 职业生涯

职业生涯是指一个人一生中所有与工作相联系的行为与活动，以及相关的态度、价值观、愿望等连续性的经历过程，也是一个人一生中职业、职位的变迁及工作理想的实现过程。

7.1.2 职业生涯管理的内涵

1. 职业生涯管理的含义

职业生涯管理是指管理部门根据组织发展和人力资源规划的需要，在组织中制定与员工职业生涯整体规划相适应的职业发展规划，为员工提供适当的教育、培训、轮岗和提升等发展机会，指导并协助员工实现职业生涯发展目标的活动和过程。

2. 职业生涯管理的特征

（1）职业生涯管理是组织为其员工设计的职业发展、援助计划。

职业计划以个体的价值实现和增值为目的，个体价值的实现和增值并不局限于特定组织内部。职业生涯管理则是从组织的角度出发，将员工视为可开发、增值的资本。通过员工职业目标的努力，谋求组织的持续发展。职业生涯管理带有一定的引导性和功利性。它帮助员工完成自我定位，克服在完成工作目标中遇到的困难挫折，鼓励员工将职业目标同组织发展目标紧密相连，尽可能多地给予他们机会。由于职业生涯管理是由组织发起的，通常由人力资源部门负责，所以具有较强的专业性、系统性。因此，只有在科学的职业生涯管理之下，才可能形成规范的、系统的职业计划。

（2）职业生涯管理必须满足个人和组织的双重需要。

与组织内部一般的奖惩制度不同，职业生涯管理着眼于帮助员工实现职业计划，即力求满足职工的职业发展需要。因此，要实行有效的职业生涯管理，必须了解以下内容，员工在实现职业目标过程中会在哪些方面碰到问题？如何解决这些问题？员工的漫长职业生涯是否可以分为有明显特征的若干阶段？每个阶段的典型矛盾和困难是什么？如何加以解决和克服？组织在掌握这些知识之后，才可能制定相应的政策和措施帮助员工找到内部增值的需要。同时，提高人员整体竞争能力和储备人才也是组织的需要。对职业生涯管理的精力、财力投入和政策注入可以看成是组织为达到上述目的而进行的较长期投资。组织的需要是职业生涯管理的动力源泉，无法满足组织需要将导致职业生涯管理失去动力源而中止，最终走向失败。

（3）职业生涯管理形式多样、涉及面广。

凡是组织对员工职业活动的帮助，均可列入职业生涯管理范畴之中。其中既包括钉对员工个人的援助内容，如各类培训、咨询、讲座及为员工自发的扩充技能、提高学历的学习给予便利等；同时也包括针对组织的诸多人事政策和措施，如规范职业评议制度，建立和执行有效的内部升迁制度等。职业生涯管理从招聘新员工进入组织开始，直至员工流向其他组织或退休而离开组织的全过程中一直存在，并且同时涉及职业活动的各个方面。因此，建立一套系统的、有效的职业生涯管理是有相当难度的。

3. 职业生涯管理的类型

职业生涯管理主要包括两种类型。

（1）组织职业生涯管理，是指由组织实施的、旨在开发员工的潜力、留住员工、使员工能自我实现的一系列管理方法。

（2）自我职业生涯管理，是指员工个人在职业生命周期（从进入劳动力市场到退出劳动力市场）的全程中，由职业发展计划、职业策略、职业确立、职业变动等一系列变量构成。

7.1.3 职业生涯管理的内容

1. 职业路径

1）职业路径的含义

职业路径是指组织为内部员工设计的自我认知、成长和晋升的管理方案。职业路径在帮助员工了解自我的同时使组织掌握员工职业需要，以便排除障碍，帮助员工满足需要。另外，职业路径通过帮助员工胜任工作，确立组织内晋升的不同条件和程序对员工职业发展施加影响，使员工的职业目标和计划有利于满足组织的需要。

职业路径设计指明了组织内部员工可能的发展方向及发展机会，组织内部每一个员工可能会按照本组织的发展路径变换工作岗位。良好的职业路径设计一方面有利于组织吸收并留住最优秀的员工，另一方面能激发员工的工作兴趣，挖掘员工的工作潜能。因此，职业路径的设计对组织十分重要。

2）职业路径的类型

（1）纵向职业路径。

纵向职业路径是一种基于过去组织内部员工的实际发展道路而制定出的一种发展模式。它是指员工在一个组织里，从一个特定的工作到下一个工作纵向向上发展的一条途径。员工从最低层次职位开始，最终目标是组织层级中更高的层次。其职业通道表现形式主要为管理职务晋升与专业职务晋升两个渠道。具体模式如图7-1所示。

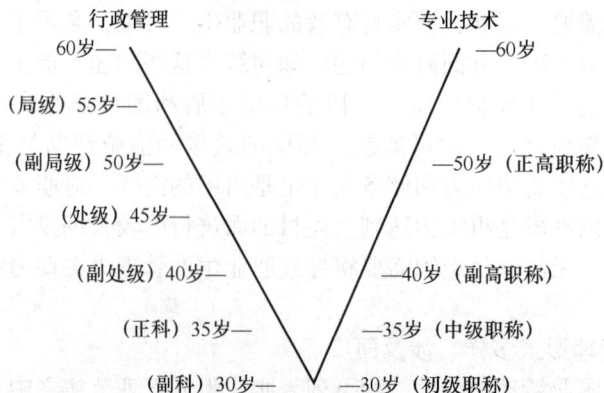

图 7-1 纵向职业路径

假定每一项当前的工作是下一项较高层次工作的必要准备，那么一名员工必须一级接一级的，从一项工作到下一项工作进行变动，以获得所需要的经历和准备。

（2）横向职业路径。

横向职业路径是为拓宽个人职业生涯规划通道，满足人们不同的职业规划需求，消除因缺少晋升机会造成的职业生涯停滞而设计的。横向职业路径的设立能够使人们的职业生涯焕发新的活力，迎接新的挑战，同时为个人提供了更广阔的空间，规划自己的职业生涯，实现在各种岗位上工作的经验和资历。

这种横向流动不仅有利于激发个人的工作热情和积累工作经验，也有利于保持和发展整个组织的朝气与活力，实现组织内部稳定与流动、维持与发展的平衡。虽然只是横向发展，并没有得到加薪或晋升，但个人可以增加自己对组织的价值自信，与此同时也使他们自己获得了新的动力。

（3）网状职业路径。

网状职业路径包括纵向的工作序列和一系列横向的工作机会。这条职业路径设计认为，晋升到较高层次之前需要拓宽本层次的经历。

网状职业路径在纵向上和横向上的选择，拓宽了人们的职业规划路径，减少了职业生涯通道的堵塞。比起传统职业路径，网状职业路径更加现实，它拓宽了组织成员在组织中的发展机会，让个人可以更自由地规划自己的职业。这种灵活的职业发展路径设计，能够给个人和组织带来巨大的便利。

（4）双重职业路径。

双重职业路径是指在组织行政职务阶梯之外，为专业技术人员的职业规划设置一个平行的、与行政职务同等重要的、有序的、开放的业务（技术）能力阶梯，这个能力阶梯与待遇相挂钩。在双重职业路径中，管理人员使用行政职务阶梯，专业技术人员使用业务（技术）能力阶梯。

行政职务阶梯上的提升，意味着具有制定决策的权力，同时要承担相应的责任。业务（技术）能力阶梯上的提升，意味着具有更强的独立性，同时拥有从事专业活动的资源。这种双重职业路径的设计，赋予了个人不同的责、权、利，有利于调动管理人员和专业技术人员的积极性，实现各尽其能，各展其长，是一种非常适合组织使用的职业路径模式。

2. 职业选择

1）职业选择的含义

职业选择是指个人对于自己就业的种类、方向的挑选和确定。它是人们真正进入社会生活领域的重要行为，是人生的关键环节。通过合适的职业选择，有利于个人和劳动岗位的较好结合，使个人顺利进入社会劳动岗位；有利于社会化的顺利进行与实现；有利于取得经济效益、社会效益等多方面共赢，促进个人的全面发展。构成职业选择的基本因素（或条件）有职业能力、职业意向、职业岗位。

2）职业选择的决策

职业选择的具体决策步骤一般如下。

① 探索，即根据自己的常识、经验和能力，来收集各种感兴趣的相关职业信息。

② 成形，即在上述基础上进行具体的定向。主要考虑所确定的职业生涯方向的价值、

目的和能够获得的回报等因素。

③ 选择，即分析、考虑并初步选择确定具体的职业目标。

④ 澄清，即在初步选择的基础上，从多方面自我质疑，最终确定好具体的职业目标。

⑤ 就职，即按照既定职业目标发展，走上工作岗位。

⑥ 坚定或矫正，它包含着两个层面的意思：一是如果所选择的职业目标是正确的，那就坚定地走下去，努力走出点名堂来；二是如果所选择的职业目标是部分不正确或完全错误的，那就适时部分地更正或重新选择更合适的正确职业目标。

⑦ 总结提高，每个人在职业发展中都应不断自我总结，积累职场智慧，丰富精彩人生。

3. 工作－家庭联系

（1）组织中的员工除了职业生活外，同时还有家庭生活。

家庭对员工本身有重大意义，也会给职业生活带来许多影响。工作－家庭平衡计划是组织帮助员工认识和正确看待家庭同工作的关系，调和职业和家庭矛盾，缓和由于工作－家庭关系失衡而给员工造成的压力的计划。

（2）工作－家庭计划的目的在于帮助员工找到工作和家庭需要中的平衡点。

要达到这一目的，组织必须了解家庭各阶段的需求、工作境况对家庭生活的影响，然后给予员工适当的帮助。

（3）对家庭需要的了解可以参考家庭发展周期理论。

一般来说，单身成人的主要问题是寻找配偶和决定是否组建家庭。婚后初期，适应两人生活、决定是否生育，做出家庭形式和财务要求的长期承诺变为当务之急。子女出生后，体验为人父母的经验，担负起抚养和教育子女的责任成为首要任务。同时要开始为双方的父母提供衣食和财务上的照顾。这些需要形成的压力有的会影响员工的工作情绪和精力分配，有的则形成强烈的职业方面的需要和工作动机，最终影响员工对工作的参与程度。

4. 职业咨询

职业咨询包括求职、就业、创业指导，人才素质测评，职业生涯规划，职业心理咨询等一系列相关业务的人力资源开发咨询服务。职业咨询已经成为大中型城市白领职业定位的重要标准，他们把自己关于职业蓝图方向不明的种种困惑交给职业咨询专业人士，由专家运用心理学、社会学等多学科的知识，为其提供寻找职业及发展过程中遇到的有关问题的建议、信息和帮助。

7.1.4　职业生涯管理的意义

1. 企业进行职业生涯管理的意义

（1）职业生涯管理是企业资源合理配置的首要问题。

人力资源是一种可以不断开发并不断增值的增量资源，因为通过人力资源的开发能不断更新人的知识、技能，提高人的创造力，从而使无生命的"物"的资源充分尽其所用，特别是随着知识经济时代的到来，知识已成为社会的主体，而掌握和创造这些知识的就是人，企业更应注重人的智慧、技艺、能力的提高与全面发展。因此，加强职业生涯管理，使人尽其才、才尽其用，是企业资源合理配置的首要问题。如果离开人的合理配置，企业资源的合理配置就是一句空话。

（2）职业生涯管理能充分调动人的内在积极性，更好地实现企业目标。

职业生涯管理的目的就是帮助员工提高在各个需要层次的满足度，使人的需要满足度从金字塔形向梯形过渡并最终接近矩形，既使员工的低层次物质需要的满足度逐步提高，又使他们自我实现等精神方面的高级需要的满足度逐步提高。因此，职业生涯管理不仅符合人生发展的需要，而且也立足于人的高级需要，即立足于友爱、尊重、自我实现的需要，真正了解员工在个人发展上想要什么，协调其制定规划，帮助其实现职业生涯目标。这样就必然会激起员工强烈的为企业服务的精神力量，进而形成企业发展的巨大推动力，更好地实现企业目标。

（3）职业生涯管理是企业长盛不衰的保证。

任何成功的企业，其成功的根本原因是拥有高能力的企业家和高质量的员工。人的才能和潜力能得到充分发挥，人力资源不会虚耗、浪费，企业的生存、成长就有了取之不尽、用之不竭的源泉。发达国家的主要资本不是有形的工厂、设备，而是他们所积累的经验、知识和训练有素的人力资源。通过职业生涯管理努力提供给员工施展才能的舞台，充分体现员工的自我价值，是留住人才、凝聚人才的根本保证，也是企业长盛不衰的保证。

2. 个人参与职业生涯管理的意义

（1）增强员工对工作环境的把握能力和对工作困难的控制能力。

职业计划和职业生涯管理既能使员工了解自身长处和短处，养成对环境和工作目标进行分析的习惯，又可以使员工合理计划、分配时间和精力完成任务、提高技能。这都有利于强化员工对工作环境的把握能力和对工作困难的控制能力。

（2）利于个人过好职业生活，处理好职业生活和其他生活的关系。

良好的职业计划和职业生涯管理可以帮助个人从更高的角度看待工作中的各种问题和选择，将各个分离的事件结合、联系，服务于职业目标，使职业生活更加充实和富有成效。它更能考虑职业生活同个人追求、家庭目标等其他生活目标的平衡，避免顾此失彼、两面为难的困境。

（3）可以实现自我价值的不断提升和超越。

工作的最初目的可能仅仅是找一份养家糊口的差事，进而追求的可能是财富、地位和名望。职业计划和职业生涯管理对职业目标的多次提炼可以使工作目的超越财富和地位之上，追求更高层次自我价值的实现。

7.1.5　影响职业生涯的因素

1. 个人因素

个人因素在人的职业生涯中起着基础作用，决定着人的发展方向和前景。它包含健康、性别、教育、年龄、心理等要素。

（1）健康。

健康身体是所有人职业生涯开始的首要条件。几乎所有的职业都需要有健康的身体。凡是积极追求健康的人，大多满意他们过去的职业经历。他们看重生命，关心健康，但是紧张忙碌的职业也会导致压力增加。因此，采取一些技巧，保持适度的压力激励自己，但又不伤害身体健康是十分重要的。

（2）性别。

性别问题对事业的挑战别具意义。很多人认为卓著的事业是男性幸福的来源。男性觉得他们很难把时间充分分配到工作、家庭和休闲三个领域，而女性则在家务需求和工作需求的协调方面感到困扰。每个人都必须找出自己的需求，以便充分发挥自己的性别特点，并使自己能够成功扮演相应的角色，这与个人的职业生涯密切相关。

（3）教育。

职业发展深受正规教育或专业训练的影响。教育上的成功与社会阶层的晋升有明显的关联，凡是社会阶层高过父母所属阶层的人大都觉得，教育是改变社会阶层的主要动力。教育程度虽然是事业成功中不可缺少的因素，但对大多数的职业而言，也未必尽然。现在企业对录用者能做什么更有兴趣，而不是只注意他们的受教育经历。

（4）年龄。

"一寸光阴一寸金，寸金难买寸光阴"，每个人都必须自问："我的时间应该怎么投资才能获得最佳报酬？"每个人都应该把握最佳年龄优势期，拓展自己的职业和事业。

（5）心理。

美国的心理动力论者认为职业选择是个人快乐原则与现实原则相结合的结果。个人在性格的引导下，通过升华作用，选择可以满足其需要的职业。职业指导的重点应着重"自我功能"的增强。如果心理问题获得解决，则包括职业选择在内的日常生活问题将可顺利完成而不需再加以指导。

2. 社会因素

社会因素对每个人的职业生涯乃至发展都有重大的影响。个人通过对社会大环境进行分析，了解所在国家或地区的经济、法制建设发展方向，寻求各种发展机会。影响职业生涯的社会因素包括以下几个方面。

（1）社会阶层。

社会中本身存在不平等的现象，差别在于划分的原则不同，有的是基于宗教信仰，有的则基于经济状况，有的是基于教育状况。社会上所存在的不平等现象都会影响个人的职业生涯。社会阶层算是相对比较封闭的一种形态，因为人往往只喜欢和自己所属阶层的人聚合。社交圈为某一类型的人提供机会，"生存机会"多半由社交圈决定。虽然社会阶层深深地影响个人的职业生涯，但是阶层界限并非牢不可破。它不但有变动的可能，而且是被人接受的。事实上，很多人为了提升自己的社会地位，有时候需离开原来的阶层，加入到工作及生命旅程中的新阶层，教育和婚姻就是非常重要的因素。现在企业只就社会阶层来挑选员工的时代正在逐渐改变，但是，社会阶层在目前仍是影响个人职业生涯的一大束缚。

（2）经济发展水平。

在经济发展水平高的地区，企业相对集中，优秀企业也就比较多，个人职业选择的机会就比较多，因而有利于个人职业的发展；反之，在经济落后的地区，个人职业选择的机会就比较少，个人职业生涯也会受到限制。

（3）社会文化环境。

社会文化是影响人们行为、欲望的基本因素。它主要包括教育水平、教育条件和社会文化设施等。在良好的社会文化环境中，个人能力受到良好的教育和熏陶，从而为职业生涯打下了更好的基础。

（4）价值观念。

一个人生活在社会环境中，必然会受到社会价值观念的影响，大多数人的价值取向在很大程度上都是被社会主体价值取向所左右的。一个人的思想发展、成熟的过程，其实就是认可、接受社会主体价值观念的过程。社会价值观念正是通过影响个人价值观念而影响个人的职业选择。

（5）政治制度和氛围。

政治和经济是相互影响的，政治不仅影响到一国的经济体制，而且影响着企业的体制，从而直接影响到个人的职业发展。政治制度和氛围还会潜移默化地影响个人的追求，从而对职业生涯产生影响。分析和了解影响职业生涯的社会环境因素，有助于个人制定正确的职业生涯规划，使个人在变化的社会环境中不断取得职业生涯的新发展。

3. 环境影响

环境对个人的职业生涯有直接或间接的影响，它左右着个人所从事的行业、改变着人生的发展轨迹。环境有地理环境、行业环境、企业内部环境之分。

（1）地理环境。

地理环境对事业的影响常常被人低估，住在符合环境需要其才能地区的人比在不利环境中尝试推销其能力的人有更多的职业机会。居住在贫困落后地区的人，最能理解地理环境对职业机会的影响，所以应该选择能提供其更多职业机会的地点居住。

（2）行业环境。

行业环境将直接影响着企业的发展状况，进而也影响到个人的职业生涯发展。良好的行业环境有利于个人选择更有发展前景的行业和职业，有助于个人职业目标的更好实现。

① 行业发展现状。对行业发展现状进行分析，首先应了解自己现在从事的是什么行业，这个行业目前是怎样一个发展趋势，是一个夕阳产业还是朝阳产业。

② 国际、国内重大事件对该行业的影响。行业的发展容易受到国际、国内重大事件的影响，进而影响到该行业能否提供较多的职业机会，如 2008 年的北京奥运会给建筑业、旅游业和服务业提供了较大的发展和较多的职业机会。

③ 行业发展前景预测。行业发展前景预测可以从两个方面进行：一方面是行业自身的生命力，是否有技术、资金支持等；另一方面也要考虑和研究国家对相关行业的政策。

（3）企业内部环境。

企业内部环境对个人的职业生涯有直接的影响，个人的发展与企业的发展息息相关。对企业内部环境进行分析，可以使个人及时地了解企业的实际发展状况及前景，把个人的发展与企业的发展联系在一起，并融入企业之中，这有利于个人做出合适的职业生涯规划。

① 企业文化。因为企业文化决定了一个企业如何看待其员工，所以员工的职业生涯受企业文化的影响极大。一个主张员工参与管理的企业显然比一个独裁的企业更能为员工提供发展机会；渴望发展、追求挑战的员工也很难在论资排辈的企业中受到重用。当个人的价值观与企业文化有所冲突，难以适应企业义化时，将阻碍其在企业中的更好发展。所以，企业文化是个人在制定职业生涯时要考虑的重要因素。

② 企业制度。企业员工的职业发展，归根结底要靠企业管理制度来保障，这其中涉及合理的培训制度、晋升制度、绩效考核制度、奖惩制度、薪酬制度等。企业的价值观、企业的经营哲学也只有渗透到制度中，才能使制度得以切实的贯彻执行，没有制度或制度定得不合理、不到位的企业，其员工的职业发展将难以实现。

③ 领导人的素质和价值观。企业的文化和管理风格与其领导人的素质和价值观有直接的关系，企业的经营哲学往往就是企业家的价值观。企业主要领导人的抱负及能力是企业发展的关键因素。

④ 企业实力。企业在行业中是具备了很强的竞争力，还是处于一个很快就会被吞并的地位？发展前景如何？在激烈的市场竞争中，不一定最大、最强的企业就能生存，即不是强者存在而是适者生存。只有适应环境、发展趋势的企业才能生存。

7.2 职业生涯规划

7.2.1 职业生涯规划的含义

随着 20 世纪初美国职业辅导运动的开展，职业生涯辅导已经成为一门具有科学性和操作性的学科，并被看作是一项对社会有着重要影响的服务。

职业生涯规划是指客观认知自己的能力、兴趣、个性和价值观，发展完整而适当的职业自我观念，个人发展与组织发展相结合，在对个人和内部环境因素进行分析的基础上，深入了解各种职业的需求趋势及关键成功因素，确定自己的事业发展目标，并选择实现这一事业目标的职业或岗位，编制相应的工作、教育和培训行动计划，制定出基本措施，高效行动，灵活调整，有效提升职业发展所需的执行、决策和应变技能，使自己的事业得到顺利发展。

职业生涯规划既包括个人对自己进行的个体生涯规划，也包括企业对员工进行的职业规划管理体系。职业生涯规划不仅可以使个人在职业起步阶段成功就业，在职业发展阶段走出困惑，到达成功彼岸；对于企业来说，良好的职业生涯管理体系还可以充分发挥员工的潜能，给优秀员工一个明确而具体的职业发展引导，从人力资本增值的角度实现企业价值最大化。中国职业咨询网借助教育测量学、现代心理学、组织行为学、管理学、职业规划与职业发展理论等相关科学经典理论，结合中国特色的企业管理实践和个人性格特征，形成了比较成熟、完善的职业生涯规划体系。

7.2.2 职业生涯规划的发展阶段

职业生涯规划的目的是帮助个人达成其每一阶段职业生涯发展任务，并为下一个阶段发展做好预先的规划和准备。适当地完成人生各个阶段的生涯发展任务，是"生涯成熟"的表现。美国学者唐纳德·休珀将个人的职业生涯分为五个阶段：成长阶段、探索阶段、建立阶段、维持阶段及衰退阶段。

（1）成长阶段（14 岁以前）。

成长阶段大体上可以界定在从一个人出生到 14 岁这一年龄段上。在成长阶段，个人通过对家庭成员、朋友和老师的认同及与他们之间的相互作用，逐渐建立起了自我的概念。

（2）探索阶段（15～24 岁）。

在探索阶段，每一个人将认真地探索各种可能的职业选择。他们试图将自己的职业选择与他们对职业的了解及通过学校教育、休闲活动和个人工作等途径中所获得的个人兴趣和能力匹配起来。处于这一阶段的人，还必须根据来自各种职业选择的可靠信息做出相应的教育决策。

（3）建立阶段（25～44 岁）。

建立阶段是大多数人工作生命周期中的核心部分。人们通常愿意（尤其是在专业领域）早早地就将自己锁定在某个已经选定的职业上。然而，在大多数情况下，建立阶段的人们仍然在不断地尝试与自己最初的职业选择所不同的各种能力和理想。通常情况下，在建立阶段的人们第一次不得不面对一个艰难的抉择，即判定自己到底需要什么，什么目标是可以达到的及为了达到这一目标自己需要做出多大的牺牲和努力。

（4）维持阶段（45～60 岁）。

在维持阶段这一职业生涯的后期，人们一般都已经在自己的工作领域中为自己创立了一席之地，因而他们的大多数精力主要就放在保持现状和拥有这一位置上了。

（5）衰退阶段（60 岁以上）。

在衰退阶段，人的健康状况和工作能力都在逐步衰退，职业生涯接近尾声。许多人都不得不面临这样一种前景：接受权力和责任减少的现实，学会接受一种新角色，学会成为年轻人的良师益友。再接下去，就是几乎每个人都不可避免要面对的退休，这时，人们所面临选择就是如何去打发原来用在工作上的时间。

7.2.3　职业选择理论

1. 帕森斯的"职业－人"匹配论

1909 年弗兰克·帕森斯出版了《特质因素》一书，在该书中提出了著名的"特质因素理论"。他认为每个人都有自己独特的人格模式，每种人格模式的个人都有其相适应的职业类型。所谓"特质"，就是指个人的人格特征，包括能力倾向、兴趣、价值观和人格等，这些都可以通过心理测量工具来加以评量。所谓"因素"，则是指在工作上要取得成功所必须具备的条件或资格，这可以通过对工作的分析而了解。

该理论明确阐明职业选择的三大要素和条件：①应该清楚地了解自己的态度、能力、兴趣、智谋、局限和其他特征。②应该清楚地了解条件，所需知识，在不同职业工作岗位上所占有的优势、不利机会、前途。③上述两个条件的平衡。帕森斯的理论内涵是建立在清楚认识、了解个人的主观条件和社会职业需求条件的基础上。

"职业－人"匹配分为两种类型：①条件匹配，即所需专门技术和专业知识的职业与掌握该种特殊技能和专业知识的择业者相匹配，以及脏、累、险劳动条件很差的职业，需要吃苦耐劳、体格健壮的劳动者与之相匹配。②特长匹配，即某些职业需要具有一定的特长，如具有敏感性、易动感情、不守常规、有独创性、个性强、理想主义等人格特性的人，宜于从事审美性、自我情感表达的艺术创作类型的职业。

2. 职业锚理论

职业锚理论是由美国著名的职业指导专家埃德加·沙因于 1978 年提出的。他认为职业生涯发展实际上是一个持续不断的探索过程，在这一过程中，每个人都在根据自己的天资、能力、动机、需要、态度和价值观等慢慢地形成较为明晰的与职业有关的自我概念。随着一个人对自己越来越了解，这个人就会越来越明显地形成一个占主要地位的职业锚。因此，职业锚实际上就是人们选择和发展自己的职业时所围绕的中心。

沙因最初提出的职业锚理论包括五种类型：自主独立型职业锚、创业型职业锚、管理能力型职业锚、技术职能型职业锚、安全稳定型职业锚。

（1）自主独立型职业锚。

自主独立型的人希望随心所欲安排自己的工作方式、工作习惯和生活方式。追求能施展个人能力的工作环境，最大限度地摆脱组织的限制和制约。他们宁愿放弃提升或工作扩展机会，也不愿意放弃自由与独立。

（2）创业型职业锚。

创业型的人希望运用自己能力去创建属于自己的公司或创建完全属于自己的产品（或服务），而且愿意去冒风险，并克服面临的障碍。他们想证明公司是他们靠自己的努力创建的。他们可能正在别人的公司工作，但同时他们在学习并评估将来的机会。一旦他们感觉时机到了，他们便会自己走出去创建自己的事业。

（3）管理能力型职业锚。

管理能力型的人追求并致力于工作晋升，倾心于全面管理，独自负责一个部分，可以跨部门整合其他人的努力成果，他们想去承担整个部分的责任，并将公司的成功与否看成自己的工作。具体的技术功能工作仅仅被看作是通向更高、更全面管理层的必经之路。

（4）技术职能型职业锚。

技术职能型的人追求在技术职能领域的成长和技能的不断提高，以及应用这种技术、职能的机会。他们对自己的认可来自他们的专业水平，他们喜欢面对来自专业领域的挑战。他们通常不喜欢从事一般的管理工作，因为这将意味着他们放弃在技术职能领域的成就。

（5）安全稳定型职业锚。

安全稳定型的人追求工作中的安全与稳定感。他们可以预测将来的成功从而感到放松。他们关心财务安全，例如，退休金和退休计划。稳定感包括忠诚、完成老板交代的工作。尽管有时他们可以达到一个高的职位，但他们并不关心具体的职位和具体的工作内容。

20世纪90年代，沙因及其研究团队又提出了三种类型的职业锚：服务型职业锚、挑战型职业锚、生活型职业锚。

（1）服务型职业锚。

服务型的人指那些一直追求他们认可的核心价值，如帮助他人，改善人们的安全，通过新的产品消除疾病。他们一直追寻这种机会，这意味着即使变换公司，他们也不会接受不允许他们实现这种价值的工作变换或工作提升。

（2）挑战型职业锚。

挑战型的人喜欢解决看上去无法解决的问题，战胜强硬的对手，克服困难障碍等。对他们而言，参加工作或选择职业的原因是工作允许他们去战胜各种不可能。新奇、变化和困难是他们的终极目标。

（3）生活型职业锚。

生活型的人喜欢允许他们平衡并结合个人的需要、家庭的需要和职业的需要的工作环境。他们希望将生活的各个主要方面整合为一个整体。正因为如此，他们需要一个能够提供足够的弹性让他们实现这一目标的职业环境。他们认为自己在如何去生活，在哪里居住，如何处理家庭事务，以及在组织中的发展道路是与众不同的。

3. 霍兰德职业取向模型

约翰·霍兰 1959 年提出的职业取向理论认为，组织中成员的人格类型、兴趣与职业密切相关。兴趣是人们活动的巨大动力，凡是具有兴趣的职业，都可以提高人们的积极性，促使人们积极地、愉快地从事该职业，而且职业兴趣与人格之间存在很高的相关性。霍兰认为人格可分为实际型、研究型、社交型、传统型、魅力型和艺术型六种类型。霍兰德职业性向选择模型如图 7 - 2 所示。

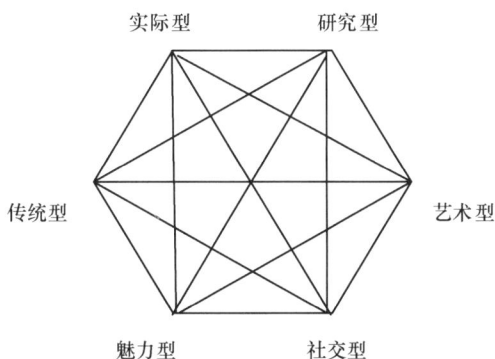

图 7 - 2　霍兰德职业取向模型

① 实际型。具有这种取向的人会被吸引去从事那些包含体力活动且需要一定的技巧、力量和协调才能胜任的职业，如森林工人、耕作工人及农场主等。

② 研究型。具有这种取向的人会被吸引去从事那些包含较多认知活动（思考、组织、理解等）的职业，而不是那些主要以感知活动（感觉、反应或人际沟通及情感等）为主要内容的职业，如生物学家、化学家及大学教授等。

③ 艺术型。具有这种取向的人会被吸引去从事那些包含大量的自我表现、艺术创造、情感表达及个性化活动的职业，如艺术家、广告制作者及音乐家等。

④ 社交型。具有这种取向的人会被吸引去从事那些包含大量人际交往内容的职业，而不是那些包含大量智力活动或体力活动的职业，如诊所的心理医生、外交工作者及社会工作者等。

⑤ 魅力型。具有这种取向的人会被吸引去从事那些包含大量以影响他人为目的语言活动的职业，如管理人员、律师及公共关系管理者等。

⑥ 传统型。具有这种取向的人会被吸引去从事那些包含大量结构性的且规律较为固定活动的职业，在这些职业中，雇员个人的需要往往要服从于组织的需要，如会计及银行职员等。

7.3　职业生涯规划与管理

7.3.1　个人职业生涯规划

1. 个人职业生涯规划的内涵

个人职业生涯规划是指个人根据自身的条件和对客观环境的分析与把握，确定自己的职业发展目标，并为顺利实现这一职业发展目标及对自己一生职业发展道路进行的规划。它包括选择什么职业，在什么地区和什么单位从事这种职业，进行何种职业培训或教育，还包括在这个职业团队中承担什么职务等内容。

个人职业生涯规划对一个人的发展与成功具有重要意义。

① 个人职业生涯规划是实现自我变革、自我管理的有效工具。

② 个人职业生涯规划有助于个人确定职业发展方向和路径。

③ 个人职业生涯规划给人以目标引导和前行的动力。

2. 个人职业生涯规划的原则

（1）清晰性原则：考虑目标措施是否清晰明确？实现目标的步骤是否直截了当？

（2）变动性原则：目标或措施是否有弹性或缓冲性？是否能依据环境的变化而调整？

（3）一致性原则：主要目标与分目标是否一致？目标与措施是否一致？个人目标与组织发展目标是否一致？

（4）挑战性原则：目标与措施是否具有挑战性，还是仅保持其原来状况而已？

（5）激励性原则：目标是否符合自己的性格、兴趣和特长？是否能对自己产生内在激励作用？

（6）合作性原则：个人的目标与他人的目标是否具有合作性与协调性？

（7）全程原则：拟订生涯规划时必须考虑到生涯发展的整个历程，做全程的考虑。

（8）具体原则：生涯规划各阶段的路线划分与安排，必须具体可行。

（9）实际原则：实现生涯目标的途径很多，在做规划时必须要考虑到自己的特质、社会环境、组织环境及其他相关的因素，选择确定可行的途径。

（10）可评量原则：规划的设计应有明确的时间限制或标准，可进行评量、检查，使自己随时掌握执行状况，并为规划提供参考的依据。

3. 个人职业生涯规划的步骤

1）自我评价

自我评价的目的是帮助员工确定兴趣、价值观、资质及行为取向，指导员工思考当前所处职业生涯的位置，制订出未来的发展计划，评估个人的职业发展规划与当前所处的环境及可获得的资源是否匹配。

企业推行自我评价的方式主要包括两种：一是职业兴趣确认，即帮助员工确定自己的职业和工作兴趣；二是自我指导研究，即帮助员工确认自己喜欢在哪一种类型的环境下从事工作。

在自我评价过程中，员工应根据自己当前的技能或兴趣与期望的工作之间存在的差距确定改善机会和需求。而企业应提供评价信息，判断员工的优势、劣势、兴趣与价值观。

2）现实审查

现实审查的目的是帮助员工了解自身与企业潜在的晋升机会、横向流动等规划是否相符合，以及企业对其技能、知识所做出的评价等信息。

在现实审查中信息传递的方式有两种：一是由员工的上级主管将信息提供作为绩效评价过程的一个组成部分，与员工进行沟通；二是上级主管与员工举行专门的绩效评价与职业开发讨论会，对员工的职业兴趣、优势及可能参与的开发活动等方面的信息进行交流。

在现实审查中，员工应确定哪些需求具有开发的现实性。而企业的责任是就绩效评价结果及员工与企业的长期发展规划相匹配之处与员工进行沟通。

3）目标设定

目标设定的目的是帮助员工确定短期与长期职业目标。这些目标与员工的期望职位、应用技能水平、工作设定、技能获得等其他方面紧密联系。

目标设定的方式主要是员工与上级主管针对目标进行讨论，并记录于员工的开发计划中。

在目标设定过程中，员工应确定目标和判断目标进展状况。企业应确保目标是具体的、富有挑战性的、可以实现的，承诺并帮助员工达成目标。

4）行动计划

行动计划的目的是帮助员工决定如何才能达成自己的短期与长期的职业生涯目标。

行动计划的方式主要取决于员工开发的需求及开发的目标，可采用安排员工参加培训课程和研讨会、获得新的工作经验、获得更多的评价等方式。

在行动计划过程中，员工应制定出达成目标的步骤及时间表。企业应确定员工在达成目标时所需要的资源，其中包括课程、工作经验及关系等。

7.3.2　组织职业生涯管理

1. 组织职业生涯管理的内涵

组织职业生涯管理是指组织对员工从事的职业进行一系列的计划、组织、领导和控制等管理活动，以实现组织目标和个人发展的有机结合。现代人力资源管理要求组织最大限度地利用员工的个人能力，为每一个员工提供一个不断成长并挖掘其最大潜力走向事业成功的机会。

2. 组织职业生涯管理的方法

组织职业生涯管理需要各方面的有效配合，包括个人、人力资源部门、直线部门和上级的共同合作与努力，这是做好职业生涯规划与管理的基础。

企业在为员工开展职业生涯规划时，应当根据不同员工的特点采取对应有效的职业生涯规划和方法，一般可以针对新员工、中期员工和老员工三类人员进行操作。

（1）针对新员工的职业生涯管理方法。

针对新员工而言，提供一个富有挑战性的工作能产生相当大的吸引力。实践证明，企业能够做的最重要事情之一就是争取做到为新员工提供的第一份工作具有符合其最初的意愿和带有挑战性的特点。

（2）针对中期员工的职业生涯管理方法。

针对中期员工而言，提拔晋升，从职位晋升体系中清晰地找到个人发展的方向，具有最大的吸引力和动力。企业应保证员工职业道路畅通，能够让有前途、有作为的员工努力去争取。具有发展前途和看到未来希望才是留住人才的最大保障。同时，安排富有挑战性的工作和通用轮换岗位方式让其保持新鲜感觉或适当安排探索性的职业工作，对于处于职业中期的员工是一种很有效的方法。

（3）针对老员工的职业生涯管理方法。

在职业生涯后期阶段，员工退休问题必然提到议事日程上。除了为这些即将退休的人员提供有利于身心健康的社会保障条件，使其充分享受闲适的退休生活以外，还可以通过适当的方式让这些员工继续发挥"余热"，如对依然能对组织做出贡献的老员工进行退休返聘。

3. 组织职业生涯管理的发展趋势

未来的职业发展是连续学习的自我导向，并且时刻在挑战性的工作中进行；未来的职业发展不一定是正式的培训、再培训或向上流动的。尽管在新时代下，职业生涯管理将获得新的内涵，但职业生涯管理的作用仍然不可忽视。职业自我管理的重要性对个人来说，关系到个人的生存质量和发展机会；对于组织来说，保持员工的竞争力，意味着组织在变化莫测的情景中生存和发展的空间也会相应地增大。

职业生涯管理应该由个人和组织双方共同来实施。因为过于频繁的人员变动，一方面使组织的人力资源管理成本提高、实施困难；另一方面会使个人与组织的关系恶化，使人的持续创造力下降、满意度降低。特别是在当今知识经济时代的背景下，组织的核心竞争力十分重要，而对影响核心竞争力的重要人物实施职业生涯管理是十分必要的。

本章小结

职业生涯管理是现代企业人力资源管理的重要内容之一，是企业帮助员工制定职业生涯规划和帮助其职业生涯发展的一系列活动，它为员工提供适当的教育、培训、轮岗和提升等发展机会，指导并协助员工实现职业生涯发展目标的活动和过程。

职业生涯规划是一门具有科学性和操作性的学科，并被看作是一项对社会有着重要影响的服务，既包括个人对自己进行的个人职业生涯规划，也包括组织对员工进行的组织职业生涯管理。

关键术语

职业　职业生涯　职业生涯管理　职业路径　职业选择　职业生涯规划　职业锚　个人职业生涯规划　组织职业生涯管理

复习思考题

1. 什么是职业生涯？什么是职业生涯规划？什么是职业生涯管理？
2. 简述帕森斯、霍兰德的职业选择理论。
3. 试阐述职业生涯规划的不同发展阶段。

第8章

绩效管理

教学目标 ////

通过学习本章内容，理解绩效管理的作用、目的与特点；描述绩效管理实施的主要环节；掌握不同评估工具对员工绩效进行评估的优缺点；掌握有效的绩效考评方法。

教学要求 ////

主要内容	知识要点	重点、难点
绩效管理概述	（1）绩效管理的含义 （2）绩效管理的作用 （3）绩效管理的目的 （4）绩效管理的特点	（1）绩效管理的作用 （2）绩效管理的特点
绩效管理的实施过程	（1）绩效管理的典型模式 （2）绩效管理的误区 （3）绩效管理的环节 （4）绩效管理实施的核心——绩效沟通 （5）绩效管理的重要工具——绩效考评	（1）绩效管理的误区 （2）绩效管理的重要工具——绩效考评
绩效考评的方法	（1）图尺度评价法 （2）交替排序法 （3）配对比较法 （4）强制正态分布法 （5）关键事件法 （6）行为锚定等级评价法 （7）目标管理法 （8）关键绩效指标 （9）平衡计分卡 （10）360度绩效考评	（1）强制分布法 （2）行为锚定等级评价法 （3）关键绩效指标
绩效管理的新发展	（1）政府绩效管理 （2）战略性绩效管理	战略性绩效管理

8.1 绩效管理概述

8.1.1 绩效管理的含义

所谓绩效管理，是指各级管理者和员工为了达到组织目标共同参与绩效计划制订、绩效辅导沟通、绩效考核评价、绩效结果应用、绩效目标提升的持续循环过程，绩效管理的目的是持续提升个人、部门和组织的绩效。

绩效计划制订是绩效管理的基础环节，不能制订合理的绩效计划就谈不上绩效管理；绩效辅导沟通是绩效管理的重要环节，这个环节工作不到位，绩效管理将不能落到实处；绩效考核评价是绩效管理的核心环节，这个环节工作出现问题，会给绩效管理带来严重的负面影响；绩效结果应用是绩效管理取得成效的关键，如果对员工的激励与约束机制存在问题，绩效管理则不可能取得成效。

绩效管理强调组织目标和个人目标的一致性，强调组织和个人同步成长，形成"多赢"局面。绩效管理体现着"以人为本"的思想，在绩效管理的各个环节中都需要管理者和员工的共同参与。

按管理主题来划分，绩效管理可分为两大类，一类是激励型绩效管理，侧重于激发员工的工作积极性，比较适用于成长期的企业；另一类是管控型绩效管理，侧重于规范员工的工作行为，比较适用于成熟期的企业。但无论采用哪一种考核方式，其核心都应有利于提升企业的整体绩效，而不应在指标的得分上斤斤计较。

8.1.2 绩效管理的作用

无论企业处于何种发展阶段，绩效管理对于提升企业的竞争力都具有巨大的推动作用，进行绩效管理都是非常必要的。绩效管理对于处于成熟期企业而言尤其重要，没有有效的绩效管理，企业和个人的绩效得不到持续提升，企业和个人就不能适应残酷的市场竞争的需要，最终将被市场淘汰。

1. 绩效管理促进企业和个人绩效的提升

绩效管理通过设定科学合理的企业目标、部门目标和个人目标，为企业员工指明了努力方向。管理者通过绩效辅导沟通及时发现下属工作中存在的问题，给下属提供必要的工作指导和资源支持，下属通过工作态度及工作方法的改进，保证绩效目标的实现。在企业正常运营情况下，部门或个人新的目标应超出前一阶段目标，激励企业和个人进一步提升绩效，经过这样绩效管理循环，企业和个人的绩效才会得到全面提升。

此外，绩效管理通过对员工进行甄选与区分，保证优秀人才脱颖而出，同时淘汰不适合的人员。通过绩效管理能使内部人才得到成长，同时能吸引外部优秀人才，使人力资源能满足企业发展的需要，促进企业绩效和个人绩效的提升。

2. 绩效管理促进管理流程和业务流程的优化

企业管理涉及对人和对事的管理，对人的管理主要是激励、约束问题，对事的管理就是流程问题。所谓流程，就是一件事情或者一个业务如何运作，涉及因何而做、由谁来做、如何去做、做完了传递给谁等几个方面的问题，上述四个环节的不同安排都会对产出结果有很大的影响，极大的影响着企业的效率。

在绩效管理过程中，各级管理者都应从企业整体利益及工作效率出发，尽量提高业务处理的效率，应该在上述四个方面不断进行调整优化，使企业运行效率逐渐提高，在提升了企业运行效率的同时，逐步优化了企业管理流程和业务流程。

3. 绩效管理保证企业战略目标的实现

企业一般有比较清晰的发展思路和战略，有远期发展目标及近期发展目标，根据外部经营环境的预期变化及内部条件制订出年度经营计划及投资计划，并在此基础上制定企业年度经营目标。企业管理者将企业的年度经营目标向各个部门分解就成为部门的年度业绩目标，各个部门向每个岗位分解核心指标就成为每个岗位的关键业绩指标。

8.1.3 绩效管理的目的

一般来说，绩效管理的目的可以划分为三个层次，即战略目的、管理目的和开发目的。[①]

（1）战略目的。绩效管理应当将员工的工作活动与组织的目标联系起来，从而达到战略目的。绩效管理的起点是明确组织对每位员工的期望。绩效管理对每个员工的绩效进行评估，判断哪些期望实现了，而哪些期望没有实现。它使组织能够采取修正的行动，如培训、激励或惩戒。只有当衡量指标真正与组织目标结合起来，而且目标和绩效反馈能够传达给员工的时候，绩效管理才能实现其战略目的。

（2）管理目的。组织在进行很多管理决策时，都需要用到绩效管理（尤其是绩效考核）的信息，如薪资管理、职位晋升、保留/解雇等。因为绩效管理对这些管理决策提供支持，所以绩效考核中的信息将会对员工未来的工作产生重大影响。

（3）开发目的。绩效管理的第三个目的是对员工进行进一步的培训和开发，以使他们能够有效地完成工作。有效的绩效反馈能够使员工了解自己的优势、弱点和不足，并在其工作完成情况没有达到其所应当达到的水平时，提供改善其绩效的方法。

综上所述，绩效管理的目的是将员工的活动与组织的战略目标联系在一起，并且为组织针对员工所做出的所有决策提供有效和有用的信息，同时还要为员工提供有用的开发方面的反馈。

8.1.4 绩效管理的特点

绩效管理是一个组织和员工持续不断双向沟通的过程。在这个过程中，组织和员工就绩效目标达成一致，组织作为员工的辅导员、教练，帮助员工不断提高能力，以使绩效目标得以达成，最终使员工达到绩效目标的要求，获得自身能力的提升，最大限度地激发员工的潜能。绩效管理的特点可以表现为以下几个方面。

（1）绩效管理是一个管理过程，而非阶段性的绩效考核，绩效考核与绩效管理不等同。

---

① 赵继新，郑国强. 人力资源管理：基本理论操作实务精选案例 [M]. 北京：北京交通大学出版社，2014：202－203.

（2）绩效管理的过程由组织和员工的共同努力达成。

（3）绩效管理的实现需要管理者和员工就工作目标达成一致。

（4）绩效管理的终极目标是提升员工的能力、激发员工的潜能。

总之，绩效管理并不是单纯的工具和方法，而一个完整的管理系统，我们必须把它视为一个完整的系统，以系统的观点出发看待和对待它。

8.2　绩效管理的实施过程

8.2.1　绩效管理的典型模式

通过对国内企业绩效管理现状的调查和研究，我国企业绩效管理可以总结为以下几种典型模式。

1. 德能勤绩式绩效管理

德能勤绩等方面的考核具有非常悠久的历史，曾一度被国有企业和事业单位在年终考评中普遍采用，目前仍然有不少企业还在沿用这种思路。

德能勤绩式绩效管理的本质特征：业绩方面考核指标相对"德""能""勤"方面比较少；大多情况下考核指标的核心要素并不齐备，没有评价标准，更谈不上设定绩效目标。这里借用德能勤绩的概念，就是因为这类考核实质是没有"明确定义、准确衡量、评价有效"的关键业绩考核指标。

德能勤绩式绩效管理除了上述典型特征外，往往还具备如下特点。

（1）很多企业是初始尝试绩效管理，绩效管理的重点往往放在绩效考核上。

（2）没有部门考核的概念，对部门负责人的考核等同于对部门的考核，没有部门考核与部门负责人考核的明确区分。

（3）考核内容更像是对工作要求的说明，这些内容一般来源于公司倡导的价值观、规章制度、岗位职责等。

（4）绩效考核指标比较简单粗放，大多数考核指标可以适用同一级别岗位，甚至适用所有岗位，缺少关键业绩考核指标。

（5）绩效考核不能实现绩效管理的战略目标导向。

对于刚刚起步发展的企业，通常基础管理水平不是很高，绩效管理工作没有太多经验，在这种情况下，德能勤绩式绩效管理是有其积极作用的。这种方式对加强基础工作管理水平，增强员工责任意识，督促员工完成岗位工作有较好的促进作用。但德能勤绩式绩效管理是简单粗放的绩效管理，对企业和个人绩效提升作用有限，虽然表面上来看易于操作，其实绩效考核过程随意性很大。企业发展后，随着企业基础管理水平的提高，企业绩效管理将对精细性、科学性提出更高要求，德能勤绩式绩效管理就不符合企业实际情况了。

2. 检查评比式绩效管理

国内目前的绩效管理实践中检查评比式绩效管理还是比较常见的，采用这种绩效管理模式的企业通常情况下基础管理水平相对较高，企业决策层领导对绩效管理工作比较重视，绩效管理已经进行了初步的探索实践，已经积累了一些经验教训，但对绩效管理的认识在某些方面还存在问题，绩效管理的公平目标、激励作用不能充分发挥，绩效管理战略导向作用不能得到实现。

检查评比式绩效管理的典型特征：按岗位职责和工作流程详细列出工作要求及标准，考核项目众多，单项指标所占权重很小；评价标准多为扣分项，很少有加分项；考核信息来源是个重要问题，除非个别定量指标外，绝大多数考核指标信息来自抽检；大多数情况下，企业组成考察组，对下属单位逐一进行监督检查，颇有检查评比的味道，不能体现对关键业绩方面的考核。

检查评比式考核对提高工作效率和质量是有很大作用的，通过定期与不定期的检查考核，员工会感受到压力，自然会在工作要求及标准方面尽力按着企业要求去做，对提高业务能力和管理水平有积极意义。

这种模式的考核有两个重大缺陷：一是绩效考核结果没有效度，也就是说考核结果好的不一定就是对企业贡献最大的，绩效水平低的不一定考核结果差，这样自然制约着公平目标和激励作用的实现；二是由于考核项目众多，缺乏重点，实现不了绩效管理的导向作用，员工会感到没有发展目标和方向，缺乏成就感。

考核没有效度及不能实现战略导向作用大致有以下几个方面的原因。

（1）由于考核项目众多，员工感觉不到企业发展方向和期望的行为是什么，同时由于每项指标所占权重很小，因而即使很重要的指标，员工也不会过于在意。

（2）考核操作实施过程中，检查、抽查是普遍采用的方式。对于检查、抽查中发现的问题，被考核者往往不从自身工作找原因，而往往认为自己倒霉，坚持认为别人考核成绩好是因为别人运气好，存在的问题没有被发现，被考核者从心里不会接受这样的考核结果。

（3）考核者对被考核者工作的认识和理解往往存在偏差，这样会导致绩效考核出现"无意识误差"；考核者往往不是被考核者的直线上级，不必对被考核者业绩负责，会导致绩效考核的随意性及出现"有意识误差"，这两种情况都会引起绩效考核者对公平、公正的质疑。

3. 共同参与式绩效管理

在绩效管理实践中，共同参与式绩效管理在国有企业和事业单位中也比较常见，这些组织的显著特征是崇尚团队精神，组织变革动力不足，组织领导往往从稳定发展角度看问题，不愿冒太大风险。共同参与式绩效管理有三个显著特征：一是绩效考核指标比较宽泛，缺少定量硬性指标，这给考核者留出很大余地；二是崇尚全方位考核，上级、下级、平级和自我都要进行评价，而且自我评价往往占有比较大的权重；三是绩效考核结果与薪酬发放联系不紧密，绩效考核工作不会得到大家的极力抵制。

共同参与式绩效管理对提高工作质量和团队精神的培养是有积极作用的，可以维系组织稳定的协作关系，约束个人的不良行为，督促个人完成各自任务，以便团队整体工作的完成。在以绩效提升为主要目标、团队协作为主要特征的组织中是适用的。但这种绩效管理如果采用不当会带来严重负面效果，主要表现在以下几个方面。

（1）大部分考核指标不需要过多的考核信息，一般被考核者根据自己的印象就能打分，考核随意性较大，人情分现象严重，容易出现"有意识的误差"和"无意识的误差"。

（2）在自我评价占有太大分量的情况下，由于人的本性决定，在涉及个人利益关系的情况下，个人对自己的评价不可能公正客观。

（3）这种评价一般与薪酬联系不太紧密，薪酬的激励作用有限。

（4）表面氛围和谐，实则是对创新能力的扼杀，这对创新要求高的组织是非常致命的。往往最终结果是，最有思想、最有潜力的员工要么被迫离开组织，要么被组织同化不再富有创造力。

4. 自我管理式绩效管理

自我管理式绩效管理是世界一流企业推崇的管理方式，这种管理理念的基础是对人性的假设坚持 Y 理论：认为员工视工作如休息、娱乐一般自然，如果员工对某些工作做出承诺，他们会进行自我指导和自我控制，以完成任务。一般而言，每个人不仅能够承担责任，而且会主动寻求承担责任，绝大多数人都具备做出正确决策的能力，而不仅仅管理者才具备这一能力。

自我管理式绩效管理的显著特征：通过制定激励性的目标，让员工自己为目标的达成负责；上级赋予下属足够的权利，一般很少干预下属的工作；很少进行过程控制考核，大都注重最终结果；崇尚"能者多劳"的思想，充分重视对人的激励作用，绩效考核结果除了与薪酬挂钩外，还决定着员工岗位升迁或降职。

自我管理式绩效管理激励效应较强，能充分调动人的主动积极性，能激发有关人员尽最大努力去完成目标，对提高组织效益是有好处的，但这种模式应注意适用条件，如果适用条件不具备，可能会发生严重的问题和后果，不能保证个人目标和组织目标的实现。

（1）由于自我管理推崇的是 Y 理论人性假设，在中国社会的目前发展水平情况下，如果缺乏有效监督检查，期望员工通过自我管理来实现个人目标有时是不现实的。因为有的员工自制能力差，不能有效约束自己，如果不实行严格管理将不能达成其个人目标及组织目标。

（2）自我管理式绩效管理缺乏过程控制环节，对目标达成情况不能及时监控，不能及时发现隐患和危险，等发现问题时可能已经太迟，没有挽回余地了，因此可能会给组织带来较大损失。

（3）绩效辅导实施环节工作比较薄弱，上级领导往往不能及时对被考核者进行绩效辅导，也不能及时给下属资源上的支持，因此绩效管理提升空间有限。

（4）被考核者通常小团体意识严重，不能站在全局角度看问题，被考核者绩效目标与组织目标往往不一致，不能保证组织战略发展目标的实现。

8.2.2　绩效管理的误区

对绩效管理的错误认识是企业绩效管理效果不佳的最根本原因，也是最难突破的障碍，企业管理者对绩效管理往往存在如下的误解甚至错误认识。

1. 绩效管理是人力资源部门的事情，与业务部门无关

在企业绩效管理实践中，坚持"绩效管理是人力资源管理部门的事"这种观点的人不在少数，甚至某些企业决策层领导都这么认为。那么这种认识深层次的原因是什么呢？其实这和企业的发展阶段及员工的能力素质有关。首先，在企业规模不是很大的情况下，业务人员在企业具有举足轻重的地位，无论在收入上还是在地位上，业务人员往往比职能人员受到更多的重视，业务人员总认为绩效管理是虚的东西，因此绩效管理得不到业务人员的重视。

其次，做业务出身的业务部门经理，往往习惯了简单粗放的管理方式，对定期搜集考核数据信息，填写绩效考核表格等工作会非常厌烦，同时由于还没有看到绩效管理带来的好处，因此会极力抵制绩效考核工作。最后，往往业务部门领导对管理责任认识不到位，事实上业务部门领导从本质讲，应该将更多精力放在管理上而不是具体业务运作上，应该更好的激励辅导下属开展业务，而不是全部都自己亲力亲为，管理的基本职能是计划、组织、领导、控制，这在绩效管理循环各个环节都会得到体现。

正确的认识应该是，人力资源部门只是绩效管理的组织协调部门，各级管理人员才是绩效管理的主角，各级管理人员既是绩效管理的对象（被考核者），又是其下属绩效管理的责任人（考核者）。

如何改变员工存在的上述认识呢？第一，要进行思想灌输，使他们改变大业务员的思维定势，认识到管理的重要性；第二，要对管理者进行管理培训，尤其是绩效管理有关工具、方法和技巧的培训，提高管理者能力素质和企业管理水平；第三，从企业文化建设入手，加强企业的执行力，只要企业决策层领导大力推进，相信各级管理者和员工会逐渐接受绩效管理。随着绩效管理的深入推进，各级管理者和员工会从绩效管理中获得收益，那么绩效管理就会得到各级管理者和员工重视。

2. 绩效管理就是绩效考核，绩效考核就是挑员工毛病

很多企业实施绩效管理的时候，对绩效管理并没有清楚的认识，认为绩效管理就是绩效考核，把绩效考核作为约束、控制员工的手段，通过绩效考核给员工增加压力，将绩效考核不合格作为辞退员工的理由。有些企业盲目采用末位淘汰制。如果企业的组织文化、业务特点和管理水平并不支持采用这种方法，绩效考核自然会受到员工的抵制。

事实上，绩效管理和绩效考核是不同的，绩效考核只是绩效管理的一个环节。绩效管理是一个完整的循环，由绩效计划制订、绩效辅导沟通、绩效考核评价及绩效结果应用等几个环节构成。绩效管理的目的不是发绩效工资和奖金及涨工资，这些都是手段，绩效管理的目的是持续提升企业和个人的绩效，保证企业发展目标的实现。绩效考核是为了正确评估组织或个人的绩效，以便有效进行激励，是绩效管理最重要的一个环节。绩效管理想要取得成效，上述四个环节的工作都要做好，否则就不会达到绩效提升的效果。

如何改变绩效管理就是绩效考核，绩效考核就是挑员工毛病的错误认识呢？第一，要使员工认识到绩效管理和绩效考核会带来好处。无论绩效管理还是绩效考核，并不会损害各级管理者和员工的利益，相反会促进个人能力素质的提高，这在日益激烈的职场竞争中是非常关键的。第二，要加强对各级管理者有关绩效管理工具、方法和技巧的培训，使绩效计划制订、绩效辅导沟通、绩效考核评价及绩效结果应用等环节的工作落到实处。

3. 过分重视绩效考核，而忽视绩效计划制订环节的工作

绩效管理实施过程中，很多管理者对绩效考核工作比较重视，但对绩效计划制订环节重视不够，这是初次尝试绩效管理的企业经常遇到的问题。绩效计划是企业领导和下属就考核期内应该完成哪些工作及达到什么样的标准进行充分讨论并形成契约的过程。绩效计划的作用有以下几点。

（1）绩效计划提供了对企业和员工进行绩效考核的依据。

绩效管理是由绩效计划制订、绩效辅导实施、绩效考核评价、绩效结果应用等环节组成的一个系统，制订切实可行的绩效计划，是绩效管理的第一步，也是最重要的一个环节。制订了绩效计划，考核期末就可以根据由员工本人参与制订并做出承诺的绩效计划进行考核。对于出色完成绩效计划的部门和个人，绩效考核会取得优异评价并会获得奖励，对于没有完成绩效计划的部门和个人，上级领导应帮助下属分析没有完成绩效计划的原因并帮助下属制订绩效改进计划。

（2）科学合理的绩效计划保证企业、部门目标的贯彻实施。

个人的绩效计划、部门的绩效计划、企业的绩效计划是依赖和支持关系。一方面，个人的绩效计划支持部门的绩效计划，部门的绩效计划支持企业整体的绩效计划；另一方面，企业绩效计划的实现依赖于部门绩效计划的实现，部门绩效计划的实现依赖于个人绩效计划的实现。在制订企业、部门和个人绩效计划过程中，通过协调各方面的资源，使资源向对企业目标实现起瓶颈制约作用的地方倾斜，促使部门和个人绩效计划的实现，从而保证企业目标的实现。

（3）绩效计划为员工提供努力的方向和目标。

绩效计划包含绩效考核指标及权重、绩效目标及评价标准等方面。这对部门和个人的工作提出了具体明确的要求和期望，同时明确表达了部门和员工在哪些方面取得成就会获得企业的奖励。一般情况下，部门和员工会选择企业期望的方向去努力。

在制订绩效计划过程中，确定绩效目标是最核心的步骤，如何科学合理地制定绩效目标对绩效管理的成功实施具有重要的意义。许多企业绩效考核工作难以开展的原因就在于绩效计划制订得不合理，如果有的员工绩效目标定得太高，无论如何努力，都完不成目标；有的员工绩效目标定得比较低，很容易就完成了目标，这种事实上的内部不公平，会对员工的积极性造成很大的影响。另外，绩效目标定得过高或过低，会降低薪酬的激励效应，达不到激发员工积极性的目的。制定合理可行的绩效目标是非常关键的，科学合理地制订绩效计划是绩效管理能够取得成功的关键环节。

4. 轻视和忽略绩效辅导沟通的作用

绩效管理强调管理者和员工的互动，以及管理者和员工形成利益共同体，因此管理者和员工会为绩效计划的实现而共同努力。绩效辅导是指绩效计划执行者的直接上级及其他相关人员为帮助执行者完成绩效计划，通过沟通、交流或提供机会，给执行者以指示、指导、培训、支持、监督、纠偏、鼓励等帮助的行为。绩效辅导沟通的必要性在于以下几点。

① 管理者需要掌握员工工作进展状况，提高员工的工作绩效。

② 员工需要管理者对工作进行评价和辅导支持。

③ 必要时对绩效计划进行调整。

5. 过于追求量化指标，轻视考核过程，否认主观因素在绩效考核中的积极作用

定量指标在绩效考核指标体系中占有重要的地位，在保证绩效考核结果客观公正方面具有重要作用。但定量考核指标并不意味着考核结果必然是公正、公平的，考核结果公正、公平不一定需要全部是定量指标。要求考核指标全部量化的管理者，在某种程度上是不称职的，表明其没有正确评价下属工作状况的能力。

在企业绩效管理实践中，很多管理者希望所有考核指标结果都能按公式计算出来，实际上这是不现实的，某种意义上是管理者回避了问题，也是管理者的一种偷懒行为。绩效考核不是绩效统计，一定要发挥考评人的主观能动性，根据实际情况的变化，对绩效被考核者做出客观公正的评价。

为什么不能全部依靠定量指标呢？因为一个有效的定量评价指标必须要满足以下几个前提，任何一个前提不存在，定量指标考核的公平、公正性就受到质疑。而在企业绩效管理实践中，并不是所有的考核指标都满足以下的条件。

（1）定量考核指标一定要符合企业发展战略导向。如果定量考核指标不符合企业发展战略目标，那么一定会产生南辕北辙的效果。很多企业对人力资源部考核指标都有一个关键人才流失率，而且这个指标定义非常清楚，对于什么是"关键人才"、如何鉴别"流失"都有明确规定。而用这样一个指标考核人力资源部门是有问题的，关键岗位人员流失的原因是多方面的，下定决心要走的"人才"留下来对企业也不会有什么重大贡献。考核关键岗位人员"流失率"不如考核关键岗位人员"满足率"更适合。

（2）定量考核指标制定要科学合理，能考虑内部条件、外部环境等多方面因素。如果目标制定不合理，没有充分考虑各种因素，会造成更大的不公平。在企业绩效管理实践中，很多企业绩效考核最终不能坚持下来最关键的原因就是没有实质办法将绩效目标制定的公平、公正。

（3）定量指标可以明确定义、精确衡量，数据信息准确可靠并且获取成本低。事实上，有众多会计准则约束的财务报告数据尚有很多"处理"空间，那么很多定量数据的可靠性、有效性的确会受到质疑。

（4）定量考核指标绩效目标的完成不会降低工作质量，否则会有非常严重的负面效果。以工作质量降低来满足工作数量要求对企业的损害是长期的、深远的。

很多企业对人力资源部门的考核指标有"培训工作完成及时率"，实践过这个指标的人力资源管理者应该知道，不会有哪个企业人力资源部门完不成这样的考核指标。事实上，这种考核指标的完成有时是以工作质量的降低作为代价的：本来培训的条件不具备，但先培训完了再说，培训的必要性和效果都会受到影响。

既然定量指标的运用需要一定条件，那么就应该发挥过程指标在考核中的重要作用，应该充分尊重直线上级在考核中的主观评价作用。事实上，没有任何别人比主管更清楚了解下属的工作状况，因此用过于复杂的方法寻求绩效考核的公平、公正是低效的。

6. 忽略绩效考核导向作用

绩效管理取得成效最重要的一点是实现绩效考核与薪酬激励的公平、公正性，只有公平、公正才能使人信服，才能促进个人和企业的绩效提升。但追求绩效考核公平、公正性应以实现绩效考核的战略导向为前提。有人曾向某部门经理询问："您能不能对下属工作绩效进行有效区分，哪个员工绩效优秀？哪个员工需要改进？"对于这个问题他感到非常困惑，他说："有人工作很努力，但基础不是很好，工作效果一般；有人在业务方面大胆创新，但有时细节工作不到位；有人工作成绩平平，但计算机使用方面有特长，因此如果真要选择一个优秀的员工的确非常困难。"

事实上这位经理的感受具有一定代表性，该经理在对待绩效考核工作态度上是非常认真的，但对绩效管理的认识还存在差距。事实上，绩效考核要体现战略导向，在一定期间符合企业发展战略导向的行为就该受到奖励。如果企业本身对业务开拓创新有更高的要求，那么开拓创新的行为就该受到鼓励；如果企业业务发展压力较大，那么业务出色的员工更该受到激励。因此绩效管理要考虑企业战略导向，绩效管理的目的是提升绩效。

绩效管理实践中还有一种普遍现象，就是尽量追求考核指标的全面和完整，考核指标涵盖了这个岗位几乎所有的工作，事无巨细详细说明考核要求和标准。这样的考核指标不能突出重点，因此无法体现战略导向作用。过分追求指标的全面完整必然会冲淡最核心关键业绩指标的权重，使绩效考核的导向作用大大弱化。

7. 绩效考核过于注重结果而忽略过程控制

公平、公正地进行考核以便对业绩优异者进行激励是绩效考核非常重要的一个方面，但绩效考核绝不只是最终的秋后算账，通过过程考核对绩效计划执行环节进行有效监督控制，及时发现存在的问题，避免更大损失的发生也是绩效考核的重要方面。

8. 对推行绩效管理效果抱有不切实际的幻想，不能持之以恒

绩效管理是一个逐步完善的过程，绩效管理取得成效与企业基础管理水平有很大关系，而企业基础管理水平不是短期就能快速提高的，因此企业推行绩效管理不可能解决所有问题，不要对绩效管理予以过高期望。

很多企业推行不下去绩效管理，就是因为企业领导急功近利，希望通过绩效管理迅速改变企业现状，这样的目的短期是不会达到的。

绩效管理对企业会产生深远的影响，但这种影响是缓慢的。绩效管理影响着企业各级管理者和员工的经营理念，同时绩效管理对于促进和激励员工改进工作方法、提高绩效有很大作用，但这些改变都是逐步的，不是一蹴而就的。绩效管理只要坚持就会有成效，绩效管理的效果是逐步显现的。

推行绩效管理是企业发展的必然，只要正确对待绩效管理的作用，从企业实际情况出发，扎扎实实推进绩效管理工作，企业和个人的绩效就会逐步提升，企业竞争力最终会得到提高。

8.2.3 绩效管理的过程

绩效管理的过程通常被看作一个循环系统，这个循环系统分为四个环节，即绩效计划、绩效执行、绩效评估与绩效反馈。

1. 绩效计划

绩效管理过程通常从计划与设定目标开始。一种比较常见的说法是，愿景是企业的终极目标，理念是不论在什么情况下我们做什么与不做什么，战略是企业中长期的目标及为达到目标应采取的行动，而绩效管理中的目标则是将企业战略分解到部门、员工，分解为他们各自的几项关键任务。计划与设定目标的成果就是，与员工一起商定与战略相关的、极少数几条关键的绩效指标。计划与设定目标是绩效管理最为重要的环节。

2. 绩效执行

绩效执行环节又称辅导，它涵盖员工工作、执行任务的整个过程。辅导的含义：它是中层经理辅导员工以达成绩效目标的过程，中层经理帮助员工提高技能，纠正可能的偏差，并对目标按企业需要进行修订。在这一环节中，中层经理还需要通过观察记录员工的关键成果与行为，以供考核环节使用。记录方法主要有定期书面报告、定期一对一面谈、定期会议及非正式沟通。执行环节的特点是持续不断地进行绩效管理沟通，员工与经理就工作进展情况、潜在障碍与问题、可能的解决措施等持续不断地进行沟通。

3. 绩效评估

绩效评估环节是对员工的绩效进行评估，企业管理层常常需要与员工进行一对一面谈沟通，填写大量的评估表格或撰写评估报告。由于评估结果将与员工的薪酬、晋升、培训联系起来，这一环节因此也显得非常关键。

绩效评估环节的失效会导致整个绩效管理失败，因为这是整个绩效管理过程形成显性结果的环节。常见的绩效管理失效情形包括：在我国企业中，评估结果常常往中间集中，既无特别差，也无特别优秀。中层经理也有把所有人评估为优秀的倾向，因为理论上所有下属的绩效之和就是经理的绩效。即使某人工作绩效很差，经理也很难将之评估为差，因为这将导致未来无法共事。最可怕的情况则是对绩效评估敷衍了事，导致评估不能反映真实情况，也因此无法根据评估结果帮助员工改进、激励等。常见的评估误区还有评估标准不明确、近因效应、光环效应、人际关系化效应等方面。

4. 绩效反馈

绩效反馈即将绩效评估结果应用于薪酬分配、职位变动、人力资源开发、员工个人职业生涯发展等。员工在执行战略的过程中创造了价值，他们将参与价值的分配。最为简单、有效的原则是，员工想要什么，就奖励什么。

8.2.4　绩效管理实施的核心——绩效沟通

绩效沟通主要是指组织者、考核者、被考核者之间的沟通。根据绩效管理的环节，将绩效沟通分为三个沟通过程：绩效计划沟通、绩效实施沟通和绩效结果沟通。

1. 绩效计划沟通

绩效计划沟通是指在绩效管理实施前的培训过程、绩效指标体系的建立、目标值的确定过程的沟通。其实绩效管理知识的培训过程也是沟通过程，在培训中，培训者将绩效管理的知识讲给大家听，在讲的过程中听取学员的意见等，通过这种方式把绩效管理的知识传授给大家。绩效指标体系的建立及目标值的确定等更离不开沟通，在这个过程中主要有三种方式，一是从上向下沟通，二是从下往上沟通，三是混合式沟通。在指标的设定时，应该从上向下沟通，因为绩效指标体系是从企业的战略分解与员工岗位职责相结合来确定的。绩效指标体系的目标确定过程建议采用混合式的沟通，因为目标值的确定是双向过程，目标不能定得太高或太低，太高没有激励，太低没有实施价值，这就需要考核者与被考核者之间充分沟通，使被考核者知道自己的考核指标和目标，便于他们完成目标。

2. 绩效实施沟通

绩效实施沟通是指在绩效辅导和绩效考核过程中的沟通。这个过程主要是考核者与被考核者之间的沟通。考核者可以通过与被考核者的沟通了解绩效管理实施的效果与影响；被考核者可以通过与考核者的沟通得知自己在绩效考核中存在的问题，了解绩效考核的标准并加以改进。

3. 绩效结果沟通

绩效结果沟通是指绩效结果的应用及绩效反馈的沟通，这是绩效沟通的重点，因为绩效考核最终目的是提高企业和员工的业绩并不断循环地改进和提高。绩效结果应用的沟通是让员工明白，要对自己过去的行为和结果负责，培养员工正确的思维。对绩效反馈的沟通也很重要，反馈的手段就是沟通，通过沟通帮助员工查找产生良好绩效和不良绩效的原因，并制定改进的措施和方法。这个沟通过程也主要是考核者或管理者与被考核者之间的沟通。

8.2.5　绩效管理的重要工具——绩效考评

绩效考评是企业人力资源管理的重要内容，更是企业管理强有力的手段之一。绩效考评的目的是通过考核提高每个个体的效率，最终实现企业的目标。在企业中进行绩效考评工作，需要做大量的相关工作。首先必须对绩效考评的含义做出科学的解释，使得整个组织有一个统一的认识。

1. 绩效考评的概念

绩效考评是指对照工作目标或绩效标准，采用一定的考评方法，评定员工的工作任务完成情况、员工的工作职责履行程度和员工的发展情况，并将上述评定结果反馈给员工的过程。

绩效考评是现代企业不可或缺的管理工具。它是一种周期性检讨与评估员工工作表现的管理系统，是指主管或相关人员对员工的工作做系统的评价。有效的绩效考评不仅能确定每位员工对企业的贡献或不足，更可在整体上对人力资源的管理提供决定性的评估资料，从而可以改善企业的反馈机能，提高员工的工作绩效，激励士气，也可作为公平合理地酬赏员工的依据。

2. 绩效考评的种类

1）按考评时间分类

（1）定期绩效考评。企业绩效考评的时间可以是一个月、一个季度、半年、一年。绩效考评时间的选择要根据企业文化和岗位特点选择。

（2）不定期绩效考评。不定期绩效考评有两方面的含义，一方面是指企业对人员的提升所进行的绩效考评；另一方面是指主管对下属的日常行为表现进行记录，发现问题及时解决，同时也为定期绩效考评提供依据。

2）按考评内容分类

（1）特征导向型绩效考评。特征导向型绩效考评的重点是员工的个人特质，如诚实度、合作性、沟通能力等，即考量员工是一个怎样的人。

（2）行为导向型绩效考评。行为导向型绩效考评的重点是员工的工作方式和工作行为，如服务人员的微笑和态度、待人接物的方法等，即对工作过程的考量。

（3）结果导向型绩效考评。结果导向型绩效考评的重点是工作内容和工作质量，如产品的产量和质量、劳动效率等，侧重点是员工完成的工作任务和生产的产品。

3）按考评主体分类

（1）主管绩效考评指上级主管对下属员工的考评。这种由上而下的考评，由于考评的主体是主管领导，所以能较准确地反映被考评者的实际状况，也能消除被考评者心理上不必要的压力。但有时也会受主管领导的疏忽、偏见、感情等主观因素的影响而产生考评偏差。

（2）自我绩效考评指被考评者本人对自己的工作实绩和行为表现所做的评价。这种方式透明度较高，有利于被考评者在平时自觉地按考评标准约束自己，但最大的问题是有"倾高"现象存在。

（3）同事绩效考评指同事间互相考评。这种方式体现了考评的民主性，但考评结果往往受被考评者的人际关系的影响。

（4）下属绩效考评指下属员工对他们的直接主管领导的考评。一般选择一些有代表性的员工，用比较直接的方法，如直接打分法等进行考评，考评结果可以公开或不公开。

（5）顾客绩效考评。许多企业把顾客也纳入员工绩效考评体系中。在一定情况下，顾客常常是唯一能够在工作现场观察员工绩效的人，此时，他们就成了最好的绩效信息来源。

4）按主观考评和客观考评分类

（1）客观绩效考评方法。客观绩效考评方法是对可以直接量化的指标体系所进行的绩效考评，如生产指标和个人工作指标。

（2）主观绩效考评方法。主观绩效考评方法是由考评者根据一定标准设计的考评指标体系，对被考评者进行主观绩效评价，如工作行为和工作结果。

5）按考评结果的表现形式分类

（1）定性绩效考评。结果表现为对某人工作评价的文字描述或对员工之间评价高低的相对次序以优、良、中、差等形式表示。

（2）定量绩效考评。结果以分值或系数等数量形式表示。

3. 绩效考评的原则

（1）公平原则。

公平是确立和推行人员绩效考评制度的前提。不公平的绩效考评将不可能发挥考评应有的作用。

（2）严格原则。

绩效考评不严格，就会流于形式，形同虚设，这不仅不能全面地反映工作人员的真实情况，而且还会产生消极的后果。绩效考评的严格性包括：要有明确的考核标准；要有严肃认真的考核态度；要有严格的考核制度与科学的程序及方法等。

（3）单头考评原则。

对各级职工的考评，都必须由被考评者的"直接上级"进行。直接上级相对来说最了解被考评者的实际工作表现（成绩、能力、适应性），也最有可能反映真实情况。间接上级（即上级的上级）对直接上级做出的考评评语，不应当擅自修改。这并不排除间接上级对考评结果的调整修正作用。单头考评明确了考评责任所在，并且使考评系统与企业指挥系统取得一致，更有利于加强企业的指挥机能。

（4）结果公开原则。

绩效考评的结果应对本人公开，这是保证考绩民主的重要手段。一方面，可以使被考核者了解自己的优点和缺点、长处和短处，从而使考核成绩好的人再接再厉，继续保持先进；也可以使考核成绩不好的人心悦诚服，奋起上进。另一方面，还有助于防止绩效考评中可能出现的偏见及种种误差，以保证绩效考评的公平与合理。

（5）结合奖惩原则。

依据绩效考评的结果，以及工作成绩的大小、好坏，做到有赏有罚，有升有降。这种赏罚、升降不仅与精神激励相联系，而且还必须通过工资、奖金等方式同物质利益相联系，这样才能达到绩效考评的真正目的。

（6）客观考评原则。

绩效考评应当根据明确规定的考评标准，针对客观考评资料进行评价，尽量避免掺入主观性和感情色彩。

（7）反馈原则。

绩效考评的结果一定要反馈给被考评者本人，否则就起不到绩效考评的教育作用。在反馈绩效考评结果的同时，应当向被考评者就评语进行说明解释，肯定其成绩和进步，说明其不足之处，提供今后努力的参考意见等。

（8）差别原则。

绩效考评的等级之间应当有鲜明的差别界限，针对不同的绩效考评结果在工资、晋升等方面应体现明显差别，使绩效考评带有刺激性，增强职工的上进心。

8.3　绩效考评的方法

绩效考评的方法很多，这里仅对常用的一些绩效考评方法进行列举和介绍。

8.3.1　图尺度评价法

1. 图尺度评价法的含义

图尺度评价法（graphic rating scale,GRS）也称为图解式考评法，是最简单和运用最普遍的工作绩效评价技术之一。它列举出一些组织所期望的绩效构成要素（质量、数量、个人特征等），还列举出跨越范围很宽的工作绩效登记（从"不令人满意"到"非常优异"）。在进行工作绩效评价时，首先针对每一位下属员工从每一项评价要素中找出最能符合其绩效状况的分数，然后将每一位员工所得到的所有分值进行汇总，即得到其最终的工作绩效评价结果。

当然，许多组织并不仅仅停留在一般性的工作绩效因素上，他们还将这些作为评价标准的工作职责进行进一步的分解，形成更详细和有针对性的工作绩效评价表。

这一测评方法有很多种变形，如通过对指标项的细化，可以用来测评具体某一职位人员的表现。指标的维度来源于被测对象所在职位的职位说明书（job description），从中选取与该职位最为密切相关的关键职能领域（key functional area，KFA），再总结分析出关键绩效指标（key performance indicator，KPI），然后为各指标项标明重要程度，即权重。

2. 图尺度评价法的操作方法

（1）在一张图表中列举出一系列绩效评价要素并为每一个要素列出几个备选的工作绩效等级。

（2）主管人员从每一个要素的备选等级中分别选出最能够反映下属员工实际工作绩效状况的工作绩效等级，并按照相应的等级确定其各个要素所得的分数。

3. 图尺度评价法的优缺点

（1）图尺度评价法的优点。

① 使用起来较为方便。

② 能为每一位员工提供一种定量化的绩效评价结果。

（2）图尺度评价法的缺点。

① 不能够有效地指导行为，它只能给出考评的结果而无法提供解决问题的方法。

② 不能提供一个良好的机制以提供具体的、非威胁性的反馈。

③ 准确性不高。由于评定量表上的分数未给出明确的评分标准，所以很可能得不到准确的评定，常常凭主观来考评。

8.3.2　交替排序法

1. 交替排序法的含义

交替排序法（alternative ranking method，ARM）是一种较为常用的排序考核法。其原理是：在群体中挑选出最好的或者最差的绩效表现者，这种方法比对其绩效进行绝对考核要简单易行得多。因此，交替排序法的操作方法就是分别挑选、排列"最好的"与"最差的"，然后挑选出"第二好的"与"第二差的"，这样依次进行，直到将所有的被考核人员排列完全为止，从而以优劣排序作为绩效考核的结果。交替排序法在操作时也可以使用绩效排序表。

这种方法的倡导者认为，在一般情况下，从员工中挑选出最好的和最差的，要比对他们绝对的绩效的好坏差异进行评分、评价要容易得多。这种方法在西方国家企业员工绩效评价中运用得很广泛。

但谁是最好，谁是最差，仍完全由上级主管凭其主观判断来选定，这为上级主管凭主观臆断评价也留下了空间。主管面对的是具体的个人，他个人的利益、情感和偏好不可能不掺杂到这种优劣评价中去。

2. 交替排序法的操作方法

（1）列举出所有需要进行评价人员的名单，然后去掉不是很熟悉因而无法对其进行评价的人的名字。

（2）选择一个被评价要素，并列出在该被评价要素上，哪位员工的表现是最好的，哪位员工的表现是最差的。

（3）再在剩下的雇员中挑出最好的和最差的。依此类推，直到所有必须被评价的员工都被列出。

3. 交替排序法的优缺点

（1）交替排序法的优点：简单实用，其考评结果也令人一目了然。

（2）交替排序法的缺点：容易对员工造成心理压力，在感情上也不易被接受。

8.3.3　配对比较法

1. 配对比较法的含义

配对比较法（paired comparison method，PCM）也称相互比较法、两两比较法、成对比较法或相对比较法。这种方法就是将所有要进行评价的职务列在一起，两两配对比较，其价值较高者可得 1 分，最后将各职务所得分数相加，其中分数最高者即等级最高者，按分数高低顺序将职务进行排列，即可划定职务等级，由于两种职务的困难性对比不是十分容易，所以在评价时要格外注意。

配对比较法是一种更为细致的通过排序来考核绩效水平的方法，它的特点是每一个考核要素都要进行人员间的两两比较和排序，使得在每一个考核要素下，每一个人都和其他所有人进行了比较，所有被考核者在每一个要素下都获得了充分的排序。

2. 配对比较法的操作方法

配对比较法使得排序型的工作绩效评价法变得更为有效。其基本做法有以下几点。

（1）将每一位雇员按照所有的评价要素与所有其他雇员进行比较，列出一个表格，其中要标明所有需要被评价的雇员姓名及需要评价的所有工作要素。

（2）将所有雇员依据某一类要素进行配对比较，然后用加和减即好和差来标明谁好一些，谁差一些。

（3）将每一位雇员得到的好的次数相加。

3. 配对比较法的优缺点

（1）配对比较法的优点。

① 考虑了每个员工与其他员工的绩效比较，可得到每个人的综合评价，并知道每人的长短处。

② 用在加薪、晋升方面尤其有价值。

③ 比较容易设计。

（2）配对比较法的缺点。

① 花费大量时间，并随着组织的扁平化控制幅度越来越大而更耗时。

② 此类方法的共同问题是：无法将评估活动与组织的战略联系在一起。

③ 由于这种评价方法的主观性质，使得这类方法的实际效度和信度往往取决于评价者本人。

8.3.4 强制正态分布法

1. 强制正态分布法的含义

强制正态分布法（forced distribution method，FDM）也称为强制分布法、硬性分配法，是在考核进行之前就设定好绩效水平的分布比例，然后将员工的考核结果安排到分布结构里去。该方法是根据正态分布原理，即俗称的"中间大、两头小"的分布规律，预先确定评价等级及各等级在总数中所占的百分比，然后按照被考核者绩效的优劣程度将其列入其中某一等级。

2. 强制正态分布法的操作方法

为了克服强制正态分布考评方法的缺陷，同时也为了将员工的个人激励与集体激励更好地结合起来，可以使用团体考评制度以改进硬性分配的效果。实施这种考评方法有以下基本步骤。

（1）确定 A、B、C、D、E 各个评定等级的奖金分配点数，各个等级之间点数的差别应该具有充分的激励效果。

（2）由每个部门的每个员工根据业绩考核的标准，对自己以外的所有其他员工进行百分制的评分。

（3）对称地去掉若干个最高分和最低分，求出每个员工的平均分。

（4）将部门中所有员工的平均分加总，再除以部门的员工人数，计算出部门所有员工的业绩考核平均分。

（5）用每位员工的平均分除以部门的平均分，就可以得到一个标准化的考评得分。那些标准分为（或接近）1 的员工应得到中等的考评，而那些标准分明显大于 1 的员工应得到良甚至优的考评，而那些考评标准分明显低于 1 的员工应得到及格甚至不及格的考评。在某些企业中，为了强化管理人员的权威，可以将员工团体考评结果与管理人员的考评结果的加权平均值作为员工最终的考评结果。但需要注意的是，管理人员的权重不应该过大。各个考评等级之间的数值界限可以由管理人员根据过去员工业绩考核结果的离散程度来确定。这种计算标准分的方法可以合理地确定被考核员工的业绩考评结果的分布形式。

（6）根据每位员工的考评等级所对应的奖金分配点数，计算部门的奖金总点数，然后结合可以分配的奖金总额，计算每个奖金点数对应的金额，并得出每位员工应该得到的奖金数额。其中，各个部门的奖金分配总额是根据各个部门的主要管理人虽进行相互考评的结果来确定的。另外，员工的考评结果不应在考评当期公开，同时奖金发放也应保密支付，以保证员工的情绪。但是各个部门的考评结果应该是公开的，以促进部门之间的良性竞争。

3. 强制正态分布法的优缺点

（1）强制正态分布法的优点。

① 等级清晰、操作简便。等级划分清晰，不同的等级赋予不同的含义，区别显著，并且只需要确定各层级比例，简单计算即可得出结果。

② 刺激性强。强制正态分布法常常与员工的奖惩联系在一起。对绩效"优秀"的重奖，绩效"较差"的重罚，强烈的正负激励同时运用，给员工以强烈刺激。

③ 强制区分。由于必须在员工中按比例区分出等级，会有效避免评估中过严或过松等一边倒的现象。

（2）强制正态分布法的缺点。

① 如果员工的业绩水平事实上不遵从所设定的分布样式，那么按照考评者的设想对员工进行硬性区别容易引起员工不满。

② 只能把员工分为有限的几种类别，难以具体比较员工差别，也不能在诊断工作问题时提供准确可靠的信息。

8.3.5　关键事件法

1. 关键事件法的含义

关键事件法（critical incident method, CIM）是一种通过员工的关键行为和行为结果来对其绩效水平进行绩效考核的方法，一般由主管人员将其下属员工在工作中表现出来的非常优秀的行为事件或者非常糟糕的行为事件记录下来，然后在考核时点上（每季度或每半年）与该员工进行一次面谈，根据记录共同讨论，从而对其绩效水平做出考核。

关键事件法的主要原则是认定员工与职务有关的行为，并选择其中最重要、最关键的部分来评定其结果。首先从领导、员工或其他熟悉职务的人那里收集一系列职务行为的事件，然后描述"特别好"或"特别坏"的职务绩效。在大量收集这些关键信息后，可以对他们做出分类，并总结出职务的关键特征和行为要求。关键事件法既能获得有关职务的静态信息，也可以了解职务的动态特点。

2. 关键事件法的操作方法

（1）分析人员可以向工作者询问一些问题，比如"请问在过去的一年中，您在工作中所遇到比较重要的事件是怎样的？您认为解决这些事件的最为正确的行为是什么？最不恰当的行为是什么？您认为要解决这些事件应该具备哪些素质？"等。

（2）对于解决关键事件所需的能力、素质，还可以让工作者进行重要性的评定。例如，让工作者给这些素质按重要性排列；按五点量表打分；给定一个总分（如20分）让工作者将其分摊到各个能力、素质中去。

3. 关键事件法的优缺点

（1）关键事件法的优点。

① 研究的焦点集中在职务行为上，因为行为是可观察的、可测量的。同时通过这种职务分析可以确定行为可能的利益和作用。

② 为上级向下属人员解释绩效评价结果提供了一些确切的事实证据。

③ 确保上级在对下属人员的绩效进行考察时，所依据的是员工在整个年度中的表现（因为这些关键事件肯定是在一年中累积下来的），而不是员工在最近一段时间的表现。

④ 保存一种动态的关键事件记录还可以使上级获得一份关于下属员工是通过何种途径消除不良绩效的具体实例。

（2）关键事件法的缺点。

① 费时，需要花大量的时间去搜集那些关键事件，并需要加以概括和分类。

② 关键事件的定义是显著的对工作绩效有效或无效的事件，但这样就遗漏了平均绩效水平。而对工作来说，最重要的一点就是要描述"平均"的职务绩效。利用关键事件法，难以涉及中等绩效的员工，因而全面的职务分析工作就不能完成。

8.3.6 行为锚定等级评价法

1. 行为锚定等级评价法的含义

行为锚定等级评价法（behaviorally anchored rating scale，BARS）也称行为定位法、行为决定性等级量表法或行为定位等级法，是一种将同一职务工作可能发生的各种典型行为进行评分度量，建立一个锚定评分表，并以此为依据对员工工作中的实际行为进行测评分级的考评办法。

行为锚定等级评价法实质上是把关键事件法与评级量表法结合起来，兼具两者之长。行为锚定等级评价法是关键事件法的进一步拓展和应用。它将关键事件和等级评价有效地结合在一起，通过一张行为等级评价表可以发现，在同一个绩效维度中存在一系列的行为，每种行为分别表示这一维度中的一种特定绩效水平，将绩效水平按等级量化，可以使考评的结果更有效、公平。

2. 行为锚定等级评价法的操作方法

行为锚定等级评价法的目的在于通过一个等级评价表，将关于特别优良或特别劣等绩效的叙述加以等级性量化，从而将描述性关键事件评价法和量化等级评价法的优点结合起来。

行为锚定等级评价法通常要求按照以下 5 个步骤来进行。

（1）进行岗位分析，获取关键事件，以便对一些代表优良绩效和劣等绩效的关键事件进行描述。

（2）建立评价等级。一般分为 5～9 级，将关键事件归并为若干绩效指标，并给出确切定义。

（3）对关键事件重新加以分配。由另一组管理人员对关键事件做出重新分配，把它们归入最合适的绩效要素中，确定关键事件的最终位置，并确定出绩效考评指标体系。

（4）对关键事件进行评定。审核绩效考评指标划分的正确性，由第二组人员将绩效指标中包含的重要事件从优到差、从高到低进行排列。

（5）建立最终的工作绩效评价体系。

3. 行为锚定等级评价法的优缺点

（1）行为锚定等级评价法的优点。

① 工作承担者直接参与了绩效评估和管理，有更多的民主性，便于为大家所接受。

② 行为锚定是根据观察和经验获得的，具有可操作性。

③ 能准确地为员工提供评估反馈。

（2）行为锚定等级评价法的缺点。

① 行为锚定的文字描述耗时多，同时会动用较多的人力和物力。

② 每一项不同的工作都必须有不同的表格，不便于评估的管理。

③ 经验性的描述有时易出现偏差。

8.3.7　目标管理法

1. 目标管理法的含义

目标管理是一种程序或过程，它使组织中的上级和下级一起协商，根据组织的使命确定一定时期内组织的总目标，由此决定上下级的责任和分目标，并把这些目标作为组织经营、评估和奖励每个部门和个人贡献的标准。

目标管理法（management by objectives，MBO）是现代企业最常用的一种方法，管理者通常很强调利润、销售额和成本这些能带来成果的结果指标。在目标管理法下，每个员工都确定有若干个具体的指标，这些指标是其工作成功开展的关键目标，它们的完成情况可以作为评价员工的依据。

2. 目标管理法的操作方法

由于各个组织活动的性质不同，目标管理的步骤也不完全一样，但一般来说可以概括为以下四步。

（1）建立一套完整的目标体系。

实行目标管理，首先要建立一套完整的目标体系。这项工作总是从企业的最高主管部门开始的，然后由上而下地逐级确定目标。上下级的目标之间通常是一种"目的－手段"的关系：某一级的目标，需要用一定的手段来实现，这些手段就成为下一级的次目标，按级顺推下去，直到作业层的作业目标，从而构成一种锁链式的目标体系。制定目标的工作如同其他计划工作一样，需要事先拟定和宣传作为前提条件。如果指导方针不明确，下级人员可能就不会制定出合理的目标。此外，制定目标应当采取协商的方式，鼓励下级人员根据基本方针拟定自己的目标，然后由上级批准。

（2）明确责任。

目标体系应与组织结构相吻合，从而使每个部门都有明确的目标，每个目标都有人明确负责。然而，组织结构往往不是按组织在一定时期的目标而建立的，因此，在按逻辑展开目标和按组织结构展开目标之间，时常会存在差异。有时从逻辑上看，一个重要的分目标却找不到对此负全面责任的管理部门，而组织中的有些部门却很难为其确定重要的目标。这种情况的反复出现，可能最终导致组织结构的调整。

（3）组织实施。

目标确定后，主管人员就应放手把权力交给下级成员，而自己去抓重点的综合性管理。如果在明确了目标之后，上级主管人员还像从前那样事必躬亲，便违背了目标管理的主旨，不能获得目标管理的效果。当然，这并不是说上级在确定目标后就可以撒手不管了，而是上级的管理应主要表现在指导、协助、提出问题、提供情报及创造良好的工作环境等方面。

（4）检查和评价。

对各级目标的完成情况，要事先规定期限，定期进行检查。检查的方法可灵活地采用自检、互检和责成专门的部门进行检查。检查的依据就是事先确定的目标。对于最终结果，应当根据目标进行评价，并根据评价结果进行奖罚。经过评价使得目标管理进入下一轮循环过程。

3. 目标管理法的优缺点

（1）目标管理法的优点。

① 目标管理最大的好处就是能促进管理水平的提高。以最终结果为导向的目标管理促使各级管理人员去认真思考计划的效果，而不仅仅是考虑计划的活动。为了保证目标的实现，各级管理人员必然要深思熟虑实现目标的方法和途径，考虑相应的组织机构和人选，以及需要怎样的资源和帮助。

② 目标管理的另一个好处是促使管理人员根据目标去确定组织的任务和结构。目标作为一个体系，规定了各层次的分目标和任务，在允许的范围内，组织机构要按照实现目标的要求来设置和调整，各个职位也应当围绕所期望的成果来建立，这就会使组织结构更趋于合理与有效。

③ 目标管理还有一个重要好处是由各级管理人员和工作人员去承担完成任务的责任，从而让各级管理者和工作人员不再只是执行指标和等待指导，成为全心致力于自己目标的人。他们参与自己目标的拟订，将自己的思想纳入计划之中，了解自己在计划中所拥有的自主处置权限及能从上级领导那里得到的帮助，以及自己应承担多大的责任，最终促进他们把管理工作做得更好。

④ 目标管理能使责任更明确，进而使控制活动更有效。控制就是采取措施纠正计划在实施中出现与目标的偏离，确保任务的完成。有了一套可考核的目标评价体系，监督就有了依据，控制就有了准绳，也就解决了控制活动最主要的问题。

（2）目标管理的缺点。

① 目标难确定。真正可考核的目标是很难确定的，而这恰恰是目标管理能否取得成效

的关键。为此，目标设置要比展开工作和拟订计划做更多的研究。根据先进性、可行性、可量化、可考核等要求确定管理目标体系，会对各级管理人员产生一定的压力。为了达到目标，各级管理人员有可能会出现不择手段的行为。为了防止选择不道德手段去实现目标的可能性，高层管理人员一方面要确定合理的目标，另一方面还要明确表示对行为的期望，给道德的行为以奖励，给不道德的行为以惩罚。

② 目标短期化。几乎在所有实行目标管理的组织中，确定的目标一般都是短期的，很少有超过一年的。其原因是组织外部环境的可能性变化，各级管理人员难以做出长期承诺所致。短期目标的弊端在管理活动中是显而易见的，可能会出现以损害长期利益为代价，换取短期目标实现的现象。为防止这种现象的发生，高层管理人员必须从长远利益来设置各级管理目标，并对可能出现的短期行为做出某种限制性规定。

③ 目标修正不灵活。目标管理要取得成效，就必须保持目标的明确性和肯定性，如果目标经常改变，说明计划没有经过深思熟虑，所确定的目标是没有意义的。但如果目标管理过程中，环境发生了重大变化，特别是上级部门的目标已经修改，计划的前提条件或政策已变化的情况下，还要求各级管理人员继续为原有的目标而奋斗，显然也是不可行的。然而，由于目标是经过多方磋商确定，要改变它则不是轻而易举的事，常常修订一个目标体系与制定一个目标体系所花费的精力和时间差别不大，结果很可能不得不中途停止目标管理的进程。

8.3.8 关键绩效指标

关键绩效指标（key performance indicator，KPI）可以使部门主管明确部门的主要责任，并以此为基础明确部门人员的业绩衡量指标。建立切实可行的 KPI 体系是做好绩效管理的关键。关键绩效指标是用于衡量工作人员工作绩效表现的量化指标，是绩效计划的重要组成部分。

1. 关键绩效指标的特点与意义

1）关键绩效指标的特点

（1）来自对企业战略目标的分解。

首先，作为衡量各职位工作绩效的指标，关键绩效指标所体现的衡量内容最终取决于企业的战略目标。当关键绩效指标构成企业战略目标的有效组成部分或支持体系时，它所衡量的职位便以实现企业战略目标的相关部分作为自身的主要职责；如果关键绩效指标与企业战略目标脱离，则它所衡量的职位方向也将与企业战略目标的实现产生分歧。其次，关键绩效指标是对企业战略目标的进一步细化和发展。企业战略目标是长期的、指导性的、概括性的，而各职位的关键绩效指标内容丰富，针对职位而设置，着眼于考核当年的工作绩效，具有可衡量性。因此，关键绩效指标是对真正驱动企业战略目标实现的具体因素的发掘，是企业战略对每个职位工作绩效要求的具体体现。最后，关键绩效指标随企业战略目标的发展演变而调整。当企业战略侧重点转移时，关键绩效指标必须予以修正以反映企业战略新的内容。

（2）关键绩效指标是对绩效构成中可控部分的衡量。

企业经营活动的效果是内因、外因综合作用的结果，其中内因是各个职位员工可控制和影响的部分，也是关键绩效指标所衡量的部分。关键绩效指标应尽量反映员工工作的直接可控效果，剔除他人或环境造成的其他方面影响。例如，销售量与市场份额都是衡量销售部门市场开发能力的标准，而销售量是市场总规模与市场份额相乘的结果，其中市场总规模是不可控变量。在这种情况下，两者相比，市场份额则更体现了职位绩效的核心内容，更适于作为关键绩效指标。

（3）关键绩效指标是对重点经营活动的衡量，而不是对所有操作过程的反映。

每个职位的工作内容都涉及不同的方面，高层管理人员的工作任务更复杂，关键绩效指标指对企业整体战略目标影响较大、对战略目标实现起到不可或缺作用的工作进行衡量。

（4）关键绩效指标是组织上下认同的。

关键绩效指标不是由上级强行确定下发的，也不是由本职职位自行制定的，它的制定过程由上级与员工共同参与完成，是双方所达成的一致意见的体现。它不是以上压下的工具，而是组织中相关人员对职位工作绩效要求的共同认识。

2）关键绩效指标的意义

（1）作为企业战略目标的分解，关键绩效指标的制定有力地推动企业战略在各部门得以执行。

（2）关键绩效指标为上下级对职位工作职责和关键绩效要求有了清晰的共识，确保所有人员努力方向的一致性。

（3）关键绩效指标为绩效管理提供了透明、客观、可衡量的基础。

（4）作为关键经营活动的绩效反映，关键绩效指标帮助各个职位员工集中精力投入对企业战略有最大驱动力的工作。

（5）通过定期计算和回顾关键绩效指标执行结果，管理人员能清晰了解经营领域中的关键绩效参数，并及时诊断存在的问题，采取行动予以改进。

2. 关键绩效指标的操作过程

（1）建立评价指标体系。

可按照从宏观到微观的顺序，依次建立各级指标体系。首先明确企业的战略目标，找出企业的业务重点，并确定这些关键业务领域的关键业绩指标，从而建立企业级关键绩效指标。接下来各部门的主管需要依据企业级关键绩效指标建立部门级关键绩效指标。然后，各部门的主管和部门的人员一起再将关键绩效指标进一步分解为更细的关键绩效指标。这些业绩衡量指标就是员工考核的要素和依据。

（2）设定评价标准。

一般来说，指标指的是从哪些方面来对工作进行衡量或评价，而标准指的是在各个指标上分别应该达到什么样的水平。指标解决的是我们需要评价"什么"的问题，标准解决的是要求被评价者做得"怎样"、完成"多少"的问题。

（3）审核关键绩效指标。

对关键绩效指标进行审核的目的主要是确认这些关键绩效指标是否能够全面、客观的反映被评价对象的工作绩效及是否适合于评价操作。

3. 关键绩效指标的优缺点

（1）关键绩效指标的优点。

① 目标明确，有利于企业战略目标的实现。关键绩效指标是企业战略目标的层层分解，

通过关键绩效指标的整合和控制，使员工绩效行为与企业目标要求的行为相吻合，不至于出现偏差，有力地保证了企业战略目标的实现。根据企业的发展规划和目标计划来确定部门和个人的业绩指标。

② 提出了客户价值理念。关键绩效指标提倡为企业内外部客户实现价值的思想，对于企业形成以市场为导向的经营思想有一定的提升。

③ 有利于企业利益与个人利益达成一致。策略性的指标分解，使企业战略目标与个人绩效目标相一致，员工在实现个人绩效目标的同时，也是在实现企业总体的战略目标，达到企业与员工共赢的结局。

（2）关键绩效指标的缺点。

① 关键绩效指标比较难界定。关键绩效指标更多是倾向于定量化的指标，这些定量化的指标是否真正对企业绩效产生关键性的影响，如果没有运用专业化的工具和手段是很难界定的。

② 关键绩效指标会使考核者误入机械的考核方式。过分地依赖考核指标，而没有考虑人为因素和弹性因素，会产生一些考核上的争端和异议。

③ 关键绩效指标并不是针对所有岗位都适用。对于特定的一些岗位，运用关键绩效指标不是很恰当，如部分职能型的职务，它出绩效的周期需要很长时间，而且外显的绩效行为不明显，运用关键绩效指标来考核就不是很适合。

8.3.9　平衡计分卡

平衡计分卡（balanced score card，BSC）是从财务、客户、内部运营、学习与成长四个角度，将企业的战略落实为可操作的衡量指标和目标值的一种新型绩效管理体系。设计平衡计分卡的目的就是要建立"实现战略制导"的绩效管理系统，从而保证企业战略得到有效的执行。因此，人们通常认为平衡计分卡是加强企业战略执行力最有效的战略管理工具。

1. 平衡计分卡的四个层面

（1）财务性指标。

财务性指标是一般企业常用于绩效评估的传统指标。财务性绩效指标可显示出企业的战略及其实施和执行是否正在为最终经营结果（如利润）的改善做出贡献。但不是所有的长期策略都能很快产生短期的财务盈利。非财务性绩效指标（如质量、生产时间、生产率和新产品等）的改善和提高是实现目的的手段，而不是目的的本身。财务性指标衡量的主要内容：收入的增长、收入的结构、降低成本、提高生产率、资产的利用和投资战略等。

（2）客户指标。

平衡记分卡要求企业将使命和策略诠释为具体的与客户相关的目标和要点。企业应以目标顾客和目标市场为方向，应当关注于是否满足核心顾客需求，而不是企图满足所有客户的偏好。客户最关心的五个方面：时间、质量、性能、服务和成本。企业必须为这五个方面树立清晰的目标，然后将这些目标细化为具体的指标。客户指标衡量的主要内容：市场份额、老客户挽留率、新客户获得率、顾客满意度、从客户处获得的利润率。

（3）内部运营指标。

建立平衡记分卡的顺序通常是在先制定财务和客户方面的目标与指标后，才制定企业内部流程方面的目标与指标，这个顺序使企业能够抓住重点，专心衡量那些与股东和客户目标息息相关的流程。内部运营绩效考核应以对客户满意度和实现财务目标影响最大的业务流程为核心。内部运营指标既包括短期的现有业务的改善，又涉及长远的产品和服务的革新。内部运营指标涉及企业的改良和创新过程、经营过程和售后服务过程。

（4）学习与成长指标。

学习与成长的目标为其他三个方面的目标提供了基础架构，是驱使平衡记分卡其他三个方面获得卓越成果的动力。面对激烈的全球竞争，企业今天的技术和能力已无法确保其实现未来的业务目标。削减对企业学习和成长能力的投资虽然能在短期内增加财务收入，但由此造成的不利影响将在未来给企业带来沉重打击。学习和成长指标涉及员工的能力、信息系统的能力与激励、授权相互配合。

因此，平衡记分卡的发展过程特别强调描述策略背后的因果关系，借助客户指标、内部运营指标、学习与成长指标的完成而达到最终的财务目标。

2. 平衡计分卡的操作过程

（1）企业的愿景与战略的建立与倡导。企业首先要确定愿景与战略，使每一个部门可以采用一些绩效衡量指标去完成企业的愿景与战略。另外，也可以考虑建立部门级战略。同时，成立平衡计分卡小组或委员会去介绍企业的愿景和战略，并建立财务、客户、内部运营、学习与成长四个方面的具体目标。

（2）绩效指标体系的设计与建立。本阶段的主要任务是依据企业的战略目标，结合企业的长期和短期发展需要，为四类具体的指标找出其最具有意义的绩效衡量指标。并对所设计的指标自上而下、从内部到外部进行交流，征询各方面的意见，吸收相关的建议。在沟通与协调完成之后，使所设计的指标体系达到平衡，从而能全面反映和代表企业的战略目标。

（3）加强企业内部沟通与教育。利用各种不同沟通渠道，如定期或不定期的刊物、信件、公告栏、标语、会议等让各阶层管理人员了解企业的愿景、战略、目标与绩效衡量指标。

（4）确定每年、每季、每月绩效衡量指标的具体数字，并与企业的计划和预算相结合。注意各类指标间的因果关系、驱动关系与连接关系。

（5）绩效指标体系的完善与提高。首先应重点考察指标体系设计的是否科学，是否能真正反映本企业的实际情况。其次要关注采用平衡计分卡后，对于绩效评价中的不全面之处，以便补充新的测评指标，从而使平衡计分卡不断完善。最后要关注已设计指标中的不合理之处，要坚决取消或改进，只有经过这种反复认真的改进才能使平衡计分卡更好地为企业战略目标服务。

3. 平衡计分卡的优缺点

（1）平衡计分卡的优点。

① 克服财务评估方法的短期行为。

② 使整个组织行动一致，服务于战略目标。

③ 能有效地将组织的战略转化为组织各阶层的绩效指标和行动。

④ 有助于各级员工对组织目标和战略的沟通和理解。

⑤ 利于组织和员工的学习成长和核心能力的培养。

⑥ 提高组织整体管理水平，实现组织长远发展。

（2）平衡计分卡的缺点。

① 运用平衡计分卡的难点在于试图使其"自动化"。平衡计分卡中有一些条目是很难解释清楚或被衡量出来的。财务指标当然不是问题，而非财务指标往往很难去建立起来。

② 确定绩效的衡量指标往往比想象的更难。企业管理者应当专注于战略中的因果关系，从而将战略与其衡量指标有机结合起来。尽管管理者通常明白客户满意度、员工满意度与财务表现之间的联系，平衡计分卡却不能指导管理者怎样才能提高绩效，从而达到预期的战略目标。

③ 当组织战略或结构变更的时候，平衡计分卡也应当随之重新调整，而负面影响也可能随之而来。因为保持平衡计分卡随时更新并有效需要耗费大量的时间和资源。

④ 平衡计分卡的另外一个缺点是它很难去执行。一份典型的平衡计分卡需要 5 ~ 6 个月去执行，还需几个月去调整结构，使其规则化，因而总的开发时间经常需要一年或更长的时间。衡量指标有可能很难去量化，而衡量方法却又会产生太多的绩效衡量指标。

8.3.10　360 度绩效考评

360 度绩效考评也叫全方位绩效考评，是由被考评人的上级、同级、下级、本人或客户担任考评者，从各个角度对被考评者进行全方位评价的一种绩效考核方法。考评的内容涉及被考评人的管理绩效、专业绩效、业务绩效、工作态度和能力等方面，考评结束后，人力资源部门通过预先制定的反馈程序，将整理出的考评结果反馈给本人，从而达到提高被考评人工作绩效的目的。

1. 360 度绩效考评的主体与客体

（1）自己。

自我评价是指让员工针对自己在工作期间的绩效表现或根据绩效表现评估其能力并据此设定未来的目标。当员工对自己做评估时，通常会降低自我防卫意识，从而了解自己的不足，进而愿意加强、补充自己尚待开发或不足之处。

（2）同事。

同事的评价是指由同事互评绩效的方式来达到绩效评估的目的。对一些工作而言，上级与下属相处的时间与沟通机会没有下属彼此之间多，这样上级要对下属做绩效评估也就非常困难。相反下属之间的互评，反而能比较客观，而且还可以让彼此知道自己在人际沟通方面的能力。

（3）下属。

由下属来评价上级，这个观念对传统的人力资源工作者而言似乎有点不可思议。但随着知识经济的发展，有越来越多的公司让员工评价其上级主管的绩效，此过程称为向上反馈。而这种绩效评估的方式对上级主管在潜能上的开发很有价值。管理者可以通过下属的反馈，清楚地知道自己的管理能力有什么地方需要加强。若自我了解与下属的评价之间有太大的落差，则主管可针对这个落差，深入了解其中的原因。因此，一些人力资源管理专家认为，下属对上级的评估，会对上级管理才能的发展有很大的裨益。

（4）客户。

客户的评价对从事服务业、销售业的人员特别重要。因为唯有客户最清楚员工在客户服务关系、营销技巧等方面的表现与态度。所以在类似的相关行业中，针对绩效评估的制度不妨将客户的评价列入评估系统之中。

（5）主管。

主管的评价是绩效评估中最常见的方式，即绩效评估的工作是由主管来执行。因此，身为主管必须熟悉评估方法，并善用绩效评估的结果指导下属，发展下属潜能。随着企业机构的调整，一些企业常常会推动一些跨部门的合作方案，因此一些员工可能同时会与很多主管一起共事。所以在绩效评估系统建立上，也可将多主管、矩阵式的绩效评估方式纳入绩效评估系统之中。

2. 360 度绩效考评的操作过程

（1）准备阶段。

准备工作相当重要，它影响着评估过程的顺利进行和评估结果的有效性。准备阶段的主要目的是使所有相关人员，包括所有评估者与受评者，以及所有可能接触或利用评估结果的管理人员，正确理解企业实施 360 度绩效考评的目的和作用，进而建立起对该考评方法的信任。

（2）评估阶段。

① 组建 360 度绩效考评反馈小组。必须注意评估要征得受评者的同意，这样才能保证受评者对最终结果的认同和接受。对评估者进行 360 度绩效考评反馈技术的培训。为避免评估结果受到评估者主观因素的影响，企业在执行 360 度绩效考评反馈方法时需要对评估者进行培训，使他们熟悉并能正确使用该技术。此外，理想情况下，企业最好能根据自身情况建立自己的能力模型要求，并在此基础上，设计 360 度绩效考评反馈问卷。

② 实施 360 度绩效考评反馈。分别由上级、同级、下级、相关客户和本人按各个维度标准进行评估。评估过程中，除了上级对下级的评估无法实现保密之外，其他几种类型的评估最好是采取匿名的方式，必须严格维护填表人的匿名权及对评估结果报告的保密性，大量研究表明，在匿名评估的方式下，人们往往愿意提供更为真实的信息。

③ 统计并报告结果。在提供 360 度绩效考评报告时要注意对评估者匿名需要的保护，以及要确保其科学性。例如，报告中列出各类评估人数一般为 3~5 人，如果某类评估者（如下级）少于 3 人的话，则必须归入其他类，而不得单独以下级评估的方式呈现评估结果。企业管理部门针对反馈的问题制定相应措施。

（3）反馈和辅导阶段。

向受评者提供反馈和辅导是一个非常重要的环节。通过来自各方的反馈（包括上级、同事、下级、自己及客户等），可以让受评者更加全面地了解自己的长处和短处，更清楚地认识到企业和上级对自己的期望及目前存在的差距。在第一次实施 360 度绩效考评和反馈项目时，最好请专家或顾问开展一对一的反馈辅导谈话，以指导受评者如何去阅读、解释及充分利用 360 绩效考评和反馈报告。另外，请外部专家或顾问也容易形成一种"安全"（即不用担心是否会受惩罚等）的氛围，有利于与受评者深入交流。

3. 360 度绩效考评的优缺点

（1）360 度绩效考评的优点。

① 打破了由上级考核下属的传统考核制度，可以避免传统考核中考核者极容易发生的光环效应、居中趋势、偏紧或偏松、个人偏见和考核盲点等现象。

② 可以反映出不同考核者对于同一被考核者不同的看法。

③ 防止被考核者急功近利的行为（如仅致力于与薪金密切相关的业绩指标）。

④ 较为全面的反馈信息有助于被考核者多方面能力的提升。

⑤ 360 度绩效考评实际上是员工参与管理的一种方式，在一定程度上增加他们的自主性和对工作的控制，员工的积极性会更高，对组织会更忠诚，提高了员工的工作满意度。

（2）360 度绩效考评的缺点。

① 考核成本高。当一个人要对多个同伴进行考核时，时间耗费多，由多人来共同考核所导致的成本上升可能会超过考核所带来的价值。

② 成为某些员工发泄私愤的途径。某些员工不正视上司及同事的批评与建议，将工作上的问题上升为个人情绪，利用考核机会"公报私仇"。

③ 考核培训工作难度大。组织要对所有的员工进行考核制度的培训，因为所有的员工既是考核者又是被考核者。

8.4　绩效管理的新发展

8.4.1　政府绩效管理

政府绩效管理是指公共部门积极履行公共责任的过程中，在讲求内部管理与外部效应、数量与质量、经济因素与政治因素、刚性规范与柔性机制相统一的基础上，获得公共产出最大化的过程。政府绩效管理可分为多个具体分支，如目标管理绩效考核、部门绩效考核、机关效能监察、领导班子和领导干部考核、公务员考核等。

以绩效为导向的政府营运模式开始于 20 世纪初，当时美国纽约市政府提倡在政府职能转变的框架下分析效率、效能问题。绩效管理受到广泛关注始于 1993 年美国国会通过的《政府绩效和结果法案》，以立法形式要求联邦政府部门提交关于绩效目标执行情况的评估报告，促使公共管理者努力提高政府内部管理效率、效能及部门服务质量。

在中国，随着政府目标责任制的推行，政府部门绩效评估问题也开始引起了广泛的重视。改革开放以来，我国对政府及其领导干部的评价发生了两个方面的根本性变化，一是从没有考评和奖励的平均主义转向以政绩论奖惩的绩效主义；二是从以德和政治表现为关注点的政治鉴定转向以工作实绩为关注点的绩效考评。

目前，国内关于政府绩效管理的理论研究与实践经验都已有了一定的积累。复旦大学公共绩效与信息化研究中心多年来专注于中国政府绩效管理方面的研究与实践，理论研究水平在国内领先。江苏南通、上海杨浦等国内政府绩效典型案例均是与复旦大学公共绩效与信息化研究中心共同合作的成果。另外，中国行政管理学会成立了专门的政府绩效管理研究分会，2009 年发行了以政府绩效管理为主题的会刊《绩效管理》，由全国政府绩效管理研究会主办，江苏省灌南县绩效管理委员会承办。

由监察部牵头的政府绩效管理工作部际联席会议研究并报国务院同意，选择北京市、吉林省、福建省、广西壮族自治区、四川省、新疆维吾尔自治区、杭州市、深圳市8个地区进行地方政府及其部门绩效管理试点，国土资源部、农业部、质检总局进行国务院机构绩效管理试点，发展改革委、环境保护部进行节能减排专项工作绩效管理试点，财政部进行财政预算资金绩效管理试点，为全面推行政府绩效管理制度探索积累经验。

2011年6月10日，监察部印发了《关于开展政府绩效管理试点工作的意见》，6月28日，政府绩效管理试点工作动员会在北京召开，对试点工作进行了研究和部署。

8.4.2 战略性绩效管理

绩效管理的发展越来越重视绩效在未来的潜力，关注未来绩效。战略是对未来结果的一种期望，这种期望的实现要靠组织所有成员按照一定的职责和绩效要求，通过持续努力和发挥创造性来实现。绩效管理的战略意义中最重要的体现是它可以有效地推进战略实施。随着绩效管理的发展，将绩效管理与战略相联系，进行战略性绩效管理已经成为人力资源管理的一种趋势。

1. 弹性化的战略性绩效管理

战略性绩效管理是战略性人力资源管理的一部分，战略性人力资源管理在运作中的基本要求之一是战略弹性。战略弹性是指战略适应竞争环境变化的灵活性。弹性化的战略性绩效管理反映的是绩效管理的过程对竞争环境变化的反应和适应能力。

为了达到战略目的，绩效管理系统本身必须具有一定的灵活性。战略目的强调绩效管理要为员工提供一种引导，使员工能够为组织的成功做出贡献。这就要求绩效管理体系具有充分的弹性来适应企业战略形势发生的变化。当组织战略发生改变时，组织所期望的行为方式、结果及员工的特征需要随之发生变化，这就要求战略性绩效管理系统有一定的弹性，能够灵活调整。面对竞争环境日益剧烈的变化，绩效管理能否针对这种变化做出迅速调整是企业能否实现战略目的的关键。企业战略重心随着企业的发展在不断调整，绩效管理体系也必须具备适应这种改变的弹性。因此，弹性化的战略性绩效管理是绩效管理发展的新趋势。

2. 差异化的战略性绩效管理

毋庸置疑，每个企业都应进行绩效管理，但不同企业之间存在差异，同一企业的不同发展阶段也存在差异，不同地区有行业发展的差异性，企业员工之间也存在差异，因而使用一种绩效管理模式肯定行不通，所以要实行差异化的战略性绩效管理。采取差异化的战略性绩效管理，只是在绩效管理流程中的部分环节针对差异性的个体进行差异化管理，并不是所有环节都要采取差异化的管理措施，否则会影响绩效管理的效度和信度。

3. 多样化的战略性绩效管理

不同的企业有不同的企业文化和管理特点，要用一种绩效管理方法很难达到与企业战略相匹配。因而在实践中，绩效管理的发展很难用一种工具进行管理，必须结合多种模式和方法。多种绩效管理工具的整合可以避免某一种方法的劣势，其优势远远大于单纯地将每一种绩效管理工具的优势累加在一起。所以将多样性的绩效管理工具整合在一起，使得战略性绩效管理的结果更加科学、规范。在此需要指出的是，多样化的战略性绩效管理并不是将绩效管理工具的累加，而是将多种绩效管理工具的整合，这种整合是一种科学的管理。

4. 人本化的战略性绩效管理

目前企业使用的各种绩效管理工具虽然是基于先进管理理念的工具，但工具效能的充分发挥依靠使用者自身的掌握。在影响绩效管理行为的管理要素中，人在管理活动中处于主导地位。人能力的高低对保证企业目标的实现和管理效能的提高起着决定性的作用。战略性绩效管理归根到底是对人的管理，要做好战略性绩效管理就必须以人为本，这也是一种辩证的管理思想。因此，战略性绩效管理的发展趋势必然是沿着"人本化"的方向发展。在以人为本的绩效管理中，不仅要客观评价员工现有的绩效水平，而且要科学评价员工的潜在绩效水平。在对员工行为的考核中，不仅是考核行为表面的结果，同时要考核完成行为的过程，这样不仅培养了员工的现有能力，而且使每个员工的潜在能力得到最大限度的开发，引导员工不断地将潜在能力转化为现有能力，同时又注重塑造诚实正直的优秀人格品质。此外，良好的沟通是有效绩效管理的关键要素。因此，随着现代管理理论的发展及对人力资源管理认识的提高，企业进行人本化的战略性绩效管理已成为一大趋势。

5. 主动化的战略性绩效管理

在当今知识经济时代，企业将人力资源视为最重要的资源，发挥人的能动性对绩效管理是否有效起至关重要的作用。根据这种趋势，绩效管理会向着主动性的方向进一步发展。主动化的战略性绩效管理是指在绩效管理过程中，让员工保持积极乐观的思维模式，这种思维模式会引导员工做出更成功、更有建设性的行为，进而表现出更好的绩效。员工的思考模式和价值观是主动性绩效管理的决定因素。在目前的绩效管理中，经常发生员工把自己绩效差的原因推到别的事情上或者别人身上，并为自己失败找借口。员工对绩效管理不是主动接受，而是有着强烈的抵触情绪被动执行。在这样的绩效管理过程中关注的是问题本身而不是解决办法，因而不会有绩效改进的行为发生，也不会有高绩效的结果。在主动性绩效管理中，员工乐于接受绩效计划，主动配合并执行绩效的实施，积极参加绩效考核，能够实现最佳的长期绩效，因而主动化的绩效管理也是今后战略性绩效管理的发展趋势。

6. 超前化的战略性绩效管理

战略性绩效管理强调关注企业未来的绩效，绩效管理由评价性向发展性转变已经是一种趋势，而且这种发展性绩效管理趋势不仅是要发展，确切说是一种超前化的绩效管理。这种新趋势是绩效管理走在员工发展的前面，超前于发展并引导发展，才能关注企业未来的绩效。

战略性绩效管理强调动态性。因此，在绩效管理中要用动态发展的眼光看待员工，管理者要认识到每个员工都有发展和改进的可能性，并有效的引导员工向高绩效发展。绩效考核的重心从评估转移到员工的发展上来。企业绩效考核的结果用于员工个人职业生涯发展，使员工在实现组织目标的同时，也实现了个人的职业目标，而员工的发展又促进了企业的发展。例如，战略性绩效管理工具中的"平衡计分卡"就关注员工的发展，其中的"学习与成长"维度，对这个方面进行了管理，注重了员工未来的发展。关注员工的发展，并将这种关注再向前推进，让它超越这种关注的发展，就是一种绩效管理超前化发展。总之，超前化的战略性绩效管理要求提升企业当前绩效的同时，将这种绩效发展成企业未来更高的绩效，是一种绩效管理发展的新趋势。

7. 匹配化的战略性绩效管理

战略性绩效管理的环境不断变化。权变思想认为：管理是环境的函数，管理行为应当随着环境的改变而改变。权变思想对绩效管理的指导在于，绩效管理能否取得成功，关键在于它存在的特定环境。环境是变化的，因此，绩效管理必须随环境变化而变化。在这种动态变化中，涉及绩效管理是否与企业战略相匹配，绩效管理流程中的各环节之间是否相匹配，绩效管理体系的设计是否与员工的能力相匹配等。只有协调好各方面的关系，在变化的环境中做好匹配化的绩效管理，才能实现最佳绩效管理。针对当前快速发展的经济，绩效管理发展的新趋势要求企业必须实行匹配化的战略性绩效管理。

8. 技术化的战略性绩效管理

随着人力资源管理技术的发展，电子商务技术不断应用于人力资源管理中，出现了电子人力资源管理（electronic human resources management，EHRM）。战略性绩效管理的发展，有大量的数据信息要处理，必然要求出现一种新技术，它能够为战略性绩效管理的发展提供技术支持。技术化的战略性绩效管理就是以电子绩效管理为平台的绩效管理系统。所谓电子绩效管理（electronic performance management，EPM），即指利用计算机信息化的绩效管理手段，基于先进的软件和大容量的硬件设备，通过信息库自动处理绩效管理的信息，提高效率，降低成本。电子绩效管理通过与企业现有的网络技术相联系，保证绩效管理与技术环境同步发展，有利于绩效管理的最佳发展。战略性绩效管理在实践应用中更强调先进技术的支持，电子绩效管理为此提供了平台，电子绩效管理也为提高绩效管理中沟通效率提供了帮助。但是在使用电子绩效管理时，为了做好绩效沟通，应当将传统的当面沟通和电子绩效管理沟通方式结合起来，不方便见面的沟通，可以选择用电子绩效管理，而人与人之间的当面沟通并不能够因此而被忽视。

本章小结

所谓绩效管理是指各级管理者和员工为了达到组织目标共同参与的绩效计划制订、绩效辅导沟通、绩效考核评价、绩效结果应用、绩效目标提升的持续循环过程，绩效管理的目的是持续提升个人、部门和组织的绩效。

绩效计划制订是绩效管理的基础环节，不能制订合理的绩效计划就谈不上绩效管理；绩效辅导沟通是绩效管理的重要环节，这个环节工作不到位，绩效管理将不能落到实处；绩效考核评价是绩效管理的核心环节，这个环节工作出现问题将会给绩效管理带来严重的负面影响；绩效结果应用是绩效管理取得成效的关键，如果对员工的激励与约束机制存在问题，绩效管理将不可能取得成效。

绩效管理强调组织目标和个人目标的一致性，强调组织和个人同步成长，形成"多赢"局面；绩效管理体现着"以人为本"的思想，在绩效管理的各个环节中都需要管理者和员工的共同参与。

无论企业处于何种发展阶段，绩效管理对于提升企业的竞争力都有巨大的推动作用，进行绩效管理都是非常必要的。没有有效的绩效管理，企业和个人的绩效得不到持续提升，企业和个人就不能适应残酷的市场竞争的需要，最终将被市场淘汰。

关键术语

　　绩效管理　绩效沟通　绩效考评　强制分布法　行为锚定等级评价法　关键绩效指标战略性绩效管理　电子绩效管理

复习思考题

　　1. 绩效管理的作用有哪些？

　　2. 阐述绩效管理的各个环节。

　　3. 阐述目标管理法的优缺点。

　　4. 阐述 360 度绩效考评的操作过程。

第 9 章

薪酬管理

通过学习本章内容，了解薪酬的概念、功能、构成及薪酬管理的原则；掌握薪酬水平和薪酬结构的确定方法；掌握薪酬等级制度的基本构成；掌握福利的主要类型及福利管理中的成本核算。

教学要求

主要内容	知识要点	重点、难点
薪酬管理概述	(1) 薪酬的概念与构成 (2) 薪酬的功能 (3) 薪酬管理的内容与原则	(1) 薪酬的功能 (2) 薪酬管理的内容与原则
战略薪酬管理	(1) 企业战略与薪酬战略 (2) 战略薪酬的类型	(1) 企业战略态势与薪酬战略 (2) 竞争战略的类型与薪酬战略 (3) 企业不同发展阶段与薪酬战略
基本薪酬	(1) 基本薪酬 (2) 职位薪酬 (3) 能力薪酬	能力薪酬的构成
绩效薪酬	(1) 绩效薪酬概述 (2) 个人绩效薪酬 (3) 团队绩效薪酬 (4) 组织绩效薪酬 (5) 绩效薪酬设计	(1) 个人绩效薪酬的特征和优缺点 (2) 团队绩效薪酬的分类和优缺点

续表

主要内容	知识要点	重点、难点
员工福利	（1）员工福利的定义 （2）员工福利的分类 （3）法定福利 （4）企业自主福利 （5）弹性福利计划	（1）法定福利 （2）企业自主福利 （3）弹性福利计划

9.1　薪酬管理概述

9.1.1　薪酬的含义

薪酬是指企业针对其员工为企业所做的贡献，包括员工实现的绩效与付出的努力、时间、学识、技能、经验和创造，所支付给员工各种形式的酬劳。薪酬体现的是一种公平的交易或交换的关系，体现了劳动力的价格水平。

所谓总体报酬，不仅包括企业向员工提供的经济性的报酬与福利，还包括为员工创造的良好工作环境及工作本身的内在特征、组织的特征等带来的非经济性的心理效应。如图9－1所示。

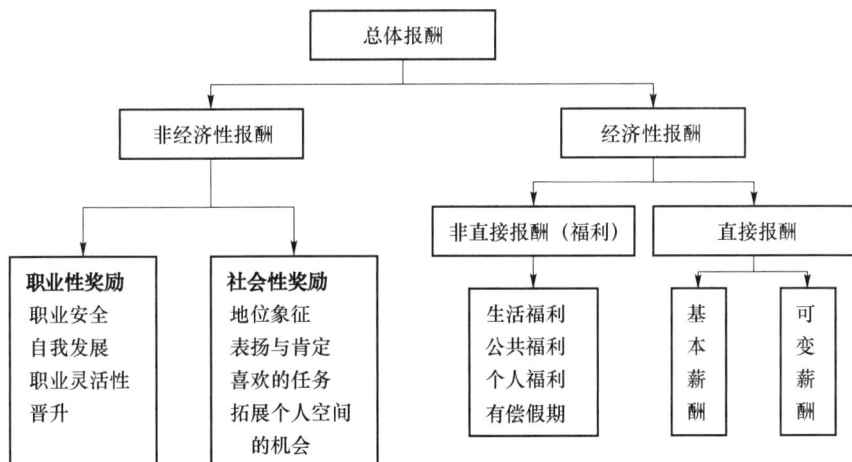

图9－1　薪酬的构成

从图9－1可以看出总体报酬包括经济性报酬和非经济性报酬两个部分。经济性报酬包括基本工资、绩效工资、奖金、股权、红利、各种津贴及企业向员工提供的各种福利；非经济性报酬包括职业性奖励和社会性奖励。

9.1.2　薪酬制定的原则

（1）公平原则。

员工对薪酬分配的公平感，也就是对薪酬发放是否公正的判断与认识，是设计薪酬制度和进行薪酬管理的首要考虑因素，这也是由公平感的主观性和相对性所决定的。公平不是绝对、单一的平等，也不是单纯的结果公平，而是具有丰富意义的、与绩效挂钩的公平，强调的是过程和机会的公平。首先，公平是企业之间的薪酬公平，又称为外部公平。其次，公平是企业内部员工之间的薪酬公平，又称为内部公平。最后，公平是同种工作岗位的薪酬公平，即个人公平。

（2）竞争原则。

竞争原则是指在社会上和人才市场中，企业的薪酬标准要有吸引力，才足以战胜其他企业招到所需人才。因此，企业的薪酬标准在人才市场甚至全社会中要有吸引力，从而有利于招聘到企业所需要的宝贵人才，并长久地留住他们。

（3）激励原则。

激励原则是指要在企业内部各类、各级岗位的薪酬水平上，适当拉开差距，真正体现按贡献分配的原则。如果说外部公平是与薪酬的竞争原则相对应的，那么内在公平和激励原则也是与每个人的能力相对应的。如果贡献大者和贡献小者得到的报酬一样，这种绝对的公平实质上就是不公平。因此，激励原则就是根据员工的能力和贡献大小，以及企业内部各类、各级职务的不同，制定薪酬标准也要适当地拉开距离，防止绝对平均化，调动员工的积极性。

（4）经济原则。

高标准的薪酬水平虽然会提高企业薪酬的竞争性和激励性，但同时会使成本上升。因此，在设计薪酬制度时，还要考虑企业财力的大小，找到其间最佳的平衡点。不过不能仅看薪酬水平的高低，还要考虑员工绩效的质量水平。事实上，后者对企业竞争力的影响远大于成本因素。此外，人工成本的影响还与行业的性质及成本的构成有关。

（5）合法性原则。

企业所建立的薪酬制度必须符合国家的政策、法律、法规，符合国家及地方有关劳动用工及人事的有关法律、法规，尤其要体现对劳动者的尊重、公正，避免不应有的歧视。

（6）战略原则。

企业战略在薪酬设计方面的重要性越来越受到人们的重视。在进行薪酬设计的时候，一方面要时刻关注企业的战略需要，要通过薪酬设计反映企业的战略，反映企业提倡什么、鼓励什么、肯定什么和支持什么。另一方面要把企业战略转化为对员工的期望和要求，并进一步转化为对员工的薪酬激励。

9.2 战略薪酬管理

9.2.1 企业战略与薪酬战略

战略薪酬是指能提高员工的工作积极性并促进其个人发展，同时使员工的努力与企业的目标、理念和文化相符的薪酬计划。它将企业薪酬体系的构建与企业的发展战略有机结合起来，使企业薪酬体系成为实现企业发展战略的重要杠杆。

战略薪酬强调薪酬体系为企业发展提供带有前瞻性的战略支持。它在关注为企业所有员工提供一般意义上的薪酬激励的同时，也为企业战略瓶颈部门和核心人力资源设计出有重点、有区别的薪酬体系与薪酬政策，以便为企业整体发展提供战略支撑。米尔科维奇战略薪酬模型如图 9－2 所示，企业战略薪酬的设计必须基于企业的战略展开。根据公司的总体战略和竞争战略导向来制定人力资源战略，而薪酬作为人力资源管理的子系统要从战略的高度考虑如何支撑企业战略的实现。

在确定了薪酬战略后，还需要通过进一步的薪酬系统设计使薪酬战略落地，把薪酬战略转化为具体的薪酬制度、技术和薪酬管理过程，从而有效地引导和改变员工的态度和行为方式，实现与企业战略的匹配。实现了这种匹配，企业就可以通过人的行为获得竞争优势。

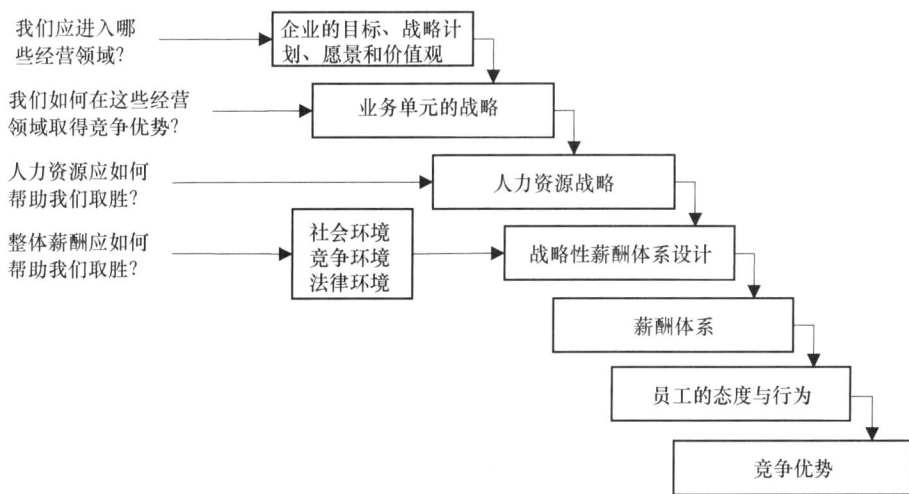

图 9－2　米尔科维奇的战略薪酬模型

9.2.2　战略薪酬的类型

1. 企业战略态势与薪酬战略

根据行业成长特性和企业内部特点，企业的战略态势可能呈现出稳定发展、快速发展和收缩三种不同的发展趋势。薪酬制度的设计和调整应与企业战略态势相适应。

（1）稳定发展薪酬战略。

稳定发展战略是指企业保持现有的产品和市场，在防御外来环境威胁的同时，保持均匀的、小幅度的增长速度。当企业缺乏成长资源或处于稳定的市场环境时，稳定发展战略常被采用。此外，当一个公司经历了一段高速成长或收缩后，稳定战略也是很重要的。在这一背景下，企业的薪酬结构应保持相对稳定，企业的薪酬水平也应维持大体相同的增长比率。

（2）快速发展薪酬战略。

快速发展战略是指企业通过实现多样化经营或开辟新的生产经营渠道、增加市场占有率而使其在产品销售量、市场占有率及资本总量等方面获得快速和全面的成长。除了依靠企业内部资源外，快速发展战略往往通过兼并、合并和重组等外部扩张方式来实现。为了满足企业经营领域多样化和经营地域多样化的需要，企业的薪酬制度设计应坚持多样化和针对性原则，允许不同性质的企业设计不同的薪酬方案，同时突出绩效薪酬制度和可变薪酬制度的应用。

（3）收缩薪酬战略。

收缩战略是指企业面临衰退的市场或失去竞争优势时，主动放弃某些产品或市场，以维持其生存能力的战略。在这一阶段，企业的薪酬制度应回归到维护企业核心资源和核心竞争力上，强调薪酬制度的统一性。在收缩期，企业要考虑的一个重要因素是反敌意收购，设计有利于接管防御的薪酬策略。此外，管理层收购（MBO）和雇员持股计划（ESOP）等制度既是公司治理的手段，其实也是企业薪酬制度的一部分。

2. 竞争战略的类型与薪酬战略

薪酬战略必须与企业的竞争战略类型具有高度的相容性，不同的竞争战略类型需要不同的薪酬制度与之相匹配。

（1）低成本薪酬战略。

低成本战略是指企业采用大规模生产方式，通过降低产品的平均生产成本来获得来自经验曲线的利润。推行这一战略必须实现管理费用最低化，并严格控制研发、试验、服务和广告等活动。因此，在低成本战略背景下，企业的薪酬制度应突出以下特点。

① 较低的薪酬——雇员替代模式。在总体薪酬支出水平一定的条件下，企业可雇用较少的高效率雇员或雇用较多的效率较低的雇员来完成既定的生产经营任务。由于企业的雇工成本不仅包括薪酬水平，而且包括雇员福利和社会保险等多个方面，追求成本最低化的企业采用较低的薪酬——雇员替代模式，即雇用较少的高效率雇员有利于总雇工成本的节约。

② 建立基于成本的薪酬制度。这一制度既可以是在确保产品数量和质量前提下的总成本包干制，也可以是在核定基本成本水平基础上的成本降低奖励制。

③ 有限的奖金。除了降低基本奖励外，其他以雇员技能、顾客满意等因素为基础的奖励制度也相应减少。

（2）差异化薪酬战略。

差异化战略是指企业通过采用特定的技术和方法，使本企业的产品或服务在质量、设计、服务及其他方面都与众不同。通过提高独特产品的价格，企业可获得较高的单位利润。差异化战略取得成功的关键因素是企业的新产品开发能力和技术创新能力，培育成熟的项目开发团队、产品设计团队和服务团队是实施差异化战略的重要途径。在此背景下，采用团队薪酬制度，完善工作用品补贴和额外津贴制度就成了企业薪酬制度设计的重点。

（3）专一化薪酬战略。

专一化战略是指企业生产经营单一产品或服务及将产品或服务指向特定的地理区域、特定的顾客群。专一化战略的实施是以专业化技术为前提的，它要求企业在特定的技术领域保持持久的领先地位。为了突出技术力量的重要性，吸引技术人才，企业通常给技术人员支付超过市场平均水平的效率薪酬，以提高技术人员对企业的忠诚度，减少由于人员流失而带来的招聘费用、培训费用的损失。该类企业通常采用基于技术等级的薪酬决定制度，并广泛采用股权激励和期权激励等长期薪酬激励计划。

3. 企业不同发展阶段与薪酬战略

在企业发展的不同阶段，企业薪酬战略也具有不同的特点，如表9-1所示。

表 9 – 1　企业不同发展阶段的薪酬体系

企业发展阶段		初创期	快速成长期	成熟稳定期	衰退期	再造期
薪酬竞争性		强	较强	一般	较强	较强
薪酬刚性		小	较大	大	较大	小
薪酬构成	基本工资	低	较高	高	较高	较低
	绩效奖金	较高	高	较高	低	较高
	福利	低	较高	高	高	低
	长期薪酬	高	较高	高	低	较高

资料来源：谌新民 . 人力资源管理概论 . 北京：清华大学出版社，2005：371.

9.3　基本薪酬

基本薪酬又称基本薪金，是根据员工所承担或完成的工作本身或员工所具备完成工作的技能向员工支付的稳定性报酬，是员工收入的主要部分，也是计算其他薪酬收入的基础。一般来说，基本薪酬变动性较小，是企业的固定成本之一。由于企业人力资源在企业中的不同性质，其基本薪酬的表现形式也大不相同。

企业基本薪酬通常以职位、技能和能力作为支付的主要依据，因此在实践中存在职位薪酬、技能薪酬和能力薪酬三种不同的基本薪酬制度。

9.3.1　职位薪酬

9.3.1.1　职位薪酬的概念

目前从世界范围来看，使用最多的是基于职位的薪酬体系，这种薪酬体系是对每个职位所要求的知识、技能及职责等因素的价值进行评估，根据评估结果将所有职位归入不同的薪酬等级，每个薪酬等级包含若干综合价值相近的一组职位。然后根据市场上同类职位的薪酬水平确定每个薪酬等级的工资率，并在此基础上设定每个薪酬等级的薪酬范围。

9.3.1.2　职位薪酬的设计流程

职位薪酬体系的基本思想是：不同职位对知识、技能有不同的要求，承担职责的大小也不一样，所以不同职位对企业的价值贡献不同。在每个职位任职的员工对企业的贡献和重要程度也不同，他们应当根据所从事工作领取报酬。因此职位薪酬必须建立在职位分析和职位评价的基础上。职位薪酬设计步骤如图 9 – 3 所示。

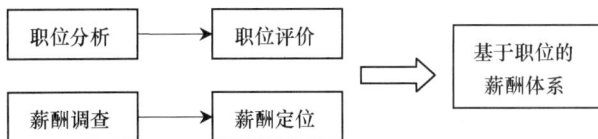

图 9 – 3　职位薪酬设计步骤

1. 职位分析

一直以来，职位分析被认为是人力资源管理的基石，因为在人力资源的各项职能中职位分析都发挥着重要的作用。在薪酬设计中职位分析有两个重要的作用，一是明确不同职位内容的相似与差异；二是建立内部平等的工作结构。通过职位分析，收集相关的工作信息，整理成职位描述，明确工作的性质、主要职责、管理幅度、管理范围，为职位的价值评价提供基础信息。

2. 职位评价

职位评价是指借助一定的方法，确定企业内部各职位相对价值大小的过程。它有两个目的：一是比较企业内部各个职位的相对重要性，得出职位等级序列；二是为进行薪酬调查建立统一的职位评估标准，消除不同公司间由于职位名称不同或即使职位名称相同但实际工作要求和工作内容不同导致的职位难度差异。职位评价是职位分析及工作分析的自然结果，同时又以职位说明书为依据。常用的职位评价方法有排序法、分类法、要素计点法、要素比较法等。

1）排序法

排序法又称序列法，是评价者根据各种职位的相对价值及其各自对企业的相对贡献大小由高到低进行排列的方法。排序法是一种最简单的职位评价方法，这种方法通常依据工作难易程度或重要程度，比较各个岗位的相对价值，然后按程度高低顺序依次进行排序。一般可采用直接排序法、交替排序法和配对比较法等。

（1）直接排序法即根据对职位的总体判断，按照重要性或对企业贡献度的高低顺序将职位依次进行排列。

（2）交替排序法需要先从待评职位中找出最高价值和最低价值的职位，然后在剩余职位中找出价值最高和价值最低的职位，如此循环，直到把所有的职位都排列完毕为止。

（3）配对比较法是通过两两比较的方法进行职位评价，以最终比较的结果对职位做出排序，如表9-2和表9-3所示。

表9-2 配对比较法两两比较得分

被比较职务 比较职务	A	B	C	D	E	F	G	得分合计
A		1	1	0	1	1	1	5
B	0		0	0	1	0	1	2
C	0	1		0	1	1	1	4
D	1	1	1		1	1	1	6
E	0	0	0	0		0	0	0
F	0	1	0	0	1		1	3
G	0	0	0	0	1	0		1

表9-3 配对比较法结果排序

职务	分数	序列顺位	职务	分数	序列顺位
D	6	1	B	2	5
A	5	2	G	1	6
C	4	3	E	0	7
F	3	4			

排序法相对比较简单，简便实用；将全体职位作为一个整体来评价，避免了因对工作要素的分解而引起的矛盾和争论。但是由于报酬要素少，并且是整体性评价，因此，只能比较出各个岗位相对价值的高低，无法客观评价岗位价值的实际大小和每个不同岗位的价值差异数值，难以判断两个相邻职位之间职位价值的具体差距大小。另外企业规模大、需要定级的职位数量多时找到对工作内容都比较熟悉的职位评价人员比较难，主观性比较强。

2）分类法

分类法是根据工作内容、职责权限、任职资格等显著特征要素将职位分成不同的类别，然后再根据其他特征差异进行价值排序。分类法与排序法一样，也是一种整体性评价方法。但分类法中的职位等级是预先确定的。分类法常用于政府部门、事业单位，它的优点是标准简单、操作容易，强调以组织目标为基础，自上而下地进行职位梳理。实现了真正从组织战略目标出发来设计组织的评价系统。但对于职位等级的划分和界定存在一定的难度，有一定的主观性，如果职位级别划分不合理，将会影响对全部职位的评价；对职位的评价比较粗糙，不能量化。在薪酬体系中，同等级的薪酬可能对应不同类别职位的不同等级，不易管理。

分类法首先进行职位分析，即理解职位的主要工作职责、工作环境、劳动强度及其对任职者的资格要求等内容；其次进行职位分类，一般是先分大类，然后在大类下再细分小类；再次制定分类的标准。常见的做法是先选择报酬因素，然后制定同报酬因素的数量或基准有关的等级说明书；最后将所有职位归类划。这一步的主要工作就是把需要评估的职位填入对应的表格中。表9-4就是某单位办事员的分级标准。

表9-4 办事员的分级标准

第一级	简单工作，没有监督责任，不需要与公众交往
第二级	简单工作，没有监督责任，需要与公众交往
第三级	工作复杂中等，没有监督责任，需要与公众交往
第四级	工作负责中等，有监督责任，需要与公众交往
第五级	复杂工作，有监督责任，需要与公众交往

资料来源：葛玉辉. 人力资源管理. 北京：清华大学出版社，2006：258.

3）要素计点法

要素计点法是目前应用最广泛、最精确、最复杂的职位评价方法，又称点值法。在美国，有60%~70%的公司采用此法。要素计点法要求组建评价委员会，首先，确定影响所有岗位的共有因素，并将这些因素分级、定义和配点，以建立评价标准，这样就形成了一套职位评估的工具。其次，通过这一套要素体系来对各个职位进行评价，对所有的岗位进行评价并汇总每一岗位的总点数（分数）。最后，将职位评估点数转化为货币数量，即工资标准或岗位工资率。这种方法作为一种量化评价技术，使评价更精确，可避免一定的主观随意性，但操作起来较烦琐，建立职位评价的点值体系是个耗时的过程。要素计点法的操作步骤如下。

步骤一：选取合适的报酬要素，并加以定义。

报酬要素是指一个企业认为在多种不同的职位中都包括的一些对其有价值的特征，即确定关键因素及其子因素，根据企业的要求，找出最关键的若干因素，如技能、努力、责任、工作条件等。这些特征有助于企业战略的实现及企业目标的达成，并且这些特征是可以衡量的，因而企业愿意为之付酬。具体确定时应视行业特点和企业职位的性质而定。例如，在高技术企业中，对特定职位所需员工的教育背景应有适当的考虑；在服务性企业中，对特定职位所需员工的基本公关素质应有适当的考虑。对所选择的报酬要素，用浅显、明确的语言加以定义，使评价人员在运用这些要素时能保持一致认识。

步骤二：确定不同报酬要素在职位评价体系中所占的权重或相对价值。

要素的权重通常以百分数表示，它代表了不同要素在总体职位评价体系中的重要性程度。确定每个要素的相对价值或权重。这通常由评价委员会来完成，评价委员会仔细研究要素及其等级定义，然后决定每个要素的权重。对序列最高的要素赋值100%，然后根据相对第一个要素重要性的百分比确定序列次高要素的赋值，以此类推。例如，决策100%，解决问题85%，知识60%。

将各赋值加总（100% + 85% + 60% = 245%），然后照下列方法将245%转化为100%值：

$$决策 100/245 = 40.8\%$$
$$解决问题 85/245 = 34.7\%$$
$$知识 60/245 = 24.5\%$$

步骤三：对每一种报酬要素的各种程度或水平加以界定。

第一，对每一种报酬要素按照实际需要，划分为若干个权重不同的等级，等级的多少取决于所有被评职位在该要素上的差异程度。第二，对分成的每一个等级给予简要的描述和界定，具体规定每一个等级的标准。例如，教育程度五级为硕士研究生以上，教育程度四级为大学本科生，教育程度三级为大学专科生，教育程度二级为中专生或高中生，教育程度一级为初中生及以下。

步骤四：给报酬要素及其内部各等级配点。点数计算表见表9－5。

表9－5 点数计算表

关键因素	子因素	权重	一级	二级	三级	四级	五级
技能	教育程度	14	14	28	42	56	70
	经验	22	22	44	66	88	110
	知识	14	14	28	42	56	10

关键因素	子因素	权重	一级	二级	三级	四级	五级
努力	生理要求	10	10	20	30	40	50
	心理要求	5	5	10	15	20	25
责任	对设备和过程的责任	5	5	10	15	20	25
	对材料和产品的责任	5	5	10	15	20	25
	对他人安全的责任	5	5	10	15	20	25
	对他人工作的责任	5	5	10	15	20	25
工作条件	工作场所的条件	10	10	20	30	40	50
	危险性	5	5	10	15	20	25
总点数		100	100	200	300	400	500

步骤五：计算出每一个岗位的点数。根据以上步骤，可以计算出每一个岗位的点数，见表 9－6。

表 9－6　两种岗位的点数

子因素	清扫员		程序员	
	等　级	点　数	等　级	点　数
教育程度	1	14	5	70
经验	1	22	4	88
知识	1	14	5	70
生理要求	5	50	2	20
心理要求	1	5	4	20
对设备和过程的责任	2	10	5	25
对材料和产品的责任	2	10	1	5
对他人安全的责任	1	5	1	5
对他人工作的责任	1	5	1	5
工作场所的条件	4	40	1	10
危险性	4	20	2	10

步骤六：确定点距、级距、范围和最低工资。例如，点距为 50，级距为 80，范围为 100，最低工资为 500 元。

步骤七：列出职位分数与工资级别转换表，见表9－7。

表9－7　职位分数与工资级别转换

分数范围	工资级别	月薪/元
101～150	1	500～600
151～200	2	580～680
201～250	3	660～760
251～300	4	740～840
301～350	5	820～920
351～400	6	900～1 000
401～450	7	980～1 080
451～500	8	1 060～1 160

4）要素比较法

要素比较法也是一种量化的职位评价技术方法。它是在选定典型职位和报酬要素的基础上，将典型职位按报酬要素制成等级基准表，以此表为尺度确定其他职位的等级。其操作步骤如下所示。

步骤一：获取职位信息，确定报酬要素。报酬要素与要素计点法中的含义一致，即用来对职位进行比较的依据。但这些要素应该是要素计点法中选中的具有较大权重的要素。例如，可以选择心理要求、生理要求、技术要求、责任、工作条件等作为评价要素。

步骤二：选择典型或关键职位。通常从企业的所有职位中挑选出一些（一般为15～30个）有代表性的关键职位，首先对它们进行职位评价。其他所有职位的价值可以与其对比之后加以确定。因此，这些被挑选出来的职位应该是工作内容相对稳定并在企业中为人所熟知的。典型职位选定以后，还要根据外部市场状况和企业的实际情况确定其应得报酬，为典型职位定价。

步骤三：针对每一评价要素将关键职位排序，即评价同一要素对各关键职位的重要程度，并依此将关键职位排序。

步骤四：针对每一关键职位将评价要素排序，即评价每一关键职位中各要素的重要程度，并依此将内部要素排序。

步骤五：将各关键职位的工资额按评价要素分配。职位工资额在各要素之间的分配应同时满足步骤三、步骤四的顺序要求。因此，工资额的分配是一个复杂的调整过程，难度很大。如果最终无法符合逻辑地满足上述要求，则那些在两种排序中出现明显矛盾的职位便不能留作供参照用的关键职务，予以放弃或更换后，工资额的分配满足上述两种顺序要求即可。

步骤六：建立要素工资比较表，对其他职位进行价值评估。一旦确定了切实可用的关键职位，就可根据上一步骤得出的职位工资分配表，建立要素工资比较表。然后对非关键的待评职位，分别按每一评价要素对照要素工资比较表，确定其大致的工资水平。当待评职位在所有要素上的工资价值都确定以后，把它们加总，就成为待评职位应得的职位工资。

要素比较法是最系统化和比较完善的一种职位评价方法，它可以直接从职位内容求得其价值金额，省去了要素计点法中从职位评分到工资转换的环节。此外，它在职位要素上赋予价值的相对灵活性，使其适应性更强。但这种方法在实际操作中难度较大，成本比较高，且在操作中可能因主观因素影响准确和公平。因此，在实际工作评价中，还是要素计点法运用得最为广泛。要素比较法示例如表 9 - 8 所示。

表 9 - 8　要素比较法示例

月工资（元）	技　能	努　力	责　任	工作条件
100			关键职位 1	
150	关键职位 1			关键职位 2
200		关键职位 2		
250		关键职位 1	非关键职位 X	
300	关键职位 2			关键职位 3
350	非关键职位 X			
400		非关键职位 X	关键职位 3	非关键职位 X
450	关键职位 3			
500			关键职位 2	
550		关键职位 3		关键职位 1

在表 9 - 8 中，关键职位 1 的月工资为 1 050 元（100 + 150 + 250 + 550）；关键职位 2 的月工资为 1 150 元（150 + 200 + 300 + 500）；关键职位 3 的月工资为 1 700 元（300 + 400 + 450 + 550）；非关键职位 X 的月工资为 1 400 元（250 + 350 + 400 + 400）。

3. 薪酬调查

1）薪酬调查的概念

薪酬调查是指通过收集、分析市场薪酬信息和员工关于薪酬分配的意见、建议，以确定或者调整企业的整体薪酬水平、薪酬结构、各具体职位的薪酬水平的过程。

薪酬市场调查已成为企业薪酬战略实施的有效工具，通过调查，企业更加明确薪酬的发展趋势，不断调整和优化薪酬结构和水平，以提高企业薪酬的竞争力和员工的满意度。对一个企业来说，薪酬调查一般有两种做法：一种是自行组织；另一种是把自己的需求提交给外部专门的薪酬调查公司，委托他们代为完成。

2）薪酬调查的阶段

第一步，根据需要审查已有薪酬调查数据，确定调查的必要性、实施方式及明确薪酬调查的目的。

第二步，界定相关劳动力市场，明确作为调查对象的目标企业及数量。相关劳动力市场主要包括以下几类企业。

① 与本企业存在竞争的从事相同行业或具有同样技术员工的企业。

② 与本企业存在竞争的同类产品或服务的企业。

③ 与本企业薪酬结构相同的企业。

④ 与本企业规模相同的企业。

⑤ 在本行业中做得最好的企业，这种企业往往在薪酬方面也做得较好，值得借鉴。

第三步，选择准备调查的职位。一般来说，薪酬调查主要针对基准职位。基准职位包括以下内容。

① 职位内容是众所周知的、相对稳定的，并且得到从事该职位雇员的广泛认可。

② 能胜任该职位的人在市场中的供求相对稳定，且不受变化的影响。

③ 这些职位能代表当前所研究的完整的职位结构。

④ 这些职位上有相当数量的劳动力被雇佣。

第四步，确定要调查的内容。调查内容取决于调查目的和调查中所包括的职位。一般来说，薪酬调查需要搜集其基本资料（如公司名称、历史背景、人数、公司结构等）和核心数据（如基准职位描述、基准职位的实际工资等）两类资料。

第五步，设计薪酬调查问卷并实施调查。

4. 薪酬定位

1）薪酬定位的概念

薪酬定位是指在薪酬体系设计过程中，确定企业的薪酬水平在劳动力市场中相对位置的决策过程，它直接决定了薪酬水平在劳动力市场上竞争能力的强弱程度。薪酬定位是薪酬管理的关键环节，是确定薪酬体系中的薪酬政策、等级标准和等级范围的基础。

2）薪酬定位的作用

薪酬定位明确了企业的薪酬水平在市场上的相对位置，决定了企业在劳动力市场上的竞争地位，是企业薪酬外部竞争性的直接体现，是衡量企业薪酬体系有效性的重要特征之一。

如果企业无法实现准确的薪酬定位，将会带来严重的后果。企业薪酬定位不准确主要表现为：企业在薪酬定位时选择了错误的劳动力市场、参照对象，导致薪酬水平过高或过低。错误的薪酬定位会对企业的人工成本支出水平、人员结构、人员流动性等造成严重影响。它也是导致员工满意度下降、内部管理成本加大、体外循环增多的一个非常重要的因素。

9.3.1.3 职位薪酬体系存在的问题

职位薪酬仍是目前在实践中运用最为广泛的一种薪酬确定方式。但这种广泛的运用不能掩盖其局限性。

（1）有可能鼓励官僚主义的滋生。由于职位描述明确了该职位的职责，其实也就暗含着该职位范围之外的事情与该职位的任职者无关。它使得组织在对员工进行工作调配时缺乏灵活性，员工本身也缺乏主动性。

（2）不利于发挥生产一线员工的知识和技能优势。因为这种薪酬结构的官僚化强化了自上而下的决策和信息传递机制，也强化了地位的差别。

（3）僵化的职位体系可能成为变革的障碍。因为职位体系编制本身的官僚性，导致对其进行更新的时间和人力成本很大。

（4）对外界变化的反应迟缓。以职位为基础的薪酬结构可能并不是在为其期望的行为支付报酬。在当今快速变化的时代，昨天的知识、技能和能力可能无法满足今天和明天的需要。

（5）抑制员工的横向流动。对职位等级和地位的强调会鼓励员工采取有利于晋升的行为，而抑制员工进行横向流动。这样不利于多技能、复合型人才的培养。

9.3.2　能力薪酬

9.3.2.1　能力薪酬的概念

能力是指技能、知识、行为特征及其他特性的总称，又称为素质、胜任力。胜任能力是20世纪70年代由著名的组织行为研究学者大卫·麦克莱兰针对组织在人员的招聘和甄选中采用的能力测验、性向测验等手段所存在的缺陷而提出的。能力薪酬则是依据达成这种特定绩效的能力而支付的薪酬，这里的能力具备以下几点特征。

（1）是技能、知识、能力、行为特征及其他个人特征的总称，能力的载体是人或组织成员。

（2）依附于特定的组织，具有组织的专属性特征，即一种能力在一个组织中的高价值未必能在另一个组织中同样体现出来。

（3）能够准确地衡量和区分员工的绩效水平。

因而，能力薪酬是指不以职位的相对价值来评定任职者的报酬，而是以人本身所具有的知识、技能及素质水平作为薪酬支付的直接对象。将个人所拥有的知识、技能或胜任力作为制定薪酬结构的基础。支付个人薪酬的依据是员工所掌握的能力，薪酬增长取决于能力的提高和每一种新能力的获得。

世界著名音乐剧《猫》的替补演员的周薪相当于正式演员的1.25倍，正式演员们每周要出演大约20场，从而获得2 000美元的周薪，但替补演员们只是在后台静静地坐着，就可以拿到2 500美元的周薪。替补演员们虽然不一定上场演出，但他们被要求必须掌握五个不同角色的表演。一旦正式演员们因为身体不适或其他原因无法上场，替补演员们就要随时救场。因此对他们支付的薪酬不是基于工作量和职位，而是基于他们能够表演五个角色的能力。

能力薪酬计划的基本理念是：如果组织希望自己的员工学习更多的技能，那么组织支付的薪酬就要推动员工朝向这方面去努力。

9.3.2.2　能力薪酬的构成

能力薪酬主要包括技能工资、知识工资、胜任力工资和任职资格工资。这几类工资在支付对象和设计方法上存在一定的差异，具体见表9-9。

表9-9　能力薪酬的基本构成及其基本特征

能力薪酬的基本构成	侧重的能力层次	基本联系面	主要应用对象	设计技术基础
技能工资	关注相对具体的技能与知识	与具体的工作要求密切联系（基于技能的深度和广度）	蓝领技术工人及专业技术人员	技能模块方法（skills blocks）
知识工资		与具体的工作要求密切联系或与个人的基本素质相联系（基本专用性培训与通用性培训）	技术工人及专业管理、服务和研究人员	课程模块方法（class blocks）及与各种培训开发计划相联系的工资设计方法

能力薪酬的基本构成	侧重的能力层次	基本联系面	主要应用对象	设计技术基础
胜任力工资	关注相对抽象的潜能与特质	与组织的使命、愿景、价值观、战略目标等密切联系，关注人的胜任特质和深层动力	中高层职业经营管理者及技术专家等白领人员	胜任力模型（competency models）
任职资格工资	综合经验、技能、知识、素质等能力因素	与任职资格体系相关，薪酬与职业发展密切联系	专业性的管理类、技术类和服务类人员体系	基于综合的任职资格

1. 技能工资与知识工资

技能工资与知识工资非常类似，所不同的是知识工资更加强调学习和培训。这两种能力薪酬主要鼓励员工在技能专业化上不断深化成为专家，以及在技能的宽度上不断拓展以具备更多的技能。这些技能一般都要求与具体的工作内容密切联系，并且一般需要配套的技能培训、技能认证和鉴定机制作支撑。图9-4为技能工资示例。

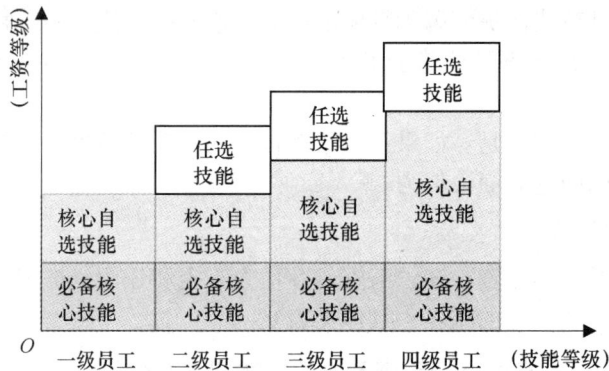

图9-4　技能工资示例

构建技能工资和知识工资，首先，需要将一类工作划分为若干技能模块，并将员工按能力高低划分为若干等级，每一等级需要掌握一定的技能模块。由于每一技能模块都对应一定的薪酬，因此随着员工能力的增长其薪酬也同步上升。其次，要根据工作的需要把技能模块分为必备的核心技能与可选的技能两类。必备的核心技能可以保证员工掌握基本的、重要的技能，并且将作为各等级之间的划分依据。再次，定期进行技能评估。对技能的评估可以采用笔试、操作考试、工作观察法、工作成果绩效验证等方式。最后，还要完善相应的培训管理，建立相应的培训计划，提供培训机会，实施工作轮换。

2. 胜任力工资

胜任力又称素质能力，主要是指那些能够促使人们实现优秀绩效的深层特质和动机，如成就导向、诚信、自信等。它往往与企业的使命、愿景、价值观及战略目标的导向和要求紧密联系。因此，胜任力工资多被应用于企业中层次相对较高的各种知识性、专业性人才，如中高级管理者、技术专家等。

在胜任力工资薪酬中，通常体现为宽带工资或宽带薪酬，即用少数跨度较大的工资范围来代替原有数量较多的工资级别的跨度范围，同时将每一个工资级别所对应的工资浮动范围拉大。宽带中的"带"意指工资级别，宽带则指工资浮动范围比较大。

在宽带薪酬体系设计中，员工不是沿着企业唯一的薪酬等级层次垂直往上走，相反，他们在自己职业生涯的大部分或所有时间里可能都只是处于同一个薪酬宽带之中，他们在企业中的流动是横向的，随着个人胜任力的提高，他们将承担新的责任，只要在原有的岗位上不断改善自己的绩效，就能获得更高的薪酬，即使被安排到低层次的岗位上工作，也一样有机会获得较高的报酬。

表 9-10 是一家企业胜任力工资宽带的实例。

表 9-10　胜任力工资宽带示例

水平	员工特征	工资宽带
1级	素质：掌握卓越先进的专业型或技术型技能，包括分析或再造业务流程的能力，界定工作规则的能力，以及其他完成高度专业化技术训练的能力。能计划并管理大规模、多元化的项目；具备开发客户关系并引发后续项目的能力 表现：在所有的工作素质上都得到 3 分，在关键性素质上能得 4 分；能完成所有的优先工作目标；总体绩效超过公司和客户的期望；在所有的专业人员中得分排名在前 30%	宽带 1
2级	素质：掌握良好的专业型或技术型技能，包括系统分析和再设计能力；熟悉专业化的技术规范；能管理单一化的项目；能与项目小组的其他成员以及客户有效的合作 表现：在所有重要的工作素质上至少能得 3 分；在关键性的素质上最少得一个 4 分；能完成大多数优先工作目标，并超过公司和客户的期望；在所有专业人员中排名在前 50%	宽带 2
3级	素质：掌握有效完成被分派的项目所必不可少的技能，包括编码、调试和具体的系统实施；了解基本的技术规则 表现：在重要的素质上能够得 3 分，积极主动的实现工作目标，达到大多数重要的目标；总体绩效达到公司和客户的期望	宽带 3

3. 任职资格工资

任职资格包括经验、成果、素质和能力等多项要素，通过整合后建立能力等级序列，任职资格工资就是基于能力等级序列的工资体系。任职资格通常也称为技术等级或内部职称，与正式的职位体系一起，成为人力资源管理的基础性系统。员工的培训、薪酬及职业生涯发展都可以和任职资格体系密切联系起来，形成一个综合的基于能力的开发、激励及职业发展系统。

相对以上几种能力薪酬而言，任职资格工资更加综合和实用。与技能工资和知识工资相比，任职资格工资承认员工内在特质和动机的重要性；与胜任力工资相比，任职资格工资认为虽然胜任力能够影响绩效，但仍然离不开岗位工作所必备的知识和技能。

构建基于任职资格的薪酬体系通常需要如下步骤。

（1）划分职位族和职种。

由于任职资格以能力等级为基础，因此划分职位族和职种的依据是从事该岗位工作所必需的能力，这种划分通常会打破部门的界限。任职资格考察的是职工担任相应职位的资格，而职种是对同类职位进行细分归并而成的，这些职位在同一业务系统内承担相同业务板块的功能与责任。某软件公司职位族的划分见表9-11。

表9-11 某软件公司职位族的划分

专业技术族		
级别	典型岗位	
五级	系统分析师	主任硬件工程师	架构设计师
四级	高级软件工程师	高级硬件工程师	高级需求分析师
三级	软件工程师	硬件工程师	需求分析师
二级	高级软件程序员	高级硬件技术员	高级需求分析员
一级	软件程序员	硬件技术员	需求分析员
所属部门	软件技术部 控制技术部	控制技术部	产品规划部

（2）定义和划分各职位种类级别。

① 明确级别定义，即明确该职种专业人员从初学者成长为业务专家中间应该经过哪些成长阶段，每个成长阶段员工的总体特征是什么，每个级别在专业经验、专业成果、能力方面有什么具体要求。

② 分析级别差异，其中包括纵向差异，即高级别的人员能做而低级别的人员做不了的事情；横向差异，即高级别的人员与低级别的人员都能做，但是高级别的人员比低级别的人员做得更好的事情。如表9-12所示。

表9-12 级别差异描述

级别	描述
一级	初做者，尚不具备全面、独立从事本专业的经验；需要在指导和监督下利用现有的流程和方法解决问题；具备从事本专业工作所必需的基本知识
二级	有经验者，具备在例行情况下多次独立从事本专业工作的经验；在适当的指导下能够运用现有的流程和方法独立解决一般问题；掌握基础的和必要的知识、技能，这种知识、技能集中于本专业中的一个领域
三级	骨干，对本专业工作有全面了解，能够对现有的流程和方法进行优化并解决复杂问题；能够独立地、成功地、熟练地完成本专业工作中的复杂工作并有效指导他人工作；具备从事本专业工作的全面、良好的知识和技能，在主要领域内精通

续表

级别	描述
四级	成熟者，对本专业工作有全面、深刻的理解，能够洞察和解决深层次的、重大的问题；能够通过改革现有的流程和方法来解决本专业领域内复杂的问题，并指导本专业内一个子模块有效运行；精通本专业的知识和技能，对其他领域有相当程度的了解，被视为本专业领域内可以信赖的人
五级	专家，对本专业的工作和发展趋势有深刻和准确的了解，能够提出前瞻性的、预见性的思想；可以指导整个专业系统和流程的运作和变革，能够解决复杂的、需要大量分析的、系统性的、全局性的难题，这些难题的解决往往需要创新的流程和方法；具有博大精深的知识和技能，被视为业内的权威

（3）构建任职资格工资体系。

由于难以获得详细的各级别任职者的市场薪酬信息，任职资格工资体系通常是在职位工资的基础上进行调整。首先，确定一个等级作为能够符合公司要求的基准级别，此级别的工资就是通过岗位价值评估所得到的职位工资。其次，根据各等级之间的能力要求差距和市场薪酬的高位和低位数据，确定工资宽带区间。最后，设定相对基准级别工资的调整幅度，如表9－13所示。

表9－13 基准级别工资的调整幅度

职务序列	职位类别	1级	2级	3级	4级	5级
生产序列	质量类	－2档	标准档位	+2档	/	/
业务序列	内贸类	－2档	标准档位	+2档	+3档	/
	采购类	－2档	标准档位	+2档	+3档	/
技术序列	研发类	－2档	标准档位	+3档	+4档	+5
行政职能序列	行政类	－2档	标准档位	+2档	/	/
	财务类	－2档	标准档位	+2档	+3档	/
	HR类	－2档	标准档位	+2档	+3档	/

（4）对员工进行评价和定位。

根据各等级任职资格条件的要求，对员工进行评价，相应调整其工资。

9.3.2.3 能力薪酬的优缺点

相对于传统的职位薪酬而言，技能工资、知识工资、胜任力工资是一种新兴的、尚未完全成熟的薪酬体系，它是在适应企业新的生存环境和帮助企业解决成长与发展的一系列问题中逐步兴起的。因此，相对于职位薪酬，能力薪酬具有以下优点。

（1）更加有利于鼓励和引导员工提升自己的知识、技能或能力，从而帮助企业提升人力资源素质，培养员工的核心专长与技能。

（2）打破传统职位等级的官本位特点，为员工提供了更加多样化、宽广的职业生涯通道。

（3）在帮助员工提升核心专长和技能的基础上，能够有效地支持企业核心能力的培育。

同时，它也存在以下缺点。

（1）能力不等于现实的业绩，因此会在鼓励员工通过提高能力增加报酬的同时，增加了企业的成本，而企业却没有获得相应的经济价值。

（2）能力评价具有软性的特点，因此很难保持这种工资模式的内部一致性。

（3）技能薪酬适合于以知识为主要竞争力的企业，对大多数传统企业并不很适合。

（4）技能薪酬适合的职位类别较少，更多适用于研发类和技术类人员，对于管理类和一般操作人员则采用职位薪酬更为合适。

9.4　绩效薪酬

绩效薪酬（pay for performance）是依据员工个人工作绩效支付工资的计划。绩效是指员工通过努力所取得的对企业有价值的结果，以及他们在工作过程中所表现出来的符合企业的文化和价值观，同时有利于企业战略目标实现的行为。绩效薪酬有广义和狭义之分。广义上，与绩效相关的薪酬即绩效薪酬，它是由一系列与绩效相关的报酬形式组成的。与固定薪酬相比，绩效薪酬属于薪酬中的可变部分或浮动部分，因此也可称为可变薪酬或浮动薪酬。

绩效薪酬分为个人绩效薪酬、团队绩效薪酬及组织绩效薪酬。

9.4.1　个人绩效薪酬

个人绩效薪酬是一种最古老、应用最广泛的绩效薪酬形式。它是指针对员工个人工作绩效提供奖励的一种报酬计划（个人激励计划），是将员工个人的绩效和制定的标准相比较来确定其绩效工资的额度的薪酬制度。

1. 个人绩效薪酬的特征

（1）对员工个人客观的、可衡量的业绩进行的薪酬激励。只要员工通过个人努力提高了工作成果，就会相应得到物质回报。

（2）以效率为基准。个人激励计划的工作绩效直接体现在员工个人的工作效率上，即在单位投入下所提高的产出，因此个人激励计划通常也被称为效率薪酬（efficiency compensation），而且这种效率往往是可直接衡量的结果性指标。

（3）具有事前的激励特征。个人激励计划一般通过将绩效与事前制定的绩效标准相比较，来确定其奖励额度，因而更具有个人目标的导向功能。

2. 个人绩效薪酬的形式

（1）计件工资制（piece – rate wage system）是一种最常见的个人绩效薪酬形式，即企业按照一个确定的工资率水平为员工的每一单位产量支付报酬。

（2）差别计件工资制（differentiated rate piece system）是指在相同的职务中可能会出现多种的工资率水平，企业根据不同的工资率水平为员工的产量支付薪酬。泰勒是最早采用差别计件工资制的人。这种个人绩效薪酬虽然能够有效地提高个体的绩效水平，但是却会影响员工之间的合作。

（3）标准工时计划（standard hour plan）是个人绩效薪酬中第二种常见的形式。标准工时计划与计件工资制除了一个差异之外，其余特点均类似。该差异是指在标准工时计划中，员工不是根据计件工资率来获得工资，而是根据绩效超过标准的一定百分比而获得企业支付的同比例奖金。

3. 个人绩效薪酬的优缺点

个人绩效薪酬是一种有效地提高个体绩效水平的方法，但其弊端也逐渐凸显。表 9 – 14 概括了个人绩效薪酬的优点与缺点。

表 9 – 14　个人绩效薪酬的优点与缺点

	个人绩效薪酬
优点	① 在提高生产率、降低生产成本和增加工人工资报酬方面能有实际作用 ② 同依据工时付酬的制度相比，要求工人维持一个合理的产量水平只需较少的直接监督 ③ 在大多数情况下，如果组织与工作的测度标准能随之提高，依据产量付酬的制度，同依据工时付酬的制度相比，能更加精确地估算人工成本，这将有助于成本与预算的控制
缺点	① 可能会在追求产出最大化的员工和关注日渐下滑的产品质量的管理人员之间出现更大的冲突 ② 引进新技术的尝试可能会受到部分员工的抵制，因为他们很在意新技术对产量标准的影响 ③ 对于提高产量标准的忧虑会削弱工人提出生产方法革新建议的积极性 ④ 有关设备保养很差的抱怨不断增加，这会妨碍员工为获得更多的奖励而不断努力 ⑤ 由于有经验的工人在在职培训方面不愿合作，灰心丧气的新员工的流动率不断上升 ⑥ 加剧工人和管理人员之间互不信任的态势

9.4.2　团队绩效薪酬

企业越来越多地利用团队来设法完成它们的许多工作。在这种情况下，为了鼓励团队工作并使团队成员看重绩效，企业需要激励计划。团队绩效薪酬是指根据团队的绩效向成员支付奖金。

1. 团队绩效薪酬的分类

主要团队绩效薪酬计划包括：班组或小团队奖励计划（team – based incentives）、斯坎伦计划（Scanlon plan）、所得分享计划（gain – sharing plan）等。

1）班组或小团队奖励计划

该计划是为团队中每个成员设立工作标准，然后计算每个成员的产出。成员的报酬可根据三种方式确定：第一，团队的所有成员获得最高产出者的工资；第二，团队的所有成员获得最低产出者的工资；第三，根据团队绩效平均发放工资。其中，第二种方式是根据团队的总产量制定标准产量，按照团队工作的计件工资率来支付所有成员的工资。这种团队绩效薪酬计划可以采取计件工资或者标准小时计件，但是后者应用更广泛。第三种方式是把报酬建立在基于团队绩效的一些总体标准的目标基础上，这种方式不需要计算精确的计件工资标准。

2）斯坎伦计划

该计划由斯坎伦提出的，它强调员工的参与，是对员工支付生产效率提高的奖励。其计算的主要依据是企业的实际销售率或生产额。其基本思路是：在每个行业中，企业的销售额或生产额都包括一个平均劳动力成本，用这个平均劳动力成本比率乘以该企业的销售额或生产额，得到应该支付的工资总额，然后再用这个工资总额减去实际的工资总额，就得到奖金总额，其中工资成本占销售额或生产额的百分比也被称为斯坎伦比率。

3）所得分享计划

所得分享计划（gain-sharing plan）是一种激励计划，它鼓励大多数或者全部员工一起努力来达到公司的生产率目标，然后员工和公司共同分享由这种努力所带来的成本节约的收益。经过数十年的发展，现在所得分享计划已经有一些改进，主要的代表是拉克计划（Rucker plan）和效益增进分享计划（Improshare plan）。拉克计划的实质就是以企业的净资产为基础来给员工发放绩效奖金。其计算公式为：奖金总额–附加价值×标准劳动分配率–实际支付工资总额。

效益增进分享计划是由米切尔·费恩在1973年首次提出，这种计划从实物方面衡量生产效率的提高，其目的是用更少的劳动时间来生产更多的产品。奖金以劳动时间比率为基础。

2. 团队绩效薪酬的优缺点

现今，很多工作都是在团队内组织完成的，绩效就不仅是个人努力的结果，也是团队努力的成果。团队绩效薪酬增强了团队规划与团队解决问题的能力，同时有助于团队协作。

团队绩效薪酬的最大缺点是员工的工资可能不与他本人的努力成正比，这可能会打击工作努力的员工的积极性。换而言之，团队绩效薪酬使得员工可以分享团队收益，但是没有促使他们更加努力。因此，解决之道是鼓励员工把团队目标放在个人目标之上，将每位员工的部分工资与个人（不只是团队）绩效挂钩。

9.4.3　组织绩效薪酬

1. 利润分享计划

利润分享计划（profit-sharing plan）是指员工根据其工作绩效而获得一部分公司利润的组织整体激励计划，是根据企业的利润情况向所有的正式员工支付报酬，或者所有的正式员工都有权得到的一定数量的即时或延迟支付的报酬的薪酬体系。

在这种计划下，报酬的支付是建立在对利润这一组织绩效指标的评价的基础上的，利润分享计划是一次性支付奖励，员工所得报酬不会进入其基本工资当中，因而不会增加组织的固定工资成本。在实际运用中，利润分享计划在成熟型企业中显得更为有效。

利润分享计划包括即时支付计划、延迟支付计划和综合支付计划。其中，即时支付计划（current distribution plan）是根据企业利润的一定比例按季度或者按年向员工支付。延迟支付计划（deferred plan）将收入暂时放在第三方基金保存，等待员工退休、终止雇佣关系、死亡或丧残以后再予支付。综合支付计划（combined plan）是指企业通常当即按照利润的一定比例向员工进行支付，剩余部分暂时存放在一个指定的账户里。前两种类型的利润分享计划能够享受一定的税收优惠，因而得到了迅猛的发展。

在实际运用中，利润分享计划在成熟型企业中显得更为有效。利润分享计划一是对员工有利，二是对公司有利。如果设计完善，利润分享计划可以使员工分享公司的财富。它使员工的利益在同一计划中得到体现，使全体员工都关注公司的利润，公司利润的大小直接影响员工的收益。此外，实行利润分享计划的公司有更多的财务自由。

利润分享计划的不足之处是其通常与员工的基本薪资挂钩，即利润分享计划没有考虑员工个人的业绩，仅关注企业的经营目标。利润分享计划会削弱员工的经济保障，特别是当利润分享占直接薪酬的大部分的时候。公司每年的利润不同，员工的收入也会因此而变化，员工很难预测自己的收入，进而影响到他们的储蓄和购买行为。尤其是对于收入变化不定的小企业，利润分享计划可能会因为期望收益难以保证而导致员工不满。如果一家小企业的利润很低，采用利润分享计划只会使员工的士气更低，难以发挥它应有的激励作用。

2. 员工持股计划

员工持股计划（employee stock ownership plan，ESOP）是指通过让员工持有本公司股票和期权而使其获得激励的一种长期绩效奖励计划，是一种典型的广泛参与的股票所有权计划。它的基本形式是企业把一部分股票交给一个信托委员会，其数额依据员工年报酬总额的一定比例确定，信托委员会把股票存入员工的个人账户，在员工退休或不再工作时发给他们。员工持股计划体现了当时"民主资本主义"的思想。现在员工持股计划越来越普及，自 20 世纪 90 年代末，员工持股计划在我国也得到了一定的发展。

例如，2010 年汉高发布员工持股计划，旨在激励员工不断提高卓越才能，从而充分发挥公司的商业潜能和业绩。服务期在一年以上的汉高在职正式员工，在自愿的基础上，每年可以以其固定工资的一部分作为购买汉高股票的资金，购股资金每月等额从其工资中税后扣缴，同时汉高无偿配送一部分股票赠予购股员工。员工的购股资金每月经全球资产管理人和托管银行瑞银集团（UBS）进行购股和相关管理。持股员工将有机会可以共同分享汉高发展的成果，并取得红利进行再投资，员工所购股票和配送股在 3 年的等待期后可以交易。如果员工离职，则不能继续购买和持有汉高股票，但可以在离职时兑现股票。在汉高，已有许多员工申请拥有汉高股份，取得了良好的效果。

9.4.4　绩效薪酬的设计

为保证绩效薪酬体系的有效运行，以下的四个步骤必不可少。

1. 明确绩效标准

依据薪酬支付体系的战略目标，从绩效评价指标、评价结果或评价行为及绩效考核周期（长期或者短期绩效）三个方面，制定与薪酬支付有关的绩效标准和对绩效评价的具体方法。

2. 明确绩效薪酬可供选择的实施方案

综合考虑以绩效为基础而支付的薪酬的数量、用于确定以绩效为基础的薪酬数量的方法、以绩效为基础的薪酬的长久性及总体薪酬当中风险收入等方面，选择绩效与薪酬链接的方法。为绩效支付报酬可选择不同的形式，如公开肯定、小纪念品、各种各样的货币支付及股票所有权等。

由于组织内部不同的部门及不同的员工可能适用于不同形式的以绩效为基础的薪酬支付

方式，因此企业在设计绩效薪酬时，不能简单地引用薪酬支付形式，而要考虑薪酬支付形式的适用性原则。

3. 确定绩效薪酬目标和流程

通过多方的深度沟通，最终确定薪酬支付体系的基本目标和实施流程，从而保证绩效薪酬战略的一致性。

4. 监控和修正绩效薪酬方案

通过员工满意度、员工行为及绩效结果对薪酬支付体系的实施效果进行监控，如有必要，应进行调整。

9.5 员工福利

在企业提供给员工的整体薪酬中，员工福利已经成为越来越重要的组成部分。员工福利和基本工资及奖金并称为薪酬体系的三大支柱，员工福利已经被视为企业人力资源战略的重要工具之一。

9.5.1 员工福利的含义

员工福利（简称福利）属于一种间接奖励，是指企业依据国家的相关法律规定及企业自身情况为员工提供的各种非货币报酬与服务，包括各种社会保险项目、企业补充保险项目及其他补贴制度等。员工福利是全部报酬的一部分，而总报酬是人力资源战略决策的重要方面之一。与员工的收入不同，员工福利一般不需纳税。由于这一原因，相对于等量的现金支付，员工福利从某种意义上讲，对员工具有更大的价值。

从管理层的角度看，员工福利可对以下若干战略目标做出贡献：协助吸引员工；协助保持员工；提高企业在员工和其他企业心目中的形象；提高员工对职务的满意度。员工福利对维持劳动力再生产，满足员工对物质和文化生活多层次的需要，实现企业留住、吸引和激励人才的组织目标，起着十分重要的作用。但是，福利也存在许多消极的因素，对企业产生多种不利影响。例如，具有普惠性的员工福利与员工对企业的贡献和工作业绩并不挂钩，也易于成为薪酬中的保健因素，久而久之，员工福利就被看作是企业必备和常规的薪酬部分，会影响员工福利设立初始目标的实现，并造成企业成本的攀升。因此，现在企业在设计其福利计划时，越来越倾向于将员工福利作为对核心人才和优秀员工的一项奖励来进行发放，要求员工通过努力来挣得福利报酬，这常常被称为"基于业绩和能力的动态福利计划"。

9.5.2 法定福利

法定福利是国家通过立法强制实施的对员工福利的保护政策，包括社会保险和各类休假制度。

1. 社会保险

社会保险是国家通过立法手段建立的，旨在保障劳动者在遭遇年老、疾病、伤残、失业、生育及死亡等风险和事故，暂时或永久性的失去劳动能力或劳动机会，从而全部或部分丧失生活来源的情况下，能够享受国家或社会给予的经济上的帮助，维持其基本生活水平的社会保障制度。社会保险的目的是风险的补偿和预防，现代社会生活中的风险决定了社会保险的内容。它主要包括养老保险、失业保险、医疗保险、工伤保险、生育保险五大险种。

（1）养老保险。

法律规定的养老保险是社会保障体系中的一项重要内容，也是企业员工的一项基本福利。养老保险是国家和社会为保障劳动者在达到国家规定的解除劳动义务的劳动年龄界限，或因年老丧失劳动能力退出劳动岗位后的基本生活，根据相关法律、法规的规定而实行的社会保护和社会救助措施。

（2）失业保险。

失业保险是指国家通过立法强制实行的，由社会集中建立基金，对因失业而暂时中断生活来源的劳动者提供物质帮助的制度。它是社会保障体系的重要组成部分，是社会保险的主要项目之一。失业保险具有如下几个主要特点。一是普遍性。它主要是为了保障有工资收入的劳动者失业后的基本生活而建立的，其覆盖范围包括劳动力队伍中的大部分成员。因此，在确定适用范围时，参保单位应不分部门和行业，不分所有制性质，其职工应不分用工形式，解除或终止劳动关系后，只要本人符合条件，都有享受失业保险待遇的权利。我国失业保险适用范围呈逐步扩大的趋势，从国有企业的四种人到国有企业的七类九种人和企业化管理的事业单位职工，再到《失业保险条例》规定的城镇所有企业事业单位及其职工，充分体现了普遍性原则。二是强制性。它是通过国家制定法律、法规来强制实施的。按照规定，在失业保险制度覆盖范围内的单位及其职工必须参加失业保险并履行缴费义务。根据有关规定，不履行缴费义务的单位和个人都应当承担相应的法律责任。三是互济性。失业保险基金主要来源于社会筹集，由单位、个人和国家三方共同负担，缴费比例、缴费方式相对稳定，筹集的失业保险费，不分来源渠道，不分缴费单位的性质，全部并入失业保险基金，在统筹地区内统一地进行调度使用以发挥互济功能。我国的失业保险制度是在 1986 年正式建立的，1999 年国务院颁布的《失业保险条例》是我国目前执行失业保险制度的法律依据。

（3）医疗保险。

医疗保险就是当人们生病或受到伤害后，由国家或社会给予的一种物质帮助，即提供医疗服务或经济补偿的一种社会保障制度。具体来说，医疗保险是由国家立法，按照强制性社会保险原则，由国家、用人单位和个人集资（缴保险费）建立医疗保险基金，当个人因病接受了医疗服务时，由社会医疗保险机构提供医疗费用补偿的社会保险制度。狭义的医疗保险只负担医疗费用的补偿；广义的医疗保险，除了补偿医疗费用以外，还包括补偿因疾病引起的误工工资，对分娩、残疾及死亡给予经济补偿，还包括用于预防和维持健康的费用。目前，我国的医疗保险制度属于狭义的概念，即只按规定负责补偿医疗费用的开支。

（4）工伤保险。

工伤保险是指国家和社会为在生产、工作中遭受事故伤害和患职业性疾病的劳动者及其家属提供医疗救治、生活保障、经济补偿、医疗和职业康复等物质帮助的一种社会保障制度。工伤即职业伤害所造成的直接后果伤害到职工生命健康，并由此造成职工及家庭成员的精神痛苦和经济损失，也就是说劳动者的生命健康权、生存权和劳动权力受到影响、损害甚至被剥夺了。劳动者在其单位工作、劳动，必然形成劳动者和用人单位之间相互的劳动关系，在劳动过程中，用人单位除支付劳动者工资待遇外，如果不幸发生事故，导致劳动者伤残、死亡或患职业病，此时，劳动者就自然具有享受工伤保险的权利。劳动者的这种权利是由国家法律、法规给予根本保障的。在世界范围内，工伤保险是产生最早、实施国家最多、制度设计最严密的社会保险制度，这是因为工伤保险关系到员工的生命安全和家庭的生活幸福。在现代工伤保险制度中，普遍实行"补偿不究过失原则"或"无责任补偿原则"。根据该原则，劳动者在负伤后，不管过失在谁，均可获得收入补偿。另外，与养老保险、医疗保险、失业保险不同的是，工伤保险只由企业或雇主缴纳，员工个人不缴纳。

（5）生育保险。

生育保险是国家通过立法，对怀孕、分娩女员工给予生活保证和物质帮助的一项社会政策。其宗旨在于通过向职业妇女提供生育津贴、医疗服务和产假，帮助她们恢复劳动能力，重返工作岗位。生育保险提供的生活保障和物质帮助通常由现金补助和实物供给两部分组成。现金补助主要是指向生育妇女发放的生育津贴在有些国家还包括一次性现金补助或家庭津贴。实物供给主要是指提供必要的医疗保健、医疗服务及孕妇、婴儿需要的生活用品等。

2. 法定假期

法定假期是指员工依法享有的休息时间。在法定休息时间内，员工仍可获得与工作时间相同的工资报酬。《中华人民共和国劳动法》规定的职工享有的休息休假待遇包括六个基本方面：①劳动者每日休息时间；②每个工作日内的劳动者的工间、用餐、休息时间；③每周休息时间；④法定节假日放假时间；⑤带薪年休假休息；⑥特殊情况下的休息，如探亲假、病假休息等。

9.5.3　企业自主福利

企业自主福利是指企业自主建立的，为满足员工的生活和工作需要，在工资收入之外，向员工本人及其家属提供的一系列福利项目，包括货币津贴、实物和服务等形式。一般把企业自主福利分为收入保障计划、健康保障计划（商业健康保险）和员工服务计划三类。

1. 收入保障计划

收入保障计划是指旨在提高员工的现期收入（利润分享和员工持股计划）或未来收入（企业年金、团队人寿保险）水平的福利计划。

（1）企业年金。

企业年金也称作企业补充养老保险、私人养老金等，是企业或行业自主发起的员工养老金制度。它作为老年收入（主要是社会养老保险金）的一个补充计划，已经成为养老保险体系中的一个重要支柱。对于企业来说，它已经成为人力资源管理战略中福利体系的一个重要组成部分，是延期支付的工资收入。企业年金一般由雇主缴费，也有雇主和员工共同缴费建立保险基金，经过长期积累和运营作为退休员工的补充养老金收入。

（2）团队人寿保险。

团队人寿保险是由雇主为员工提供的保险福利项目，是市场经济国家比较常见的一种企业福利形式。团队人寿保险的好处在于，由于参加的人多，相对于个人来说，可以以较低的价格购买到相同的保险产品。为了鼓励员工为企业长期工作，几乎所有的公司在员工离开时都会取消员工享受该福利的权利。

（3）住房援助计划。

住房援助计划包括住房贷款利息和住房补贴。前者针对购房员工而言，是指企业根据其内部薪酬级别及职务级别来确定每个人的贷款额度，在向银行贷款的规定额度和规定年限内，贷款部分的利息由企业逐月支付。后者指无论员工购房与否，企业每月均按照一定的标准向员工支付一定额度的现金，作为员工住房费用的补贴。在我国，企业实行住房公积金制度，雇主和员工都按照员工工资的一定比例缴纳住房公积金，计入员工的住房公积金账户。

2. 健康保健计划（商业健康保险）

由于社会医疗保险保障的范围和程度的有限性，客观上为企业建立补充医疗保险留下了空间。在发达国家，健康保险计划已经成为企业的一项常见的福利措施。

3. 员工服务计划

除了以货币形式提供的员工福利以外，企业还为员工或员工家庭提供旨在帮助员工克服生活困难和支持员工事业发展的直接服务的福利形式。在组织和操作上，员工服务计划有以下三种形式：一是参加商业保险；二是参加健康保险组织；三是参加某个项目的保险。

（1）员工援助计划。

员工援助计划（employee assistance program, EAP）是一种治疗性福利措施，即针对员工酗酒、赌博、吸毒、家庭暴力或其他疾病造成的心理压抑等问题提供咨询和帮助的服务计划。在组织和操作上，员工援助计划有以下三种形式：一是由内部工作人员在本公司进行的援助活动；二是公司通过与其他专业机构签订合同来提供服务；三是多个公司集中资源，共同制定一个援助计划。

（2）员工咨询计划。

类似于员工援助计划，雇主从一个组织中为其员工购买一揽子咨询实践，可由员工匿名使用。具体的服务内容包括：夫妇和家庭冲突问题的解决、瘾的戒除、丧亲之痛的缓解、职业生涯咨询、再就业咨询、法律咨询及退休咨询等。其目的是使员工在他（她）个人或家庭生活出现问题时，可以将工作表现保持在一个可接受的水平上。

（3）教育援助计划。

教育援助计划是指通过一定的教育或培训手段提高员工素质和能力的福利计划，分为内部援助计划和外部援助计划。前者主要是在企业内部对员工进行培训，开设一些大学课程；后者是借助社会上的培训机构，对员工进行培训。

（4）家庭援助计划。

企业向员工提供的家庭援助计划，主要有老人照顾服务和儿童看护服务。根据多项调研表明，提供此类的家庭援助计划，有助于减少员工的缺勤现象，对于提高员工的劳动生产率有一定帮助。

（5）家庭生活安排计划。

家庭生活安排计划是指企业安排专设部门帮助员工料理生活中的各种细节、杂事，类似于后勤服务。实行此种福利的目的在于，尽量减少员工不必要的麻烦，让他们能够更好地工作和休息。

（6）其他福利计划。

除了上述福利计划外，企业还为员工提供交通服务、健康服务、旅游服务和餐饮服务等福利项目。

9.5.4 弹性福利计划

1. 弹性福利计划的概念

弹性福利计划就是员工可以从企业所提供的各种福利项目菜单中选择其所需要的一套福利方案的福利治理模式。它有别于传统固定福利，具有一定的灵活性，使员工更有自主权。弹性福利计划也称自助餐式福利计划、菜单式福利模式等。

在实践中通常是由企业提供一份列有各种福利项目的"菜单"，然后由员工依照自己的需求从中选择其需要的项目，组合成属于自己的一套福利"套餐"。这种制度非常强调"员工参与"的过程。当然员工的选择不是完全自由的，有一些项目，如法定福利就是每位员工的必选项。此外企业通常都会根据员工的薪水、年资或家庭背景等因素来设定每一个员工所拥有的福利限额，同时福利清单的每项福利项目都会附一个金额，员工只能在自己的限额内购买喜欢的福利。

2. 弹性福利计划的优点

首先，由于每个员工个人的情况是不同的，因此他们的需求可能也是不同的。例如，年轻的员工可能更喜欢以货币的方式支付福利，有孩子的员工可能希望企业提供儿童照顾的津贴，而年龄大的员工又可能非常关注养老保险和医疗保险。弹性福利计划的实施充分考虑了员工个人的需求，使他们可以根据自己的需求来选择福利项目，提高了福利计划的适应性，这也是弹性福利计划最大的优点。

其次，由员工自行选择所需要的福利项目，企业就可以不再提供那些员工不需要的福利，这有助于节约福利成本。

最后，这种模式的实施通常会给出每个员工的福利限额和每项福利的金额，这样就会促使员工更加注重自己的选择，从而有助于进行福利成本控制，同时还会使员工真实地感受到企业给自己提供了福利。

弹性福利计划既有效控制了企业福利成本又照顾到了员工对福利项目的个性化需求，可以说这是一个双赢的福利治理模式。也正是因此，弹性福利制正在被越来越多的企业关注和采纳。

3. 弹性福利计划的缺点

首先，它造成了治理的复杂。由于员工的需求是不同的，因此自由选择大大增加了企业具体实施福利的种类，从而增加了统计、核算和治理的工作量，这会增加福利的治理成本。

其次，这种模式的实施可能存在"逆向选择"的倾向，员工可能为了享受的金额最大化而选择了自己并不最需要的福利项目。

再次，由员工自己选择可能还会出现非理性的情况，员工可能只照顾眼前利益或者考虑不周，从而过早地用完了自己的限额，这样当他再需要其他的福利项目时，就可能无法购买或者需要透支。

最后，允许员工进行自由选择，可能会造成福利项目实施的不统一，这样就会减少统一性模式所具有的规模效应。

本章小结

随着市场竞争的不断加剧和经营环境的日趋复杂，薪酬管理作为人力资源管理的重要组成部分，是企业吸引人才、引导员工行为以实现组织战略的一种有效手段。本章从三个方面介绍了薪酬管理的理论、技术、流程及方法：第一，介绍了薪酬的基本概念、薪酬与战略的关系、薪酬的影响因素等内容；第二，从基本薪酬和绩效薪酬两个方面，介绍了职位薪酬、能力、技术、知识薪酬和绩效薪酬三类薪酬的内涵、类型及设计流程；第三，分析了员工福利的内涵和类型。

关键术语

薪酬管理　薪酬战略　职位薪酬　能力薪酬　绩效薪酬　法定福利　企业自主福利

复习思考题

1. 薪酬设计的原则有哪些？
2. 宽带薪酬有哪些优点、缺点？
3. 薪酬体系有哪些基本的类型？特殊群体的薪酬体系有哪些？
4. 阐述比较分类法、排序法、评分法、薪点法各自的优缺点。
5. 薪酬评估的内容是什么？如何进行薪酬评估？
6. 怎样理解福利的重要性及正确用好弹性福利计划？